性别批评丛书 总主编 屈雅君

沈潇 著

女作家作者身份焦虑空间性阐释

The Spatial Interpretation about Female Writers' Anxiety of Authorship

中国社会科学出版社

图书在版编目（CIP）数据

女作家作者身份焦虑空间性阐释／沈潇著 . —北京：
中国社会科学出版社，2019. 12
（性别批评丛书）
ISBN 978 - 7 - 5203 - 5423 - 3

I. ①女… Ⅱ. ①沈… Ⅲ. ①女作家—社会地位—研究
Ⅳ. ①K815. 6

中国版本图书馆 CIP 数据核字（2019）第 232682 号

出 版 人	赵剑英	
责任编辑	顾世宝	
责任校对	闫 萃	
责任印制	戴 宽	

出 版	中国社会科学出版社	
社 址	北京鼓楼西大街甲 158 号	
邮 编	100720	
网 址	http://www.csspw.cn	
发 行 部	010 - 84083685	
门 市 部	010 - 84029450	
经 销	新华书店及其他书店	

印 刷	北京明恒达印务有限公司	
装 订	廊坊市广阳区广增装订厂	
版 次	2019 年 12 月第 1 版	
印 次	2019 年 12 月第 1 次印刷	

开 本	710 × 1000 1/16	
印 张	17. 75	
字 数	239 千字	
定 价	99. 00 元	

总　　序

屈雅君

一　关于使用"性别批评"概念

　　20 世纪 60 年代诞生于西方新女权运动的女权主义批评，立场鲜明，视角独到，话锋犀利，经过半个多世纪的发展，话语日益丰富，形态更加多样，方法越发成熟。

　　这套丛书的命名，并未沿用"女权主义文学批评"（或"女性主义文学批评"）等概念，而使用了"性别批评"，旨在强调以下两层含义。

（一）"性别"不是一个中立的概念

　　"性别"，或者说"社会性别"这个词①，和"阶级""种族"一样，一旦进入社会科学研究领域，就决定了它不可能是一个立场中立的概念。20 世纪 70 年代，美国人类学家盖尔·卢宾首次在她的性别研究中使用这个词时，就试图探索人类历史上女人受压迫的根源。"社会性别是社会强加的两性区分，它是性的社会

---

　　① 英文 gender 一词，在中文中有"性别"和"社会性别"两种译法，此概念无论在何种语境中出现，都强调它自身与 sex 一词（sex 也有与 gender 相对应的两种译法："生理性别"或"性别"）的区别。

关系的产物。"① 美国历史学家琼·W. 斯科特将性别划定为一个"分析域",一种"分析范畴",她在定义"性别"一词时,提出了两大核心命题:"性别是组成以性别差异为基础的社会关系的成分;性别是区分权力关系的基本方式。"② 虽然"性别"这个词在有些人看来,较之那些带有鲜明女性立场的"女权主义""女性""妇女"等词汇,貌似更趋向于客观、中立,然而事实是,它在妇女研究领域的广泛流行、被高频率使用,正是女性主义理论进一步深化的标志。

"性别"之所以成为女权主义理论中的一个关键词,在于它包含着一个清晰的逻辑命题,即:既然有别于"生理性别"的"社会性别"是由社会、历史、文化所形成的,那么,它就有可能随着社会、历史、文化的改变而改变。因此,无论是女权运动,还是女权主义理论,抑或是女权主义批评,都肩负着关注妇女命运、促进两性平等、推动社会进步的天赋使命。

(二)性别分析不可能依靠单一性别,它关乎两性,关乎社会整体结构

20 世纪 80 年代以后,女权主义理论大多用"性别"研究取代以往的"妇女"研究。琼·W. 斯科特在她的论著中引述并认同一种看法:"将'性别'作为'妇女'的代名词,这表明,与妇女相关的信息亦与男子相关,对妇女的研究意味着对男子的研究。这种看法表明,女性世界是男性世界的一部分,它产生于男性世界,由男性世界所创造。""孤立地研究女性,会强化这样的信念,即男性的历史与女性的历史毫不相干。"③

---

① [美]盖尔·卢宾:《女性交易:性的"政治经济学"初探》,载[美]佩吉·麦克拉肯主编《女权主义理论读本》,广西师范大学出版社 2007 年版,第 52 页。
② [美]琼·W. 斯科特:《性别:历史分析中的一个有效范畴》,载李银河主编《妇女:最漫长的革命》,生活·读书·新知三联书店 1997 年版,第 168 页。
③ 同上书,第 156 页。

20 世纪 60 年代，在新女权主义运动中产生的女权主义文学批评，其目光从一开始就不仅仅限于女性，女权批评家们最先是从男作家的文学作品入手，将男性中心社会所创造的整个文学世界作为观照对象。她们既剖析男作家笔下的男性形象，也剖析其笔下的女性形象，她们既关注男性批评家对女性形象的分析，也关注他们对男性形象的阐释，简言之，女权批评家们将两性作家、两性批评家、文学中的两性人物形象，以及两性的阅读群体全部纳入了她们的批评视野，从而构成一个宽广宏阔的比较平台。她们从性别入手重新阅读和评论文本，将文学和读者个人生活相联系，激烈地抨击传统文学对女性的刻画以及男性评论家带有性别偏见的评论，从而揭示文学中女性从属地位的历史、社会和文化根源。因此，全社会的男女两性，以及无论何种性别标记的人群（而不是其中任何一种单一的性别），才是妇女研究、女性研究、女性主义理念研究的应有视野。

二　关于"性别批评"研究对象

（一）性别批评作为文学批评

作为性别批评的另一种表述形式，"女性主义文学批评"不是一个仅仅与"女性文学"和"女性主义文学"相呼应的概念。但在中国高等教育中，虽然"女性文学""妇女文学"作为文学课程体系中一个边缘的、细小的分支，受到越来越普遍的关注。但是，在中国知识界以及高校文科学生中，仍然有相当一部分学生甚至学者将"女性主义文学批评"仅仅理解为"对于女作家作品的批评"。因此，这里重申女性主义文学批评的主要研究对象是必要的。

美国女性主义批评家爱莲·肖沃尔特（Elaine Showalter）曾就女性主义文学批评的研究对象或曰范围作了经典概括。她将其分为两大类，其一是女性主义评论（feminist critique）。这种批评是以女性读者的眼光来观照文学，它探究文学现象的种种意识形态的假设，这种研究也被称为"女性阅读"研究。其二是"女性批评家"（gynocritics）。它涉及作为作家的女性，即制造本文意义的女性。这种研究也是"女性写作"的研究。[①]

"女性阅读"研究可以概括为对迄今为止的文学史进行女性主义清理。具体包括：（1）梳理女性主义理论、社会性别理论，以及由这些理论所引申出的文学批评理论，其中包括那些与女性、妇女、性别相关的理论，也包括可为女性研究、性别研究运用和借鉴的理论；（2）阐述女性主义的批评原则，特别是在后现代主义思潮背景下，女性研究、性别研究、女性文学批评所采用的基本理念、研究方法、分析框架和批评策略；（3）对文学文本的主题或曰意指系统的性别研究；（4）文学体裁类别的文化认定及其中心/边缘结构的性别研究；（5）对于隐含在文学题材区分和划定背后的性别权力关系的研究；（6）文学文本的形式主义批评，诸如对文学叙事的诸要素，对文本的表层含义与深层含义，对文本的叙述者、叙述视角、叙述方法的性别分析等。在这些具体研究中，所有关于"本文"与"价值"的分析方法都可以进入女性主义批评家的视野，同时都可供她们有选择、有条件地借鉴。

"女性写作"的研究可以概括为探索和发掘一个被人遗忘的女性文学史，从而使整个人类文学的历史变得更加丰富。具体包括：（1）对于历史上女性文学家及其文学作品的发掘和梳理。文学史上曾有一些男性批评家和男性学者做过类似的工作，因此这种工作既包括了以新的性别眼光对这些已经梳理工作的再梳理，也包括了重新发现、找寻、拾遗、填补新的女作家作品；（2）女性创作能力的心理动力学，特别是与诸如"母爱"等女性独有的经验潜意识对女

---

① ［美］埃莲·肖尔瓦特：《走向女性主义诗学》，载［美］埃莲·肖尔瓦特编选《新女性主义批评》（纽约，1985 年），转引自康正果《女权主义与文学》，中国社会科学出版社 1994 年版，第 84 页。

性创作的影响的研究；（3）通过语言，特别是文学语言的性别研究，去发现、发掘由于各种原因已然形成的女性特有的言说方式；（4）女作家群研究；（5）女作家作品的个案研究；等等。同样，无论是对文学史料的整理，还是在作家作品研究中对"史"与"论"之关系的研究，都不应是任意的、无章可循的。女性主义在批评实践中尊重所有批评理论长期积淀的学术规范，同时以冷静敏锐的眼光审视这些规范中所潜藏的性别偏见，并逐渐尝试一些不同的原则和规范，这些原则和规范的存在使文学批评领域在性别视角的调整过程中逐渐变得更加丰富、多元、立体、深广。

（二）性别批评作为艺术批评

在中国，无论是在学术界、教科书里，还是在人们的日常生活中，一向是"文学"与"艺术"并提。并且在广义的艺术分类上，也一直将文学作为诸多艺术门类之一种——语言艺术。因而从逻辑上讲，"文学"与艺术中的其他门类（如音乐、绘画、舞蹈等）应该具有平等地位。但是，无论是在西方哲学史、文论史界还是在当代中国文艺理论界，"文学中心说"影响深远。已有学者对西方哲学史的相关理论作过详尽的梳理，归结起来主要有以下理论依据：第一，文学是艺术发展的最后阶段（谢林、黑格尔）。第二，文学是艺术最高样式或典型样式，文学是最偏重内容、在思想上最有力度的艺术（黑格尔、别林斯基）。第三，文学是各类艺术的基础。一些综合性艺术样式如戏剧、曲艺、电影、电视等都离不开文学（脚本）基础；各种艺术的思维、构思、创作以及对它们的理解、阐释、评价也离不开文学语言这一基础。第四，文学性或曰诗意精神是所有艺术的共同因素，也是艺术的真正生命和灵魂（马利坦等）。[1]

---

[1]　以上"文学中心说"中对西方哲学史相关观点的归纳和梳理详见李心峰《文学：作为一种艺术》，《文艺研究》1997 年第 4 期。

就中国当代社会而言，"文学中心论"体现于学校教育的设置，语文课程（课本内容中绝大多数是文学作品）贯穿了从小学到高中的全过程。就其分量和地位而言，没有任何一门艺术课程（音乐、美术）可以与之相比；在大学教育中，非艺术类专业不再开设艺术课程，但所有专业学生都要学习"大学语文"；在中国任何一所综合性大学里，中文专业（语言文字课程占据了绝对比重）一向独立，且地位绝对超过所有艺术专业之总和。也就是说，在一个人一生所接受的全部艺术教育中，"语言艺术"的教育自始至终占据着绝对中心的位置。

必须指出，"文学中心论"与女性主义消解二元对立的基本思维方法在本质上是冲突的。女性主义从诞生那天起，就作为一种边缘力量不断地向各种各样的"中心"发起挑战。就"文学中心论"而言，它的根本问题不是语言艺术与其他艺术门类之间的关系，而是语言的本体论意义。在逻各斯中心主义价值体系中，语言不是工具，不是手段，更不仅仅是艺术的一个分支，语言是目的，是人的存在方式，是人的本质。

上述"文学中心"的事实，是文学批评向艺术批评拓展的基础，也是"女性主义文学批评"向"女性主义艺术批评"拓展的前提。在批评实践中，正如文学批评的许多基本原则都适用于其他艺术一样，女性主义文学批评的一些基本原则和分析框架，如对于影视作品、流行音乐、绘画雕塑等艺术门类，还包括电视综艺、各种网络视频艺术等（甚至包括介于艺术与非艺术之间的各种新型的、另类的制作），无论就其主题的呈现，还是题材的选择、人物的设置等要素的性别分析都具有相当广阔的覆盖面和适应性。即使是偏重于形式材料的分析，女性主义文学批评理论也能够以它无可替代的概括力为其他艺术研究提供某些方法论启示。

（三）性别批评作为文化批评

按杰姆逊的说法："文化从来就不是哲学性的，文化其实是讲故事。观念性的东西能取得的效果是很弱的，而文化中的叙事却具有很重要的作用和影响。小说是叙事，电影是叙事，甚至广告也是叙事，也含有小故事。"① 如此，叙事就不局限于文学，甚至不局限于各种艺术，而是充斥于全社会整个的文化空间之中。从批评形态上看，女性文学批评是一种对文学艺术的外部研究或曰社会学研究。它所关心的不只是妇女在文艺中的地位，更重要的是通过她们的文学地位来透视她们的社会地位和现实生存状态，并通过文学批评实践与整个女性主义运动相连接。在中国，由于马克思主义的阶级分析和社会解放理论对于女性文学批评的发展和建设起到了不同寻常的影响，这种从文学艺术出发而指向文学艺术以外的倾向更加突出。同时中国传统的"文以载道"观念也格外强调文艺的道德价值和社会功能。在这种现实背景下，中国的女性主义文学批评不仅可以是女性主义理论在文学领域，进而在艺术领域的延伸，同时也是一种对全社会的性别观念施加影响的力量。它的基本原则不仅可以用于其他艺术批评，而且可以用于社会批评和文化批评。比如对既存的流行时尚及公众审美标准的探讨和评判，对于大众传播媒介（如新闻、公益宣传、商业广告，以及从幼儿教育到大学教育中使用的教材，为各个年龄段量身定制的各类畅销读物，以及社会风尚，与大众日常息息相关的各类生活要素的流行趋势，等等）的性别分析和研究等。以广告为例，虽然它只是一种商业现象，但它同时又是一种艺术集成，几乎运用了所有的艺术手段：文学、绘画、摄影、音乐……因此对于商业广告的性别分析离不开最基本的文学批评方法。由于大众传媒内容普遍涉及思想倾向、审美趣味、内容与形式、语言风格、人物、叙述模式等专业问题，因此，对它们的分析不应是情

---

① ［美］杰姆逊：《后现代主义与文化理论》，唐小兵译，北京大学出版社1997年版，第66页。

绪化的阅读反应，不应是纯道德的声讨，不应是独断的政治说教，也不应仅仅是一般社会学方法的借用或套用，而需要依据强有力的思想文化理论作为背景资源。女性主义文学批评的产生本身就是对那种拘泥于纯美学思考的形式主义批评理论（如新批评等）的突破和发展。作为后结构主义批评思潮的一个分支，它与西方当代文化思潮特别是后现代主义文化思潮一同生长发育，它借助语言哲学、文化人类学、精神分析学、现代阐释学、符号学等一系列学科作为理论背景。因此，女性主义文学批评有责任也有能力承担女性主义文化批评的使命。

女性文化批评的另一项使命是参与女性文化的建设与发展。比如，对被男性文化所轻视、忽略和埋没的民间妇女文化（织物、绣品和其他手工艺品）的发掘、整理和研究，这种研究不应只是知识的介绍、装饰感的展示与民俗学的说明，而应该是被女性主义文学批评方法论所照亮的，具有一定思想穿透力和理论高度的，充分融入了历史主义和人文主义的，对于世界的新的解释。

上述种种，是本套"性别批评丛书"孜孜以求的目标。它的面世，正是全体参与其间的作者共同努力的结果。

2019 年 5 月于西安

序

　　桑德拉·吉尔伯特与苏珊·古芭在《阁楼上的疯女人：女性作家与19世纪文学想象》一书中提出了作者身份焦虑说。在这一理论中，她们提到为一些女作家所使用的"替身策略"，譬如通过塑造"疯女人"的形象来投射作者愤怒情绪的影像即是如此。我论述中的问题意识正由此得以陡然形成，可是，那些问题又多少显得有些不着重点，散漫无边，云里雾里，感性使然。但其实它们又的确能够反映出，我作为一个普通女性的思辨与思维特征。那些问题诸如：什么是女性的焦虑？什么又是女性的愤怒？

　　其实，转念内观，我发现个人化的私密记忆中全然不乏能够去解释以上两问的答案，但它们多由记忆中的某些只言片语、失真图像、一幕幕破碎的情节拼凑而成。当然，它们并非任何难以被说出口的秘密，而更有可能是一些难以去进行理性化表述的内容。不得不考虑，它们又是否真的能够成其为女性普遍经验中的一个个可获认可的元素呢？我并不确定，而更为要紧的是，我实在想要用文字去进行对其的追溯，而不是任何的话语、图像、剧情……

　　乔以钢先生曾总结过中国古代妇女文学创作所具有的鲜明感伤传统，"女性人生的自伤自怜，女子命运的幽怨愤慨，贯穿历代妇女文学创作"[1]。这种幽怨感伤的风格，构成了中国女性写作的历时性

---

[1]　乔以钢：《中国女性的文学世界》，湖北教育出版社1993年版，第14页。

特点，乔以钢先生贴切地将之看作妇女文学发展初期的一枚"情绪勋章"①。但正如本项研究所显示的那样，女作家文本上诸种象征性的逆袭、颠覆方式，实际上并非通过更改时间性坐标，即误读的形式得以完成，而恰是需要通过空间性的自我延展去进行更改或修正，譬如，在文本中开拓繁复的意义空间，以此树立相应的权威。这一点，与影响焦虑说对后来诗人获取权威路径的认定方式是有差异的。由此，我们或许便能够理解许多女作家通过缔造身体化意象的方式来进行文本中情绪的宣泄之行为，如中国现代女性书写中"垂死和死亡身体的形象"② 是频现的。

于是，很有趣的是，本书的整体论述其实都是围绕着"空间性"的概念或构想来进行阐释的，这即反映出女性问题、女性经验或者女性思维在进行无意识或刻意的文字转述与描摹时，它们的共通内在特征甚至悄然地影响着、改变了文字解说的形式与结构，削弱了文字本身的理性化程度，更改了文字流淌中的自然时间性。但是，这不仅不令人感到徒劳、无奈，却恰恰更让人感动。因为，费尽周折，仍旧展现出了那些很难被理性化的东西的"固执"，即一种女性化的"强悍"，使得那些深入骨髓的被认为"好的"或者"不好的"之部分成为我们不得不面对的珍贵遗产，这难道不该拥有些许的骄傲？

如果说哈罗德·布鲁姆的影响焦虑理论中鲜明的性别色彩给予了桑德拉·吉尔伯特与苏珊·古芭提出作者身份焦虑说以灵感，影响焦虑说的研究范式对研究女性文学提供了有价值的参考，那么，从文学的纯粹性角度考虑，男女作家在各自的逆袭中又俨然应该具有精神契合的可能，即他们都通过各自的方式为重释文本提供了新的依据和更为现实的途径。所以，可以推断，阐释女性文本的新依

---

① 乔以钢：《中国女性的文学世界》，湖北教育出版社 1993 年版，第 14 页。
② 颜海平：《生物种族政治和女性的赋权：中国女作家的想象性写作（1905—1948）》，季剑青译，《河南社会科学》2013 年第 11 期。

据和更现实的途径是完全能够来自女性私密经验的。

下面，我从具体内容上对本书加以介绍。本书经由我的博士学位论文核心部分改动而来。从宏观上看，它大体包含两部分内容，第一部分即对作者身份焦虑说的概念与内涵所进行的具体阐释，包含了对与之相关的文化语境、理论学说提出者之观点、提出背景的说明，也包括横向对比中对中国西方理论本土化情况，即阐释该学说的可行性之猜想式的说明。第二部分即本书的核心部分，着重论说了与本书题目密切相关的主题——基于女性性别身份的作者身份焦虑说的空间性猜想。这部分内容主要通过将对女性性别身份焦虑问题的形成原因、表现形式和适当的解决对策的探索、研究、论述放置在不同空间中去界说的方式，来逐渐层级地推导，而不是直接阐释出作者身份焦虑说的实质性内涵，或者说其核心论点。

从微观角度看，本书又具体包含着六个章节的不同内容。在第一章中，主要对作者身份焦虑说包含的性别维度进行了描摹，从而试图对已有概念学说进行二次阐释和发展。在这里需要说明的是，本书使用作者身份焦虑说的概念即是指基于女性性别身份焦虑的作者身份焦虑，它是狭义的女作家群体可能具有的一种女性特殊焦虑。这样论断，可以从本书写作体例的特征上窥得部分原因，即从女性身体到文化，再到主体精神思想、文学文本的过程，其实就是将这种特殊的女性焦虑的分析域重新拉回到与女性性别有关的空间视域中去探寻、研讨，进而再逐渐抽象出一种新的女性焦虑的命名方式，或说完成对已有命名方式的二次提炼、发展与合理化。

本书从第二章开始，着重探讨了基于性别身份的作者身份焦虑的空间性，包含对焦虑的空间性成因与空间性表现形式的分析。第二章对女性身体空间中的焦虑表现进行说明，即将女性身体作为一重基本空间单元，发掘其中可能存在的能够引发主体作者身份焦虑的焦虑源。众所周知，女性身体具有规律的周期性，因此可说，女性经验带有鲜明的时间性色彩。而在漫长的历史时期中，女性也具有被父权文化物化为身体本身的普遍经历，更有甚者，直接将女性等同于子宫本身，这正是对女性生育力过分崇重从而忽视主体存在的极端情况，从而导致女性性欲在父权文化中被长久忽视和压抑，这种文化现象诱发了真实女性的消隐。这即是说，当女性成为女性身体的概念本身时，其身体上便"绵延着女性主体被抹杀的记忆"。① 故而，对子宫隐喻的剖析其实也能够成为辨识女性文化宿命的一个关键点。桑德拉·吉尔伯特与苏珊·古芭认为洞穴是对子宫的隐喻，从而将子宫的空间性特征凸显出来。因此对女作家作者身份焦虑的分析，便顺理成章地应从对子宫隐喻的分析开始。子宫对女性的禁闭作用并非全然来自物种选择或身体的自然属性，而是因为子宫作为一重空间，本身便拥有"生杀大权"，即它既可孕育生命，也能结束生命，与母性激情的表现方式相一致，从而使其能够被父权文化所利用，给予母亲身份以崇高的文化地位，但却未能给予其对等的现实地位，使父权文化中母亲的角色或多或少成为一种文化悖论式的存在。应该说，菲勒斯中心主义文化造就了女性对自身身体伤疤（残缺）的自知与在意，而身心的同一关系又使"流血的伤口"象征性地被印刻在女作家的集体无意识创作心理中，于是女性写作普遍地带有一种心照不宣的痛感，或者说忧愁感。这种文学现象亦与父权文化中女性的实际生存境遇和经验有关。例如，弗洛伊德"阴茎羡嫉"说将女性的缺失状态凸显出来，即便此学说对女性羡嫉对象的界定是一直有所争议的，但上述对女性缺失状态的指认与暴露却是值得肯定的。朱莉娅·克里斯蒂娃认为女性远没有想象中的那般自恋，即认为她们实际上是普遍忧愁和忧郁的，但如果将忧愁和痛楚都建构在话语中，即通过言说的方式对其进行恰当的安置，帮助它们找到象征秩序中的位置，

---

① 任秋君、朱襄宜、王红梅：《美学角度下女性健身行为审视与思考》，中国纺织出版社 2017 年版，第 157 页。

那么，便能使得那些漂浮无着的负面情绪得到一定程度的有效释放，女性的疼痛也相应会由此得到部分治愈。即女作家需要在书写中形成自我治愈的策略意识，抹除自身的创伤性印记，将病态化的风格转换为一种特殊的文本表现，以此去安置伤痛。

第三章探讨了现实文化空间中的女性焦虑表现。首先，文化中的女性气质不可避免地会经由女性书写，从现实文化空间被带入文学写作中去，而对其认识态度的转变则决定着女性书写与建构女作家权威之间的最终关系。因此，对现实父权文化中女性气质和男子气概念的双向甄别就显得极为重要，而从文本空间里探索与现实文化中女性气质相仿的风格特征，亦是尤其必要的，对其的发掘和阐释会对探索女作家隐蔽的创作心理中具体焦虑感受的表现形式有所帮助。同时，如果女性气质成了女作家策略方式中的必要构成要素，那么对其的秉持也将会为女性书写开拓出新的经验和天地。相较而言，女性由于长久处在父权文化的禁闭与限制中，其生存的空间形态便长久地相对隐秘而狭小，即朱莉娅·克里斯蒂娃所说"向心的"，那么以家庭为中心的女性生命轨迹便呈现出鲜明的时间性特征，这迥异于男性普遍的空间性生存形态。这即是说，女性空间性的存在形态其实极有可能导致其自恋心理的生成，这种状态会使女作家经由写作而升华和超越自我的路途充满障碍。同时，这种绝对化的生存形态带来的恶果也并非单独由女性群体承担，男性群体同样需要为之付出沉重代价，诸如男性在一味地扩展空间的过程中，可能会缺乏与内在自我的及时交流与必要理解，从而同样有可能引发某种形式的焦虑，而求助于为母性所代表和隐喻的方式方法则会帮助他们减缓那些焦虑，这就是焦虑的性别转换或者说两性间自发的张力性沟通契机的存在。但如果说女性时间性存在状态与自恋心理皆发展到了某种极致和绝对化的境地，那么，男性便更会由此承受相应的重负，这就是父权文化对两性造就的双重不良后果的体现。除此，家庭空间的确是女性长久以来生活的主要有形场域，即李小江语"漫长历史中,家庭是女人的栖息地,也是她的整个世界"①。而家庭空间还承载着其他政治文化意义,它是构成社会关系的基本单位,两性权力关系也可投影于家庭空间当中。从象征性角度说,在传统父权文化中,女性脱离自身的原生家庭后,出于对男性之爱的热望而组建新的家庭,或者经由原生家庭的意愿而进入新的家庭,步入新的空间会使其认识到男权与父权之间是具有同一关系的,从而有可能形成新的压抑。在父权文化中,婚姻的形式与家庭空间的实体性相比,是一个虚拟的无形场域,女性在传统父权婚姻中的客体他者地位毋庸置疑,父权文化隐蔽而巧妙地以多种形式将女性能力的发展引导至绝对的家务实践中,特别为桑德拉·吉尔伯特与苏珊·古芭所关注的,即是化妆术与烹饪术等。这两者即是对闺阁与厨房空间的隐喻,象征女性被隔绝的私密而共通的历史经验。通过对女性在烹饪术与化妆术中体现出的性压抑和自恋心理的分析,其实也能够暴露出父权文化社会中,家庭空间与婚姻的形式在女性他者化的过程中所起到的举足轻重之作用。

第四章探讨了女作家思想精神空间中的幽秘焦虑表现,将这种特殊的经验概括为一次象征性的精神逃亡。可认为,女性身体空间、(父权)现实文化空间以及文学空间均对女作家造成了一定的内在精神上的禁闭感与压抑感,这主要通过女作家思想精神空间作为一个载体而得到具体实施。因此,女作家在创作时的思想精神状况便能反映出其他几重空间对基于性别身份的作者身份焦虑之形成所存有的影响程度。具体而言,能够成为真实女艺术家的女性,也即本书中狭义化的女艺术家——女作家一类,则需要象征性地经由空间逃亡的方式完成自我的超越,其过程充满了障碍。本书试图将女作家穿越的思想空间划分为:父亲的客厅,(父亲的)阁楼,自然乐园,父亲的屋子。不同类型的女性分别与这些空间一一对应。例如,被

---

① 李小江:《解读女人》,江苏人民出版社1999年版,第147页。

命名为女管家、家庭天使、厨娘类型的女性是停留在父亲客厅中的女性人物；疯女人则是停留在阁楼中的女性人物；少女、处女则是停留在自然乐园中的女性人物；女艺术家最终需要穿越重重空间再次返回逃离过的父亲的屋子，以进行真实艺术活动与有效的艺术交流。重回原地体现了经过思想历练与自我选拔和升华后的从容状态，并象征性地表明女作家认清了女性现实命运，能够与自己充分和解并包容其他女性疾苦，是一次带有崇高使命感及艺术真诚的自觉重返。由此，女艺术家拥有铸造更为和谐的、理想的生存与创作状态的能力，能够自觉运用策略为艺术真诚的到来和体现而筹划和筹备。需要说明的是，这种空间划分和女性类别的划分和对桑德拉·吉尔伯特与苏珊·古芭在《阁楼上的疯女人：女性作家与19世纪文学想象》一书中，凸显出的女作家普遍存有的"监禁—逃跑"意识内涵的领会与把握，连同对她们反复提及的女作家惯用的多重文学意象和塑造的相似人物形象的梳理是有关的，从而萌生出以空间图示的言说方式来对作者身份焦虑内涵进行猜想式阐释的想法。吉尔伯特与古芭将女作家塑造疯女人形象的过程抽象为她们对"替身策略"的运用，这恰恰构成了作者身份焦虑理论的核心论点之一。因此，可以说，吉尔伯特与古芭引发了人们对疯女人形象与其隐喻性的关注与猜想。疯女人的疯狂象征着反抗父权文化的黑暗力量，因而她是女作家作者身份焦虑的直接产物，其所具有的颠覆力程度是值得被重估的。如能将塑造疯女人形象的过程放置在作家策略叙事的层面来看，那么其在女性写作中的正面价值将会得到更大的肯定。疯女人所具有的非理性与艺术创作对灵感的需求心理有关，因此，对作家回归口语传统的主张昭示着对其本我欲望的发掘和对其潜在正面力量的肯定，它们能够引发类似无作品艺术的艺术性。但女作家表达愤怒的文本方式与样式始终又是复杂的，因而只能从宏观层面上去认定。而唯有将疯女人之疯癫置于策略运用视域中时，才能使其中与母性激情有关的正面价值被附加到女性自我超越与升华的特殊路径中去。宏观来看，从影响焦虑的角度考虑，如果后来诗人的精神痛苦在于他们总会发觉自己被"复写"的宿命的话，那么广义上说，女作家则需要具备策略意识，以完成自我修正式的自我超越，而非寻找他者的激进式颠覆。从哈罗德·布鲁姆影响焦虑理论六个修正比的修辞意义上看，对前驱诗人的认同、反叛、和解与超越于女作家同样能够适用，这些环节的变换体现出一个类似"Y"形的空间性修正轨迹，即认同与屈从阶段为"I"形部分，发生分歧从而延展创新之处的地方即开始构成"Y"形轮廓。诗人本我欲望与诗歌内在规律的共在，及诗歌的神性预见性对诗人内在冲动与天赋的召唤，使分道扬镳后的路径成为诗人自我升华过程中的必要组成部分。

第五章谈论了文学空间中作者身份焦虑的体现。长久以来，文学被打上父性烙印是中西方共有的不争事实。在文学父性特征的迫使下，女作家逐渐成为被伊莱恩·肖瓦尔特称为"女性亚文化群体"的存在，女性写作中凸显出的张力性即是这种现实窘境的独特产物。概言之，女性写作的张力性主要体现在对书写策略的有意识寻求和无意识运用上，而这种需求和实际表现不仅反映出了女性写作中焦虑感的存在，而且验证了女作家占有艺术痛苦的隐蔽心理，因此不可对女性写作张力性进行绝对意义上的利弊好坏之简单判断与论断，而更应将其看作女性写作在文学父性传统下所形成的自有特征，这在漫长的历史变化中逐渐成为一种个体化的特色，与文学主流价值相悖，但却能够与之共同构成张力性关系，由此女性力量才具有生发和存续的可能。在父权社会中，男作家长期享有对文学女性的命名权，具体表现为对女性人物形象塑造空间的占据，即造就了女性文学形象非天使即魔鬼的刻板印象，对此两类失真女性形象的塑造实际上有可能承载了男作家对自身某种焦虑的转化期待。而女作家以迟来者身份进行握笔书写时，也难免会被上述那种刻板和单一的女性印象所干扰和影响，进而将自身性别与男作家缔造的文学女性印象混同起来，从而迫使想象力与创造力处于被束缚状态。因为父权文化道德内化的缘故，女作家亦有可能会很难摒除自身存在的天使阴影，因此她们需要象征性地祛除自身的天使影子，从而解放被禁锢在男性想象力中的文学天使形象。应该说，魔鬼特质与天使的特质无本质区别，它亦为男性想象力的产物，二者共同构成了文学女性长久而普遍的失真状态。但魔鬼特质又有别于天使特质，这是因为，虽然天使、魔鬼（怪物）女性形象在被过度塑造时，都会体现出反控制的原始超验性，然而魔鬼女性形象所衍生的超验性则更为具体和鲜明，它直指反复无常的存在经验，这正是女作家挣脱文学父性镜像界之出口。因此，为打破这一镜像，女作家或许需要适当地"利用"已然存在的早期他性或者经验，恰当地顺承女性形象塑造史中的某些父性特征，并由此完成新的创造。而被命名为"女巫—女神"的另类人物形象即体现为一种将女性反复无常气质发挥到极致的象征性理想状态，从而成为改变女性自我定义过程中所存在困境的一个有效方式和手段。由于语言本身具有含混和双关的特点，书写便区别于声音的无障碍扩散，而具有变为复调叙述和双重言说的可能。对语言这一特点的利用，能够使文本空间出现立体化的分层结构，即字面空间与意义空间构成了文本中一组二元对立的存在。这种文本分层现象恰能为女性书写提供一些其他的适宜方式，将女性不能轻易表达出来，或者很好地表达出来的内容，或说将其本我冲动与真实欲望都放入一个意义空间中去进行陈述。如果文本字面的混乱状态能够被看作运用策略以掩盖真实性所形成的复杂局面，那么就能将这种与女性内在自我分裂状态相对应的文本表现方式看作女性写作特殊技巧的表露形式，从而使得将真实意图置入意义空间的方式被认为是现实父权文化对女性进行压制后被迫而为的行为，这种文本上的分层效果能够在一定程度上补全女性在文本字面空间中的主体虚无与缺失感。由于文本具有分层的可能，女作家便具有在字面空间进行置码以使其更为错综复杂、隐晦难懂的现实际遇与机遇。

第六章作为本书的结语部分而存在，实是对本书收尾之后感到的还未说清道明之某些观点、构想、困惑所做的絮语、私语式提及、梳理和强调，它亦是我博士论文最后的结语部分，是对论文整体调研构想、撰写修改、作结收尾等不同阶段所面临的问题之简短回顾。其中，浓缩与象征性地对论文的实际研究内容、写作与思辨的过程、猜想和论证的过程以及与之相生相伴的个人女性生活过程进行了一定的阐明或者表达，也有对与这项研究相关的后续研究思路与框架的说明。应该说，这一部分内容并非严格意义上的研究之结语或者结论，它其实更应该承载一种启发下文的功用，从而使得本研究不仅仅能为"猜想"二字所概括或者定性，而更应该经由这一部分，去完成更多具有更广阔、更具体的现实背景与更高价值意义的不同形式、不同领域的女性问题之实践性研究。

2019 年元月于西安

目　　录

第 一 章

作者身份焦虑说的内涵

第一节　先期问题假设中的猜想

应该说，是长久以来积攒的困惑以及萌生的问题构成了写作这部书稿的原初动机，而《阁楼上的疯女人：女性作家与19世纪文学想象》这本书中所提出的作者身份焦虑理论一定程度地回应与解释了那些莫名而实在的困惑感与焦虑感，使得问题与答案的碎片交织在笔者的写作思绪中，经由文化，再到文学，最终回归文化的空间性路径，滋生了种种猜想与理想，整个思维过程体现着女性诗学所特有的浪漫情怀。因此，首先就成书前的先期问题假设及背景考察情况加以说明。

一　问题意识的现实来源

本书的问题意识来自对普遍女性与女性写作者愤怒与焦虑问题、现实与文学中"病女人"问题、中国文学中普遍存在的"病妇"形象与西方文学中"疯女人"形象的关系等问题的关注。上述问题产生背景有二，一是对现实中存在的实际问题进行长期观察与思辨的结果，二是文献搜索、资料收集、阅读体悟、学习探讨的结果。从现实中看，女性是神经系统、精神类疾病的高发人群。对女性焦虑这一精神症状产生原因的追寻以及对其表现形式的观察，导致了对女性特殊性别文化境遇的关注。生活中普遍女性的焦虑大多由其性别身份所引发，继而表现出不同的程度与形式，这指向对日常生活中仍存在的父权思想与观念的发掘和反思。但更多时候，那种源自性别的困扰和焦虑实际上被女性主体进行了道德内化，再度变形为其他外在表现形式，因此使对父权文化思想痕迹的暴露具有难度。譬如，文化影响因素经由精神心理因素的作用转变为女性身体因素对自身主体的干扰或"侵犯"，故而有些女性常觉得自己异常，从而断定自己病了，仿佛"它显得有病：它就真的病了"①，西蒙娜·德·波伏娃援引妇科医生的观点，认为"自以为病"状态与生理之关联并不大，属心理病症范围，她还认为毁坏女性身体的，多半是主体对身为女人所产生的焦虑。

不可否认，女性焦虑的体现形式是多样的，具体可从不同类型女性身上找到对应形式，这在文化中并不困难。置身文化境遇，女性焦虑问题就是狭义化的女性性别身份焦虑问题。而由性别身份造就的女性焦虑的表现方式是多重的，主要表现在身体性属范围内、现实文化中及思想精神空间里，除此，还应包含具体某一专业领域内的情况，也即对女性性别身份焦虑问题的探索应从以上四方面进行，在本书中，这一专业领域即文学空间，因此，对女作家性别身份焦虑问题，即作者身份焦虑的空间性表现的关注成为核心。在文学空间中，女作家通过策略运用来暴露这种别样焦虑，策略就是在上述影响因素的共同作用下形成的一种主体自觉反击意识，正是桑德拉·吉尔伯特与苏珊·古芭所说的"替身策略"，也可将其描述为伪装或遮盖的策略，或杨莉馨在《阁楼上的疯女人：女性作家与19世纪文学想象》译跋中，结合艾米莉·狄金森的诗句，对女作家修

---

① ［法］西蒙·波伏娃：《第二性——女人》，桑竹影、南珊译，湖南文艺出版社1986年版，第94页。

正策略的实质所进行的概括—— 一种"倾斜"策略①，它带有鲜明的复调性特征。

在现实文化中，疯女人即为女性病态化至极致程度的有形象征物，同时亦是女性愤怒最大化的具象显示物。因此疯女人作为研究女性性别身份焦虑过程中的现实隐喻，能够成为连接女性性别身份研究与对造成女性焦虑的重要原因——思想精神空间病态化的追问之间的关卡，从而凸显出针对女性疯狂研究的价值。女性焦虑问题与性别身份研究交汇的部分一向为学界重视。贝蒂·弗里丹曾认为身份问题于女人来说是个新问题，在为女性争夺诸多权力之前，首先要完成对女性身份问题的论证。② 时过境迁，对身份的争夺仍旧是女性主体获得权威感的首要条件，而争夺身份就必须进行自我言说和自定义。在言说过程中的抗争压力主要来自文化既有规范与其建立的先在印象对女性的束缚，还有在克服道德内化机制的过程中所产生的抗力，这也即身份争夺过程中焦虑形成的要素。贝蒂·弗里丹所说的身份问题就是狭义的性别身份问题。所以研究性别身份焦虑问题的成因、表现方式及应对策略对最终建立女性权威来说，至关重要。③ 此外，贝蒂·弗里丹认为由于女性特殊而不稳定的生理结构，使她们比男性更易精神失常，这种精神紊乱与女性特殊时期的身体变化有很大关系，诸如怀孕、分娩、经期及更年期等，女性思想被某些来自性的、情绪的以及为理性所控制的东西扰乱着，失常便由此发生。但生物学论据说提供的信息在解释女

---

① "倾斜"策略的含义即一种变换方式的言说形式，即艾米莉·狄金森的诗句："Tell all the Truth but tell it slant"，具体请参见上海人民出版社出版的《阁楼上的疯女人：女性作家与19世纪文学想象》2014年版，第813页，杨莉馨在译跋中所做的说明。除此，弗吉尼亚·伍尔夫还写过一篇题为《倾斜之塔》（"The Leaning Tower"）的论文，她认为在20世纪现代社会的动荡之中，一切都扑朔迷离、摇摆不定，正所谓整个社会产生了"斜塔效应"，而这时，唯有把握自己的内在真实，透过幻象看到自己的本真才是相对而言最重要的。具体请参见高奋在《走向生命诗学：弗吉尼亚·伍尔夫小说理论研究》第143页的说明。

② 贝蒂·弗里丹在著作《女性的奥秘》一书中提到这种观点。

③ 贝蒂·弗里丹在著作《女性的奥秘》中提出并阐释了此种观点。

性精神压抑、焦虑、抑郁时的局限是很明显的，它不能将构成性、情绪以及为理性控制的东西都囊括在女性性别的自然属性中。这些作为女性致病因，皆与文化干预有关。从社会身份划分向度看，女性因身份问题而产生的焦虑是普遍的，这说明在历史长河中，普遍女性是缺乏身份的。这使我们对女性精神压抑问题的分析，拥有介入空间性研究的契机。也即在现实社会空间中，婚姻作为一种形式，及家庭作为一种空间结构对女性焦虑的形成都产生了影响。伊莱恩·肖瓦尔特认为，女性精神病的高发率是由于她们所处的社会环境及分配了她们角色定位的家庭环境造就的，美国北卡罗来纳大学临床心理学博士奥古斯都·纳皮尔坦言，他病人中不同阶层的妇女都抱怨过婚姻中曾出现的问题，并表达了对此的焦虑。可以认为，一定程度上文化境遇利用女性某些身体特性使疯狂潜质或因子被激发出来。

二 问题意识的理论架构

上述问题都隶属女性焦虑与性别身份的关系问题，属现实问题的一种。而本书经由对现实问题的抽象，并结合对"作者身份焦虑"理论性别维度的把握，以期对作者身份焦虑说的空间性进行更具针对性的专业表述，探讨更细化的问题并试图得出有意义的结论。因此，本书立足作者身份焦虑说的理论维度，对其进行阐释、改写和再抽象，甚或必要的"误读"。故而，此研究需被放置在具体的女性身体境遇、文化境遇、精神心理层面及文学叙事场域中进行。这一特殊情形也正是由于"后现代文论为中国当代文论所提供的，主要是一种文本策略和阐释方式"[①] 这一现实图圈所决定的，这种假设造就了本书整体结构的雏形。首先，女作家基于性别身份的作者身

[①] 李西建、畅广元：《追求与选择：全球化时代文学理论的价值思考》，商务印书馆2010年版，第326—327页。

份焦虑的产生，主要源自女性对自我超越过程中存在的心理障碍不能有效克服的状况，而这种障碍的形成与性别身份直接有关，与父权文化规范的施用及此过程中所有环节和牵涉范畴都息息相关。可看出，对女作家作者身份焦虑问题的研究无可避免地指向了对父权文化规范在现实层面存在情形的调研。除此，还需注意的是，发觉女作家作者身份焦虑作为一种既有事实存在的途径，就是深入文本进行探索的方式。因此，对女性主义叙事学视域的保有也成为深入研究这一问题的关键。本书对作者身份焦虑说概念的阐释、对其向女作家性别身份焦虑问题转化可能的分析、对其空间表现形式的概说，也即空间性的猜想，与女性主义叙事学视域下的文学空间探索倾向应当平分秋色，各有倚重。

　　但本书核心主旨仍旧为作者身份焦虑说的空间性猜想。在先期问题假设中，这一猜想便是存在的。在文学中，可以说，女作家焦虑出现的深层原因，在于母性激情遭遇了菲勒斯中心文化特征的文本规范，故而产生了不适感与虚无感，具体体现为情智纠结对女作家创作心理的持续影响、叨扰与侵凌。女作家需完成对女性气质的保留、推崇与运用，但同时又不能被女性气质所代表的真实性覆灭，她需将女性气质的呈现方式变更为"被阐释""被破译"，因此她们的理想叙述方式就必然是种表里不一但又终将被融合和统一的"纠结"方式，这造就了女作家写作上问题意识的显现和流露，无形中加深了她们的写作难度，甚至是解析女性文本的难度。女作家所采取的曲线救国方式，或恐正由于基于女性性别身份的作者身份焦虑的真实存在而形成，无论她们是否对其有意识或愿意承认，这种焦虑都会在文本结构上留下痕迹，即便"在封建礼法周密防范的情况下，在文学作品中也不时'一枝红杏出墙来'"①。文本是主体病态

----

① 李小江、朱虹、董秀玉主编：《性别与中国》，生活·读书·新知三联书店1994年版，第494页。

化得以暴露的良好载体，这使得针对这一专业领域的探索负载着解决文化现象界女性问题的重任。对女性文本的深层解读会引领我们发现被隐匿在种种繁复、错乱、幼稚、拙略现象之下的内容正指向了女性欲望真实存在这一本质事实。

除此，本书其他重要问题假设还涉及对女作家性别身份焦虑与作者身份焦虑概念的关系辨识。在上述文字中，已经体现出这两个概念的刻意与无意识混同的必要性和无奈感。这里所做的说明，旨在为后续论说和界说的明晰性加以确保。文学空间若沿袭现实父权空间的文化形态，女性将由此被认为更具自然属性。露丝·里斯特认为不是女性身体的脆弱导致她们不能享有公民身份，而是文化"一直是将妇女与身体、自然（nature）和性等同起来才使她们没有这样的资格"①。尤其是西方批评界在很长一段时期内，对女作家的肯定还往往是建立在对她容貌、体型、性别等因素所具备的优势的肯定之上②。也即女性主体的现实文化位置和处境决定了她们在文学中的位置与处境。"但是只要女性主体仍处于边缘，代表着女性主体的女性写作就难以进入主流。"③ 对此，我们可从两方面去理解和把握。其一，女作家面临着与所有写作者相似的困境。杨莉馨认为如客观地借用影响焦虑学说，"倒也是可以解释女性主义文学批评理论诞生的心理背景的"④。其二，可跟随前述认知，从策略层面去认定女性写作者首当其冲是一位女性，那么其女性经验的带入就应成为祛除由男性/女性二元对立关系形成的性欲焦虑的必要条件，从而使女作家成为更自由和自主的写作主体，占据身体空间并发展、延展自我意识。由此，我们大胆猜想，女性诗学的特征正是呈现自我，

---

① ［英］露丝·里斯特：《公民身份：女性主义的视角》，夏宏译，吉林出版集团有限责任公司 2010 年版，第 111 页。

② 杨莉馨：《西方女性主义文论研究》，江苏文艺出版社 2002 年版，第 108 页。

③ ［美］兰瑟：《虚构的权威：女性作家与叙述声音》，黄必康译，北京大学出版社2002 年版，第 120 页。

④ 杨莉馨：《西方女性主义文论研究》，江苏文艺出版社 2002 年版，第 126 页。

寻找新的空间进行两性关系的矫正与重塑，以平衡、平行发展的方式来取消一味的彼此对立。究根结底，女作家作者身份焦虑的形成，很大一部分原因是其自我的在场，受到了社会现实父权文化规范下生成的女性道德超我标准幻化而为的文化在场的影响所致。对于现实作为一种影响的说法，哈罗德·布鲁姆在分析弗吉尼亚·伍尔夫作品时对此已进行过肯定，认为伍尔夫女性主义思想的持久性在于其不仅糅合了不同思想，更是"对现实一系列强有力的领悟与感知"①。对性别身份认同与作者身份焦虑关系的探讨，本就是针对女作家作者身份焦虑问题的探讨。相对而言，男作家作为一个整体，理论上说是不具有作者身份焦虑的，在哈罗德·布鲁姆影响焦虑理论中，后辈作家的焦虑是渴望享有独创性的作家的普遍焦虑，它建立在写作主体对自身作者身份认同的基础之上。长久以来，作者权的男性色彩是显著的，男作家作者权与书写权是相对合一的，布鲁姆的分析显示，后辈作家（男作家）的焦虑集中在如何战胜前辈，获得独创可能。如果权力分等级，那么男作家追逐的是一种相对更高级别的权力。女作家的追求目标相对则更为初级。也可以说，女作家的书写权与作者权长久以来相对脱离。杨莉馨认为对于妇女而言，性别障碍表现为诸如对"缺乏自己的权威与得不到恰如其分的对待"②境遇的恐惧。于是，从文化走入文学的握笔女性实被文化进行了二次阉割。但初入文学领域的女性沉默（被阉割状态）与现实文化中的女性沉默却仍旧具有本质区别，前者在通往女性解放的道路中更进一步，她们拥有了握笔的契机。这显示出女性解放是"缓慢的、痛苦的、是部分的、有条件的"③，即凸显出焦虑作为一种代价的性质。身份认同更明确地指向了性别问题，对于女作家而

---

① ［美］哈罗德·布鲁姆：《西方正典：伟大作家和不朽作品》，江宁康译，译林出版社 2015 年版，第 386 页。

② 杨莉馨：《西方女性主义文论研究》，江苏文艺出版社 2002 年版，第 125 页。

③ ［美］米利特：《性政治》，宋文伟译，江苏人民出版社 2000 年版，第 134 页。

言，只有通过艺术创作完成非个人化超越①才能摆脱性别身份焦虑，如果作家比作者的概念更靠近身体，那么女性写作者更天然地属于作家的概念。这是因为，从本质上说，女作家作者身份焦虑就是一种女性性别身份焦虑在文学中的变形表达。这和水田宗子所说文学作品中的女性形象能够证明女性原理②来自生育的性（女性身体属性）与制度化的女性社会角色（女性文化属性）的共同作用的论断是相似的③。即女作家的创作能够反映出女性现实境遇的情形，甚或女性之性被文化演绎的程度。

在这里，还需进一步区分的是，文化女性性别身份焦虑和女作家作者身份焦虑。前者由来自女性身体空间的焦虑及来自父权社会现实文化空间的焦虑所共同构成，也即水田宗子描述为女性原理的构成要素。这种性别身份焦虑更多地受到现实父权思想的影响和左右，直指女性文化困境。后者则指对文学文本镜像的恐惧，也即从文本句子字面与意义空间中共同凸显出的焦虑感，进一步指向女作家对作者权迷失窘境的困惑和恐惧，它不仅使写作主体具有问题意识，还使其不断在写作中探寻解决问题的方式策略。但现实女性性别身份焦虑和文学中女作家的作者身份焦虑又是父权文化在现实和

---

① 托·斯·艾略特在《传统与个人才能》中认为大多数人在鉴赏文学作品时注重真挚情感的表现方式，还有部分人能够发现表现技巧，但很少有人注意何时会有意义重大的情感的表现。并且认为这种意义重大的情感的表现正存在于诗本身中，也即需要被发现和被阐释，因此，从这个意义层面，艾略特将艺术情感定义为非个人的情感。本书认为只有通过艺术创作完成那种非个人化的超越，才能够摆脱性别身份焦虑。这里的非个人化超越与写作者自身的使命感和英雄主义情感所代表的放弃美学宗旨有关，与个体的写作者无关，与其创作的文本有关，亦与被阐释的程度有关。因此，也可认为非个人化的超越指向了非个人化的情感，它很显然是意义重大的，所以对于女作家来说，带有明确性属确认的写作才是能够承载这种重大情感意义的写作。艾略特的具体表述请参见上海译文出版社出版的《传统与个人才能：艾略特文集·论文》2012 年 6 月版第 11 页的内容。

② 水田宗子所说的女性原理概念是指能够被抽象成原则的女性本质。

③ 水田宗子在《女性幻想诸相——文学中女性的神话化与自我表现》一文中表达了这一观点。具体请参见中国文联出版社出版的《女性的自我与表现：近代女性文学的历程》1999 年版第 8 页的内容。

文学领域形成的同一问题的两个具有不同指向的次级问题。在文学中，为将困扰女作家的性别身份焦虑描述得与具体环境更为贴合，从而使它具有更明确的指向性，同时也由于文本句子字面空间具备"囚禁"的功能，使女作家在进入文学领域前的那种为普遍女性所具有的性别身份焦虑感进一步得到深化和细化，更具针对性，作者身份焦虑似可取代性别身份焦虑而成为更恰当的描述概念。但随着研究的深入，作者身份焦虑概念有时不能很好地涵括与女作家受到现实文化影响的程度和情形相关的内容和因素，而女作家性别身份焦虑这一概念也有其天然的复合概括的优势。总体而言，女作家的作者身份焦虑就是一种针对其自身性别身份的焦虑，也即基于女性性别身份而来的焦虑，不仅针对社会化性别（gender），同时还针对女性之性（sex）。需注意的是，性别社会化后的性别身份次序的形成依然建立在对女性自然属性的强调上，并以此对女性自我僭越及上升、超越等行为进行阻拦和驱散，将女性稳固地禁闭在父权文化边缘地位的情况也屡见不鲜。除此，研究女作家的焦虑的确应专门针对其文化身份，以凸显出其作家身份的缺失。由此，在本书中，作者身份焦虑的概念与女作家性别身份焦虑的概念常常在特定的语境中交替出现，特在此说明。

第二节 中西语境下的文献综述

作者身份焦虑的概念是美国女性主义批评家桑德拉·吉尔伯特与苏珊·古芭在 1979 年出版的《阁楼上的疯女人：女性作家与 19 世纪文学想象》一书中提出的，对这一概念的具体分析将在下一节中进行。这里结合中西方的具体文化语境，对与之有关的研究方向加以差异性的梳理，以使后续论说更加自然而然。

一 理论诞生的西方语境

首先，很显然，对于这一问题，西方研究情况较具连续性，易从整体把握理论研究发展的脉络。作者身份焦虑说隶属西方英美学派的妇女中心批评（女性中心批评）分支，因此本书主要从西方女性主义文论英美学派妇女中心批评纵向发展的角度，依时间链条，从诞生作者身份焦虑理论的先期背景上进行概说。自 20 世纪 70 年代，女性主义文学批评英美学派便渐致力于建立女性文学传统，也即对女作家及其文学作品的研究成为重点，旨在发展与建构女性批评术语，以构筑女性美学传统为目的。① 由于女性文学作品在妇女中心批评中占核心地位，使女性研究更加重视对文本批评方法和范式的选取，发掘文本中或显或隐的"女性特质"与"女性共性"便十分重要，这正是建构女性文化与文学传统的切入点。杨莉馨认为，对妇女中心批评的研究，首当其冲应完成对"女性作者写作困境的文化分析"②。妇女中心批评家吸收了"艾尔曼与米立特等先驱的批判传统"③。在这之后，1979 年《阁楼上的疯女人：女性作家与 19 世纪文学想象》问世，两位作者不仅奠定了自身在西方女性文学批评史中的地位，同时掀起妇女中心批评的高潮。这部著作使针对女作家研究的精神分析方法浮出水面，曝光了女作家书写中的情绪问题以及策略意识。除此，两位作者还替"疯女人"文学形象进行了间接辩护，认为"疯女人"是女作家使用替身（double）策略的产物。在这一点上，可说弗吉尼亚·伍尔夫较早地将对个人化愤怒情绪的关注视野带入文学研究视域中，将其视作影响女作家正常书写的不利因素，认为正是女性受压抑的经验迫使她们的个人情绪未能被足够节制，从而破坏了作品的艺术性。女作家负面情绪的存有与庸常琐碎的记忆和现实文化中对女性性别身份的地位、具体境遇的

---

① 请参考杨莉馨在《西方女性主义文论研究》一书中对英美学派妇女中心批评发展轨迹的梳理，本书针对西方研究情况的综述思路参考了杨莉馨在此书中的部分归纳。

② 杨莉馨：《西方女性主义文论研究》，江苏文艺出版社 2002 年版，第 105 页。

③ 鲍晓兰主编：《西方女性主义研究评介》，生活·读书·新知三联书店 1995 年版，第 105 页。

体认与亲历有直接关系，这种关联又与时代发展、女权运动及其影响的演进，连同女性文学发展均有关，总体体现为渐弱倾向①。但情感并非情绪弱化后的产物，女作家总是需要面对如何处理自身情感的问题。只要男权思想痕迹依然存在于现实文化中，女性人格相应便不能受到完全尊重，若男女两性地位未能实现绝对平等，则女性文本仍会体现出愤怒印痕，正如鲁萌所言："健康平等的意识是必须在精神的领域中用精神的方式建立的。"② 由此，鲁萌认为在中国历史中，长期存在平等意识的漫画化，尤在性意识与性别差异意识成为罪恶的代名词的现实反讽中，"至少不止一代中国妇女都经历过这种光明磊落的黑暗"③。伍尔夫认为写作技巧越拙劣的作家，愤怒痕迹就越明显。因此她盛赞过极具克制精神的在客厅里半遮半掩写作的简·奥斯汀，并相应地对夏洛特·勃朗特的写作方式给予否定性批判。总而言之，伍尔夫对此问题的敏感度极高，认为于互文性角度看，勃朗特式的写作方式阻挠着读者与文本亲近的机

---

① 弗吉尼亚·伍尔夫在《妇女与小说》中认为："在妇女的写作之中，悄悄地发生了巨大的变化；这似乎是一种态度上的变化。女作家不再痛苦。她也不再愤怒。当她写作之时，她不再呼吁和抗议。如果我们尚未达到，那末我们正在接近于这个时代：妇女的写作将很少受到——或者几乎没有受到——外来影响的干扰……因此，一位今日的女作家所写的平均水平的小说，较之一百年前、甚至五十年前的妇女所写的小说，要真诚、有趣得多。"伍尔夫不仅能够敏锐地注意到女作家写作中的愤怒与痛苦，还注意到这种痛苦程度随时代发展呈现渐弱的趋势，因此她构想了一个理想时代的到来，在其中女作家"不再痛苦"，也"不再抱怨"。但伍尔夫并没有说这个理想时代已经到来。具体请参见上海译文出版社出版的《论小说与小说家》2009 年版第 54 页的内容。程文超在《南方文坛》中指出，伍尔夫所说女作家不再痛苦的时代远未来到，并认为痛苦是属于清醒者的，"女性的痛苦是妇女意识觉醒的精神产品"。除此，该文还认为"绝大多数女作家是带着女性的痛苦走上文坛的"。同时，程文超认为造就中西女作家痛苦程度有所差异的原因，与中西方封建思想占据垄断地位的时间长度有关，"中国新时期的女作家是在反封建的战鼓声中拿起艺术之笔的，她们身上肩负着比西方当代女作家沉重得多的重担"。因此，这其实与伍尔夫预言理想时代的言论中凸显出的女作家痛苦与愤怒程度随时代发展而渐弱的倾向是一致的。具体请参见《南方文坛》1988 年第 4 期第 32 页的内容。

② 萌萌：《后现代主义与女性问题》，载叶舒宪主编《性别诗学》，社会科学文献出版社 1999 年版，第 54 页。

③ 同上。

会。但同时，伍尔夫在否定艺术创造中个人愤怒情绪存有的必要时，还持续呼唤着写作者的内在真实性，由此形成了凸显生命之真的"情感说"。略具矛盾感的两种主张正印证着伍尔夫的另一观点，即形式是为了更好地表达情感，应采用"有意味的形式"①，即写作者技巧性与策略意识的兼具是其进行艺术创造的必要条件。正如爱·摩·福斯特对伍尔夫的点评一样，认为她的写作"带着一种专心致志的狂热"②。伍尔夫所拒斥的愤怒情绪更多地指向对女性之性招致的痛苦和烦扰的抵制，带有鲜明的性别暗示倾向。

的确，对女作家精神心理状态与问题的关注，是女性文学批评理论家都曾或多或少有所涉猎的主题。20 世纪 70 年代，英美学派埃伦·莫尔斯试图证明女作家同男性一样是伟大的，从而论证了女作家的文本共性，以探索女性前驱与母性前辈对后来女作家书写的影响。莫尔斯还将女性身体作为一重影响要素指示出来，她被认为"对法国女性主义理论家的身体写作理论是有一定启发的"③。莫尔斯形容女作家地位是"一股暗流，迅猛而强大"④。她还指出女作家需从自身传统中获得信心⑤。除此，她对"鸟"⑥ 的意象的关注，就跨时空地使几位女作家成为姐妹，而她发现《简·爱》中的"逃

---

① ［英］克莱夫·贝尔：《有意味的形式》，载蒋孔阳主编《二十世纪西方美学名著选（上）》，复旦大学出版社 1987 年版，第 156 页。

② ［英］爱·摩·福斯特：《弗吉尼亚·伍尔夫》，载翟世镜编选《伍尔夫研究》，上海文艺出版社 1988 年版，第 5 页。

③ 杨莉馨：《西方女性主义文论研究》，江苏文艺出版社 2002 年版，第 116 页。

④ ［英］埃伦·莫尔斯：《文学妇女》，载［英］玛丽·伊格尔顿编《女权主义文学理论》，胡敏等译，湖南文艺出版社 1989 年版，第 13 页。

⑤ 同上书，第 14 页。

⑥ 特别值得一提的是，中国五四女作家陈衡哲在 1919 年 5 月的《新青年》上发表了题为《鸟》的一首现代诗，表达对囚禁状态的敏锐察觉以及对自由的强烈向往，有批评家认为女性文学中的"飞翔"主体亦可从陈衡哲这首诗开始溯源。具体请参见南开大学出版社出版的《浮出历史地表之前：中国现代女性写作的发生》2010 年版第 18 页的内容。诗作内容可参见河南文艺出版社出版的《新青年·文学创作卷》2016 年版第 159 页的内容。

跑"主题，对桑德拉·吉尔伯特与苏珊·古芭抽象出女性文本中的
"监禁—逃跑"主题亦产生影响。伍尔夫发觉简对自由的畅想体现了
夏洛特·勃朗特的隐蔽愿望时，痛斥了这种关联，① 而莫尔斯借助这
种关联比对男女两性追求自由时的差异，即男性囚禁女性，而女性
自我囚禁，更本质地指出造就女性困境的原因。② 伊莱恩·肖瓦尔特
在《她们自己的文学③：英国女小说家：从勃朗特到莱辛》一书中，
试图对漫长历史时代中的女作家创作特色加以归纳。她不仅认为女
性文学隶属文学亚文化，甚至提出女性亦本就是亚文化群体的观点，
尤其将之概括为一种生理经验导致的结果，是"一种共享的、逐渐
秘密化和边缘化的生理经验"④。肖瓦尔特认为女作家的写作不能与
女性文化身份所代表的经验断然分开，女性书写经验与身体经验混
同在一起形成了女作家特殊的创作心理特征。她的研究亦体现出对
女性疯狂价值的正面肯定，譬如针对《简·爱》的文本分析，就从
女性心理特征的多样差异化角度去关注其中不同的女性人物形象，
从对女作家创作技巧的褒扬上来消解对愤怒、疯狂等负面色彩的关
注。"肖瓦尔特认为有必要解构伍尔夫传奇的神话，她使用伍尔夫自
己的意象，说明一个女性必须杀死'屋子里的天使'，那个挡住自由
之路的女性完美幻想。"⑤ 肖瓦尔特认为女性疯狂本身及其产生原因

---

① ［英］吴尔夫：《一间自己的房间》，贾辉丰译，商务印书馆 2012 年版，第 197 页。

② ［英］埃伦·莫尔斯：《文学妇女》，载［英］玛丽·伊格尔顿编《女权主义文学理论》，胡敏等译，湖南文艺出版社 1989 年版，第 366—367 页。

③ 约翰·斯图尔特·穆勒在《妇女的屈从地位》中认为女性没有"她们自己的文学"，伊莱恩·肖瓦尔特著作的名字正由此而来，肖瓦尔特在为《她们自己的文学：英国女小说家：从勃朗特到莱辛》浙江大学出版社 2011 年版所作的序言《这二十年：重返〈她们自己的文学〉》里，在对 21 世纪女性文学发展加以论述时说，《她们自己的文学》这一标题其实含有对国别、文化差异在女性文学中并不那么鲜明和突兀的暗示。具体请参见浙江大学出版社出版的《她们自己的文学：英国女小说家：从勃朗特到莱辛》2011 年版第 21 页的内容。

④ 杨莉馨：《西方女性主义文论研究》，江苏文艺出版社 2002 年版，第 118 页。

⑤ ［美］肖瓦尔特：《她们自己的文学》，外语教学与研究出版社 2013 年版，第 5 页。

均值得关注，她在《妇女·疯狂·英国文化》一书中通过多学科实证性研究，揭示出迫使女性表现出疯狂特质的正是文化因素这一真相，使妇女疯狂成为弗洛伊德精神分析学说预设场域中的假说，她的论述体现出法国女性主义文学批评的某些色彩："即使处在'狂躁'的状态下，她们看起来也是抑郁、沉静、忧伤，而不是疯癫"①，因此勃朗特式的女性自负并非自恋，恰是一种女性抑郁。此外，肖瓦尔特鼓励的是多元化与多样性的女性"自我发现"和"自我审查"②，也即女性需创造自己的术语，她提出"研究与总结'女性美学'（female aesthetics）的设想"③，肖瓦尔特客观地对待和评价文学父性传统提供给女作家可资借鉴的东西，这正是其批判模式公允理性的地方。特别是在论述"女小说家与写作意志"中，提到家庭内部女性策略意识的存在，并认为那也是可取的。肖瓦尔特在《荒原中的女权主义批评》中，更充分和确切地表述出建构女性中心批评范式的重要性，她认为一味对男性批评理论进行女性化的纠正和修正，不能解决本质问题，"即便加上一个女权的参照系，我们也学不到任何新的东西"④。肖瓦尔特正是从女性经历着手，企图完成对女小说家的重新审视。⑤ 另外，她还认为作者身份焦虑理论是强有力的，其核心内容即"女性文学史是女作家与父权传统之间的对话"⑥。伊莱恩·肖瓦尔特亦对桑德拉·吉尔伯特与苏珊·古芭针对

① ［美］艾莱恩·肖瓦尔特：《妇女·疯狂·英国文化（1830—1980）》，陈晓兰、杨剑锋译，兰州大学出版社1998年版，第70页。

② ［美］伊莱恩·肖瓦尔特：《她们自己的文学：英国女小说家：从勃朗特到莱辛》，韩敏中译，浙江大学出版社2011年版，第276页。

③ 杨莉馨：《西方女性主义文论研究》，江苏文艺出版社2002年版，第120页。

④ ［美］伊莱恩·肖瓦尔特：《荒原中的女权主义批评》，韩敏中译，载王逢振、盛宁、李自修编《最新西方文论选》，漓江出版社1991年版，第259—260页。

⑤ ［美］肖瓦尔特：《她们自己的文学》，外语教学与研究出版社2013年版，第2页。

⑥ ［美］艾莱恩·肖瓦尔特：《妇女·疯狂·英国文化（1830—1980）》，陈晓兰、杨剑锋译，兰州大学出版社1998年版，第6页。

20世纪女性文学的延展性研究给予关注，对经由女作家焦虑心理研究而发现的女作家策略同样给予高度关注。

二　中国学界的相关研究

上述调研与分析使作者身份焦虑说的基本概念诞生之西方语境的情形得以零星地被昭示出。同时，为探究跨文化的理论衔接情形，本书还将针对作者身份焦虑理论学界研究形态的考察与综述放置在中国女性文学研究的大历史背景中，由于学界对这一理论专项研究空白的存在，使得该项综述通过拆解论证的方式完成。从更宽泛的层面上看，中国学界针对作者身份焦虑说、女作家性别身份焦虑问题的研究情形是复杂的。值得说明的是，中国女性研究自新时期以降，就大有西方英美学派妇女中心批评研究的倾向与风范，主要体现为中国女性文学批评方法论建构与女作家、作品分析研究的大体程度是均衡的，二者同期发生，相互交融，并以后者为绝对重点。盛英认为此特殊形态促就了"女性写作两翼——创作和评论联谊的趋势"①，这与我国的具体历史情形有关。20世纪70年代末、80年代初，在改革开放浪潮下，妇女地位提升，文化界中西方文论大量流入，我国女作家的女性意识空前高涨②，因此，对女作家书写共性的发掘就与建构女性文学传统和美学的倾向混同在一起，使以作者身份焦虑理论的观点去比对中国女性文学批评的具体情况时，二者具有高度的精神契合表现。中国女性主义文学批评从一开始就是围绕女性主体而进行的研究，与西方纷繁不一的派系之争不同，中国女性研究界内部保持着隐蔽而连续的彼此认同。新时期，大量西方女性批评文论被引入中国，既丰富了中国文学史研究，又对现实女性境遇进行了一定曝光，如陈晓明所说，文学通过反映现实而使文

① 盛英：《中国女性文学新探》，中国文联出版社1999年版，第79页。
② 同上书，第75页。

化力量最终"建立本集团的文化领导权"①。在中国,妇女中心批评
思路与模式的形成是晚近和模糊的,自 20 世纪 80 年代起,"多年来
很多学者进行了比较深入的研究"②,尤到 20 世纪 90 年代后,"越来
越多的女性参与到文学活动中来"③,将女性文学研究热推至高潮。
"女性文学"虽与女性中心批评的提法不同,但实质却相近,虽因缺
乏稳固的研究体例与方法论而使这一研究热潮滋生出理论支流,却
使针对女性写作特点的研究自成规模。学界普遍认为第一次出现
"女性文学"这一词组是在 19 世纪末 20 世纪初的思想解放运动中④,
如谭正璧的女性文学研究专著《中国女性的文学生活》(后改名为
《中国女性文学史话》)就直接含有"女性文学"这一词组。刘思谦
认为"女性文学"概念的核心正指向女性主义性的建构,并认为新
时期女性文学这一概念的始作俑者是吴黛英⑤。在这一概念浮现文学
研究界的二三十年间,仍面临一种未取得彻底认同的"命名尴尬"。
研究分性别方式,已至少半个多世纪,但依然面临着"揶揄"与
"反讽"。刘思谦指出这种问题产生的根本原因在于"女性文学研究
界表现出令人难堪的失语状态"⑥。即女性文学的概念早已提出,尽

---

① 陈晓明:《表意的焦虑:历史的建构与解构:当代中国文学的变革流向》,中央编译出版社 2001 年版,第 304 页。

② 乔以钢等:《性别视角下的中国文学与文化》,经济科学出版社 2017 年版,第 340 页。

③ 温儒敏、赵祖谟主编:《中国现当代文学专题研究》,北京大学出版社 2013 年版,第 334 页。

④ 同上。

⑤ 刘思谦考察认为:"'女性文学'这个概念继 30 年代之后再次浮出于 80 年代初期,首次出现在吴黛英的《新时期女性文学漫谈》,发表在 1983 年第 4 期《当代文学思潮》上,1985 年第 4 期《文艺评论》上,发表了她的《新时期女作家的创作看"女性文学"的若干特征》1986 年第 1 期的《文艺评论》上,又发表了她的《女性世界与女性文学》一文,大体上可以肯定的是,吴黛英是新时期'女性文学'这一概念的始作俑者。"具体请参见刘思谦发表在《南开学报》(哲学社会科学版)2005 年第 2 期的《女性文学这个概念》第 2 页脚注①的内容。

⑥ 刘思谦:《女性文学这个概念》,《南开学报》(哲学社会科学版)2005 年第 2 期。

管它一直存在多义性①，但女性中心批评的具体建构却是匮乏、迷乱，甚至空白的。刘思谦还认为，20世纪90年代多元文化格局的出现，使男女作家写作风格在个人化与边缘层面上具有共性，因此造就了我国特殊的女性文学概念界定上的难度。而撇开表象文本风格，研究女性文学内在共同的、隐蔽的精神性②和特殊女性经验才是建构女性主体性及相应研究、批评范式的根基。这种内在精神实质的存在，是性（sex）与性别身份（gender）的差异造就的，因此它潜藏在写作者的个人意识中，与他/她能否自觉意识到反而无关。精神实质的差异使两性间存有不可僭越的界限，某种"中心意识"建立的基础正在于对对方局限的假设和认定上。当然，这也正是妇女中心批评被视作某种本质主义方法论的诟病所在。中国女性主体意识长期空缺的状态造就了女性文学概念提出的不易和这一概念存续的珍贵。刘思谦认为，女性主体意识的萌生是女性解放的核心，因此对其的强调是必要的。李小江在与印度德里大学政治科学系Nivedita Menon博士的对话中，谈到女性主体性问题，对西方后现代语境中的"主体"概念与中国具体社会背景下的"女性主体"概念作以辨析，认为前者属主流话语范畴，而后者的出现是

---

①　在对"女性文学""女性主义文学"与"女性写作"这几个概念的辨识中，我们能够注意到"女性写作"逐渐被普及化的倾向，在温儒敏与赵祖谟主编的《中国现当代文学专题研究》中，提到"女性写作"概念不仅包含文化与性别双重立场，还将后者即性别立场凸显出来，避免女性文学研究过度政治化色彩的附加，让女性文学研究回归文本研究本身，为女性文学阐释提供了新的方式，这也是对西方女性写作的误读。这一观点与本书研究思路中存有的对女性主义叙事学视域的选取和倚靠是一致的。具体请参见北京大学出版社出版的《中国现当代文学专题研究》2013年版第335—336页的内容。

②　刘思谦在《女性文学这个概念》中发问："究竟什么才是女性文学内在的精神实质呢？"并回答："在一个世纪的女性文学中，贯穿始终的是独特隐蔽的女性经验和对女性价值的体认，这才是过去、现在那些仍然或多或少保留着性别无意识男性作家所不能超越、更不可能采用的，也是那些虽'性别为女'却仍然或多或少保留着男权中心意识，自觉不自觉地把自己'他者化'、'客体化'的女作家所未能企及的。"也即，这种精神实质性决定了两性文本的本质差异是存在的。具体请参见刘思谦发表在《南开学报》（哲学社会科学版）2005年第2期的内容。

为边缘群体寻求合法生存空间的呼唤。在中国，女性主体性"有关自主权、自决权、自我认识，自己当家作主，选择自己的工作和生活方式，实现自我的价值"①。李小江还认为20世纪80年代中国文学文化界"寻找女人"和"女性主体性"的呼声恰是中国社会女性意识觉醒的标志，因此对女性主体性的追寻在特殊境遇中并非本质主义式的。也即，女性必须通过某种建构"中心"的方式来打破"真实的女性在文学的世界里一片沉默喑哑"②的状态。刘思谦认为："女性文学是诞生于一定历史条件下的以'五四'新文化运动为开端的具有现代人文精神内涵的以女性为言说主体、经验主体、思维主体、审美主体的文学。"③ 四个主体概念的引入，即用女性主体的在场界定女性文学，使以女性为中心的研究显得自然而然。"女性主体性作为女性文学这个概念的核心，同时也是女性文学研究运用性别视角的一种价值尺度与价值支点。"④ 因此，新时期女性文学批评建构过程中的难度还与"女性文学"概念本身未能彻底厘清有关，与缺乏对女作家群体的整体关注亦有关。李小江20世纪80年代末便对"女性文学"自立一派的问题和隐患做过说明，认为对"妇女作家群"的建构、对"女性特殊的生活体验和女性的创作风格"⑤的呼唤，能够丰富以男性风格为主导的文学传统。李小江的论断中带有鲜明的妇女中心批评倾向，以及客观的重塑两性格

---

① 李小江：《中国女人：跨文化对话》，江苏人民出版社2005年版，第194—195页。

② 刘思谦认为："尽管历代文学从来也没有忘记过对女性的描写，尽管文学史上不乏美女、淑女、贞女、贤妻、良母和女才子、女英雄形象，尽管在某些朝代里众多的男作家旁边也点缀着一些女作家的名字，但她们从总体看来是作为男性言说和描写，作为男性欲望的对象化、符号化而出现在文学中的，女性的经验、女性对自己生存处境生存状态的感知和思考被阻挡在文学之外，真实的女性在文学的世界里一片喑哑。"具体请参见刘思谦发表在《南开学报》（哲学社会科学版）2005年第2期的内容。

③ 刘思谦：《女性文学这个概念》，《南开学报》（哲学社会科学版）2005年第2期。

④ 同上。

⑤ 李小江：《夏娃的探索——妇女研究论稿》，河南人民出版社1988年版，第253页。

局的构想。她认为女作家具有"心理现实主义"① 倾向，还认为
在世界范围内，妇女文学因具有创作主题与方法上的共性，而具
有比较研究的可能，由此，"妇女文学才可能在理论上进行升华，
走向女性美学"②。

除此，乔以钢对女性意识与女性文学内在意蕴间关联的描述，
体现出对女作家创作心理中女性经验的重视，她认为女性意识所包
含的一层意思，即"从女性立场出发审视外部世界，并对其加以富
于女性生命特色的理解和把握"③。以此认为在整个 20 世纪女性文学
中，女作家虽在"人"与"女人"两个层面上不断开拓，但其女性
意识终归具有共同根基。对此，盛英从策略角度阐释了女性意识所
共有的根基，并将女性文学实质概括为"一是为了女性，二是为了
文学"④。她在 1996 年亚太地区笔会大会上的发言稿《中国新时期
女作家的性别策略》中，抽象出新时期女作家以人类性为出发点的
性别策略概念，即"以'人'为本，突破以'性别'为本的性别中
心论；优化女性自身性别意识、性别特征，解构男性中心文化的策
略"⑤。这种性别策略以构建两性生态、互动关系格局为目标，并在
反对男权中心思想与模式的过程中保持女性自有文化形态，是一种
具有理性精神，能够客观面对现实的策略。盛英认为随着时代发展，
女作家女性本位意识呈渐强趋势，她特别对女作家表述中激愤情绪
的存在予以关注。除时间性的研究，孟悦、戴锦华的《浮出历史地

---

① 心理现实主义是以现实主义为手段，全面地再现人的内心世界，主观性的心理活
动是其表现对象。李小江认为它的开拓者正是意识流小说代表作家弗吉尼亚·伍尔夫，李
小江还认为伍尔夫是第一个提出创造女性文风的作家。具体请参见河南人民出版社出版的
《夏娃的探索——妇女研究论稿》1988 年版第 256 页的内容。

② 李小江：《夏娃的探索——妇女研究论稿》，河南人民出版社 1988 年版，第 257 页。

③ 乔以钢：《多彩的旋律：中国女性文学主题研究》，南开大学出版社 2003 年版，
第 9 页。

④ 盛英主编：《二十世纪中国女性文学史》，天津人民出版社 1995 年版，第 1 页。

⑤ 盛英：《中国女性文学新探》，中国文联出版社 1999 年版，第 80 页。

表：现代妇女文学研究》① 则具有空间发生学隐喻，就题目而言，像是对肖瓦尔特构筑女性文学传统的设想——让失落的亚特兰蒂斯重新显现的呼应，她认为在文学地图中，女性空间像是沙漠，四周环山，四座高地即"奥斯丁高峰，勃朗特峭壁，爱略特山脉和伍尔夫丘陵"②。张莉的《浮出历史地表之前：中国现代女性写作的发生》③ 也是如此。这种现象反映出中国女性文学研究妇女中心批评倾向的存在。譬如戴锦华在 20 世纪 90 年代点评男性作为女性写作领袖现象时，认为"女作家要升腾起自己的文化，千万别让男权文化来对其进行改写"④。孟悦、戴锦华指出"女性是有生命而无历史的"⑤。在对具体女性写作文化境遇进行客观分析后，她们认为女作家在创作中改写、改装既有话语、观念、模式的现象确实存在，这是由于女作家对文学父性特征的不适性造就的，即女作家除关注书写本身之外，还需变通地完成对写作素材的改造。因此可以说，二位著者已关注到女作家写作中存在策略意识这一现象。屈雅君在《女性主义文学批评方法论》一文中说，策略也是方法，并认为"在中国当代女性主义文学批评中，策略研究应该正式纳入方法论研究的范围"⑥。两性不平等是既有事实，从而只能在这种不平等的事实基础上去追逐平等机遇，"这是一种被选择过了的选择"⑦。如何

---

① 孟悦、戴锦华：《浮出历史地表：现代妇女文学研究》，中国人民大学出版社 2004 年版。

② 伊莱恩·肖瓦尔特的这一形象描述出自普林斯顿大学出版社出版的《她们自己的文学》（增补版）1999 年版"致谢"部分。具体请参见浙江大学出版社出版的《她们自己的文学：英国女小说家：从勃朗特到莱辛》2011 年版第 296 页的内容。

③ 张莉：《浮出历史地表之前：中国现代女性写作的发生》，南开大学出版社 2010 年版。

④ 盛英：《中国女性文学新探》，中国文联出版社 1999 年版，第 80 页。

⑤ 孟悦、戴锦华：《浮出历史地表：现代妇女文学研究》，中国人民大学出版社 2004 年版，第 25 页。

⑥ 屈雅君：《执着与背叛——女性主义文学批评理论与实践》，中国文联出版社 1999 年版，第 7 页。

⑦ 同上。

面对这一现实并在不平等境遇中生存发展是十分重要的策略问题。另外，杨莉馨对作者身份焦虑理论概念与内涵的界定非常清晰，对影响焦虑说意义的概括也很中肯。她对于作者身份焦虑说的关注是较早且持续的①，并能意识到性别身份构成了女性的一种痛苦的精神障碍②，从而对"疯女人"所代表的意象及其与女作家内心焦虑与愤怒间关系的认识是透彻的，她认为桑德拉·吉尔伯特与苏珊·古芭所说替身策略即显示出女作家对自身"第二性文化身份的焦虑和愤怒"③，此即作者身份焦虑理论论点建立的基础。杨莉馨还指出了吉尔伯特与古芭理论中的弊端，即既否定文学父性特征，又强调女性意图，难免会"陷入了双重标准，矫枉中显得颇有几分过正"④。她对中国新时期女性文学中"病妇"形象与19、20世纪英美女性文学中"疯女人"形象的比较研究思维是鲜明的，从而试图说明我国本土女作家亦具有某种与身体经验有关的策略意识。⑤

　　本书还针对能够在论点涵括范围，具有代表性观点的硕士、博士学位论文和期刊文献进行了考察。从整体看，女作家性别身份问题的研究对象多为少数民族女作家作品及华裔女作家作品，使对这一问题的关注与研究始终具有鲜明的个体性和地域性特征，缺乏忽视和剥除女作家民族身份和国别身份的研究，也即文化身份问题总与性别身份问题被混同起来呈现。但总体而言此类

---

　　①　在江苏文艺出版社出版的《西方女性主义文论研究》2002年版中，杨莉馨对《阁楼上的疯女人：女性作家与19世纪文学想象》一书的内涵进行了深入浅出的精当阐释。

　　②　杨莉馨：《西方女性主义文论研究》，江苏文艺出版社2002年版，第125页。

　　③　杨莉馨：《异域性与本土化：女性主义诗学在中国的流变与影响》，北京大学出版社2005年版，第197页。

　　④　［美］桑德拉·吉尔伯特、［美］苏珊·古芭：《阁楼上的疯女人：女性作家与19世纪文学想象》，杨莉馨译，上海人民出版社2014年版，第824页。

　　⑤　杨莉馨：《异域性与本土化：女性主义诗学在中国的流变与影响》，北京大学出版社2005年版，第196—197页。

针对性别身份问题的研究，普遍指向了对女作家特殊焦虑的关注。除此，个体化特征还体现在研究对象本身即具体的作品和作家，缺乏谱系研究，这亦是中国现当代文学研究的共同情形。辜也平认为中国文学被切割为具体时段的研究范式"虽然在思潮、运动、作家作品以至文学运行机制等方面的研究各有突破，但仍比较缺乏对其相互关系的深入讨论，因而影响了对整个二十世纪中国文学历史的宏观把握"①。从微观层面看，可发现在众多个案中，总能看到与女性性别身份焦虑相关的命题假设，即便是以其他方式提出，也不能掩盖它们所探讨的真实内容与女性性别身份相关这一事实，因为质言之，针对女性的研究本身便是一项针对性别的研究。于是，此项研究的基础又显得充足。但在针对西方女性文本作品的研究中，将性别焦虑这一问题直接提出的情况较之针对中国女作家文本研究的文献要更充足，这反映出西方女性主义文学理论在本土化过程中断裂与偏差现象的存在。由此，本书从两方面对论点进行拆解，即关于女性性别身份问题的研究（包含特别具有针对性的对女性性别身份焦虑及女作家性别身份焦虑的研究，以及关于女性主体性的研究，连同对女性策略、女作家写作策略的研究）和影响焦虑研究。

在女性性别身份问题研究上，陕西师范大学傅美蓉的博士学位论文《从反再现到承认的政治——女性身份认同研究》认为，身份认同问题是女性主义得以运转的核心，女性建构自我主体身份，需借助解构策略，且女性只有进入菲勒斯话语系统，身份建构才能得以完成，文化起到重要作用。② 中山大学杨凤的博士学位论文《当代中国女性发展研究》，将性别身份社会化对实现人的全面

---

① 辜也平编著：《二十世纪中国文学研究专题》，高等教育出版社 2014 年版，第3 页。

② 傅美蓉：《从反再现到承认的政治——女性身份认同研究》，博士学位论文，陕西师范大学，2010 年。

自由发展造成的束缚凸显出来，强调了现实文化因素对女性发展困境形成所产生的影响。针对女作家身份焦虑方面，山东师范大学刘传霞的博士学位论文《被建构的女性——中国现代文学社会性别研究》认为，"女作家笔下的疯女人形象或多或少地凸显了女性的性别主体，不仅写出了与男性共有的时代人生悲剧，而且写出社会性别身份给女性带来的痛苦与压抑，写出女性独有的人生困境，展示女性的突围与呐喊，文本中或显或隐地传递着女性的声音"①。东北师范大学姜子华的博士学位论文《女性主义与现代文学的性别主体性叙事》认为，女作家自我分裂与叙事话语分裂证实并强化了男权意识对女性造就桎梏这一事实，并认为母爱情结表达了女作家话语的虚无状态。另有华东师范大学李秋祺的硕士学位论文《女性身份焦虑与真理的现代性——一个尼采的阐释》，将文化中普遍女性的身份焦虑概念抽象出来，将"女性"的概念定义为一种障碍。此外，程文超的论文《痛苦的文学幽灵——中西女作家小说创作比较谈之一》②，体现了对中国女作家创作中痛苦感受的注意与强调③，他认为这一现实情形的产生与中国社会历史发展进程有关。程文超从现实文化角度比对了中西文化中相似的压抑因素，认为女性整体命运和地位是一致的，长久以来，女性在家庭生活中都受到相似压制。④他认为西方批评界"十分注重建立对女作家创作的批判标准……而

---

① 刘传霞：《被建构的女性——中国现代文学社会性别研究》，博士学位论文，山东师范大学，2006年，第143页。

② 篇名受到弗吉尼亚·伍尔夫的影响，伍尔夫在《妇女与写作》一文中说："当写这篇文章时，我发现如果要写书评，还必须与一个幽灵搏斗一场。"具体请参见湖南文艺出版社出版的《女权主义文学理论》1989年版第89页的内容。

③ 程文超指出："不难看出，人类的女性，至今都有痛苦，而中国女性却有着更深层的痛苦。"具体请参见程文超发表在《南方文坛》1988年第4期的《痛苦的文学幽灵——中西女作家小说创作比较谈之一》中第33页的内容。

④ 程文超：《痛苦的文学幽灵——中西女作家小说创作比较谈之一》，《南方文坛》1988年第4期。

中国批评界却无另设标准之建树"①。究其根本，是由于社会转型并不与人思想意识的转变同期发生。程文超认为"女作家的创作都是女性痛苦的艺术表现"，以及"女性解放一天不在全世界彻底实现，女性就有一天的痛苦"②，从而将女性痛苦与焦虑情绪的缓解与消除看作人类一项艰巨事业。除此，较早地注意到女作家创作中情绪问题的还有徐萍的论文《女作家创作的特殊情绪》③，她意识到女作家笔下的人物正是她们情绪外化之物。在对女作家策略给予关注的研究中，四川大学邓利的博士学位论文《论新时期女性主义文学批评发展衍变的历史轨迹》认为，"强调女性写作的独特性，这是从反抗外部到建设内部，这也是女性主义文学批评反抗男权中心主义的一种策略、一种方式和一种手段"④。新疆师范大学肖海燕的硕士学位论文《论二十世纪八九十年代女作家小说创作的双重叙事策略》认为，性别认识是影响女作家采取双重叙事策略的原因。性别认识主要指来自男性中心文化预设的父性神话的建构，以及女性失语和焦虑状态。广东外语外贸大学郭海鹰在论文《从"蕾丝边"叙事看中国女作家的性别焦虑》中将中国女作家采取的女同性恋叙事方式概括为一项表达性别焦虑的策略，这使女性写作变得纠结和不自然。郭海鹰认为，"女作家们考虑得太多，所以在作品中也相对限制和拘束了很多"⑤。

另外，因为作者身份焦虑的提出与哈罗德·布鲁姆影响焦虑理论性别色彩的凸显有着密切关系，故而针对国内学界影响焦虑与女

---

① 程文超：《痛苦的文学幽灵——中西女作家小说创作比较谈之一》，《南方文坛》1988 年第 4 期。

② 同上。

③ 徐萍：《女作家创作的特殊情绪》，《浙江学刊》1988 年第 2 期。

④ 邓利：《论新时期女性主义文学批评发展衍变的历史轨迹》，博士学位论文，四川大学，2006 年，第 122—123 页。

⑤ 郭海鹰：《从"蕾丝边"叙事看中国女作家的性别焦虑》，《华南师范大学学报》（社会科学版）2013 年第 6 期。

性之关系的研究也在此一并加以考察。深圳大学张晓红的论文《焦虑与书写：女性诗歌中的性别意识》①，从影响焦虑理论揭示互文性给予作者位置的重估角度，探寻女性诗歌中传达出的由性别意识主导的书写焦虑。该文还认为桑德拉·吉尔伯特与苏珊·古芭以布鲁姆影响焦虑理论中提出的作者间父子关系为契机，将女作家的书写传统界定在另一重自我呈现的层面上，以此制衡或补充男性文学传统。该文认为伊莱恩·肖瓦尔特后来的某些观点，对这种性别立场分明的理论发展倾向作出了纠偏，将女作家书写焦虑的组成元素指向对"影响的焦虑"与"作家身份的焦虑"双重作用力的思考上。然而，还当注意的是，哈罗德·布鲁姆本人其实也同样感到影响焦虑说在女性作品研究中的不适情况的存在②，并引证桑德拉·吉尔伯

---

① 张晓红：《焦虑与书写：女性诗歌中的性别意识》，《江汉大学学报》（人文科学版）2005年第2期。

② 哈罗德·布鲁姆在分析艾米莉·狄金森诗歌时特别提出了对这一角度的反思。譬如，布鲁姆在《西方正典》中这样说道："大约十年前在一本名为《打破器皿》的小书中，我搜寻了英美诗中一些空白隐喻的用法，这体现在从弥尔顿到华兹华斯、柯勒律治、爱默生、惠特曼及斯蒂文斯等人的作品中。我曾想把狄金森的空白也考虑进去，但最终我在它们极大的深刻性面前退却了。"诸如此类解读狄金森文本的困惑还有很多。"在我看来，她的《从空白到空白》一诗显然倾空了某种男性诗人英勇悲情的传统。"这一句更是凸显出影响焦虑理论在性别维度中应用的某些缺陷，从而对某种女性诗学的建立留下了空间。布鲁姆认为如果女性主义批评将狄金森视为同道者，则是一个遗憾，因为他认为狄金森与男性传统所在的那个文学世界有某种原初关系。这的确是一个莫大的嘉奖，但我们可以通过桑德拉·吉尔伯特与苏珊·古芭对狄金森诗歌的空白、白色意象的解读来重新思考这一问题。她们将狄金森的白色意象概括为"白色选拔"，即一种白色的热，既与成功又与惨败相关联，既代表白热，又代表冰冷，既与永恒有关，又与对裹尸布的恐惧有关。她们认为狄金森对白色的偏爱，代表了诗人用纯洁来展示脆弱，以及展示童贞涵括的力量，由此她得以将自己物化，这即"……自己被所在的社会活埋了"（详见上海人民出版社出版的《阁楼上的疯女人：女作家与19世纪文学想象》2014年版第774页的内容）。除此，哈罗德·布鲁姆认为狄金森的忧伤是一种"没有发现伤疤，但印痕却已上了身"（详见译林出版社出版的《西方正典：伟大作家和不朽作品》2015年版第265页的内容）的忧伤。但是桑德拉·吉尔伯特与苏珊·古芭却认为狄金森对生存中裂口的感知，来自她的女性身体经验。原话为："狄金森感到的生存中的裂口，实际上就是她自己的生命，尤其是将她无助地（但躁动地）嵌入其中的女性身体。"因此，狄金森的忧郁在她们看来是一种与女性之性交融在一起的性别忧愁，而非其他原初式的"伟大"。

特与苏珊·古芭的言论，说明她们对影响焦虑说的借鉴而不是反对、撤清的立场的存在①，因此从这两种理论提出者的潜在双向包容立场出发，使女作家的作者身份抑或性别身份焦虑研究从一个更关怀两性发展格局的超性别维度中，探索建构女性主体性的可行方案，以此否定两种理论互相取代的可能性。

综上，通过本土化调研与对中西方围绕作者身份焦虑，以及女作家性别身份焦虑研究情况的大体汇总，映射出本研究在选题、立论、阐述等环节中显在或隐在的诸多问题，为下一步探讨如何呈现并解决这些问题做了铺垫。

第三节　概念提出与转换的可能

一　理论之理论源头

桑德拉·吉尔伯特与苏珊·古芭在《阁楼上的疯女人：女性作家与19世纪文学想象》一书中，提出"作者身份焦虑"（anxiety of authorship）理论，并从女性主义立场出发，忽视了哈罗德·布鲁姆影响焦虑说中鲜明的男性中心色彩，将关注点放在"他的理论合理

---

① 桑德拉·吉尔伯特与苏珊·古芭在《阁楼上的疯女人：女作家与19世纪文学想象》一书中，在提到哈罗德·布鲁姆影响焦虑理论与女性之间的关系时，特别说明："那么，女性诗人的位置在哪里呢？她是不是希望消灭'父辈'或者'母辈'呢？如果她发现没有了榜样、没有了前辈，又该怎么样呢？她是否也有一个属于自己的缪斯，她的性别又是什么呢？如果要对布鲁姆式的诗学进行任何与女性问题有关的思考，那么，上述问题是无可避免的。然而，从女性主义的立场来看，我们要注意的不是布鲁姆对西方文学史的困境所进行的分析之中体现出来的错误，而是他理论合理的（或至少是富有启发性的）地方。"由此，我们能够看出女作家性别身份焦虑理论得以构建的基础，并非是对影响焦虑说当中不合理部分的批判，而恰是从其合理部分着眼，完成对新的理论的架构，因此，本书将作者身份焦虑（即女作家性别身份焦虑）理论的灵感来源看成是布鲁姆影响焦虑理论说中染指"女性色彩"的部分。具体请参见上海人民出版社出版的《阁楼上的疯女人：女作家与19世纪文学想象》2014年版第62页的内容。

的（或至少是富有启发性的）地方"①。这个合理的地方正是作者身份焦虑理论正式诞生之处。吉尔伯特与古芭认为经由影响焦虑理论，可更容易地辨识出父权文化下精神性别语境的样貌，并"分辨出女性作家的焦虑和成就"②。或可更直接地认为，影响焦虑理论正帮助我们意识到在文学单一性别精神语境中是没有女性可以跻身的位置的，并且，如将女作家直接置放于影响焦虑理论的研究范围中，是令人感到不适的。影响焦虑理论的存在，还帮助女性文学研究者正式地意识到文学父性色彩是所有女作家必须面对并接受的一个先在问题或预设窘境。作者身份焦虑理论的形成，正"以此为突破口，来分析父权制文化对女性创作心理的负面影响，言说父权统治下女性作家的艰苦处境与应对策略"③。因此，对作者身份焦虑理论概念内涵的分析与阐释，应围绕对作者身份焦虑理论表现方式的揭示来进行。

文学权威地位被男性占据，女性长久地与文学权威性保持疏离、绝缘状态，这使女作家虽握笔书写，却仍被首先地视作女性，继而才是写作者。吉尔伯特与古芭认为文学中的男性竞争与争夺行为于女性而言，都是陌异的，这种男性化的表现"与女作家的性别界定似乎都是直接冲突和相互矛盾的"④。由此，女作家的性别身份问题被凸显出来，它是造成女作家无法很好地参与到文学男性争夺中的根本障碍。基于此，吉尔伯特与古芭认为女性诗人的焦虑感受被作者身份焦虑所取代，并将作者身份焦虑的内涵界定为："这种'作者身份焦虑'表现的是一种强烈的恐惧感，即女性诗人担心自己无法进行创造，担心自己绝不可能成为一位'前

---

① ［美］桑德拉·吉尔伯特、［美］苏珊·古芭：《阁楼上的疯女人：女性作家与19世纪文学想象》，杨莉馨译，上海人民出版社2014年版，第62页。

② 同上书，第63页。

③ 杨莉馨：《西方女性主义文论研究》，江苏文艺出版社2002年版，第125页。

④ ［美］桑德拉·吉尔伯特、［美］苏珊·古芭：《阁楼上的疯女人：女性作家与19世纪文学想象》，杨莉馨译，上海人民出版社2014年版，第64页。

辈'，因此，写作的行为只能孤立她，并最终将她毁灭。"① 显然，这种焦虑与写作行为具备的种种要素并无直接关联，令女作家忧心的是一种并不能为她所控制的虚无的存在，她们徒劳地、过分地担心不能创作或超越，不能享有作者身份。质言之，这是一种恐惧权威的心理②，是来自女性文化第二性身份的隐忧。因此，在文学亚文化境遇中，书写成为反压制行为，而由于性别身份的突兀和其与整个文学精神性别语境的格格不入，使女作家的创作常与负面情绪为伴，与愤怒甚至疯狂为友，书写成为对患病的隐喻，女作家也成为对病女人、疯女人的隐喻。对此，杨莉馨③认为在桑德拉·吉尔伯特与苏珊·古芭看来，"女性的疯狂与冲动代表了作家本人和其他女性摧毁父权制社会结构的内心真实，以替身的形式代表了作家自己对第二性的文化身份的焦虑和愤怒"④。

二　概念转换的可能

本书的写作缘起，正在于对吉尔伯特与古芭作者身份焦虑理论内涵进行阐释的想法由来已久，对英美文学中"疯女人"文学形象的长期关注，并意识到这种将女作家愤怒情绪外化到极致程度的女性形象的特殊性，正在于她暴露了女作家创作中隐蔽的精神痛苦。为强调女作家精神痛苦、疯女人的隐喻与普遍女性的现实境遇间的关系，本书时而将"作者身份焦虑"概念替换为"女作家性别身份焦虑"的概念。这样做，首先是基于对杨莉馨所分析的作者身份焦

---

① ［美］桑德拉·吉尔伯特、［美］苏珊·古芭：《阁楼上的疯女人：女性作家与19世纪文学想象》，杨莉馨译，上海人民出版社2014年版，第64页。

② 同上书，第66页。

③ 杨莉馨为上海人民出版社出版的《阁楼上的疯女人：女性作家与19世纪文学想象》2014年版译者。该书分为上下册，总页数近900页，约80万字，译者为此付出近两年时间，这部译著的问世对中国女性研究界的贡献应是难以估量的。

④ 杨莉馨：《异域性与本土化：女性主义诗学在中国的流变与影响》，北京大学出版社2005年版，第197页。

虑说提出者认为,替身策略是女作家对她们"第二性文化身份"的焦虑这一说法的认同。"女作家性别身份焦虑"概念更接近"第二性文化身份焦虑"的内涵,有时前者能够将女性性别身份对女作家造成的创作心理障碍,及其与女作家精神焦虑之间的关系更直白地表述出来,也即它能够将作者身份焦虑概念最核心的内容指示出来,从而将造成女作家不能享有权威文学作者身份痛苦的原因,用更直接的方式暴露出来。例如,1991 年,李小江在加拿大康科迪亚大学西蒙娜·德·波伏娃学院的发言中,提及为何要在中国筹建妇女博物馆[1]时说:"因为全世界的妇女都曾经有过'第二性'的历史。"[2]除此,本研究所论述的内容并不能全部用对作者身份焦虑理论内涵的阐释所概括,即本书是以对作者身份焦虑理论的阐释为基点,立足现实文化角度,从女性主义叙事学视域中,进行针对女作家创作心理层面的个人化愤怒问题所做的一次猜想,这种方式正由于其"早期创伤"及"自然增长的后期经验"[3] 而重要。也可认为是在性别视角下,从女作家创作心理共性的假设——"女性内在情感的充沛"之处着眼,针对被吉尔伯特与古芭抽象出的诸多女性文本意象,进行归纳与重释后,所做的一次关于女性焦虑问题、女作家作者身份焦虑问题形成缘由的考察和探讨。更可认为是对作者身份焦虑作为一种文学批评和理论,所应具有的普遍及广泛适用性的大胆假设及验证。这一思路能够成形,正是由于作者身份焦虑理论隶属英美学派女性中心批评,且其在这一类型的批评阶段中的影响极为深远。

　　本书结合对中国学界女性研究特征的分析,认为中国女性文学研究从新时期以降,首先不能绕过的就是对妇女文学概念的厘清,以及对女作家群体本身的关注,还有对女性书写共性的发掘和抽象,

---

① 即陕西师范大学妇女文化博物馆的前身,为我国第一座综合性妇女文化博物馆。

② 李小江:《中国女人:跨文化对话》,江苏人民出版社 2005 年版,第 322 页。

③ 〔加〕约翰·奥尼尔:《灵魂的家庭经济学:弗洛伊德五案例研究》,孙飞宇译,浙江大学出版社 2016 年版,第 6 页。

且这些研究方向基本同时进行。因此，对女性文学本身的关注总带有妇女中心批评的色彩，是以妇女为中心本位的研究。并且，对"妇女文学"概念厘清的方式与妇女中心批评的方法发生了某种混同，这可谓中国女性研究的特色。当然，无论哪一流派的女性主义其实都存有根本共性，乔以钢认为其中之一即是坚持"以妇女为中心的批评"①。对于中西女性研究而言，女性中心批评的理论抽象工作须以承认女作家书写中存有诸多共性为基本前提，这必然需要经历漫长的历史进程。总体而言，女性文学研究应逐渐靠近理论的升华，这与前期研究积淀和时代发展息息相关。对本土化问题的考虑是本书在个别章节中，将作者身份焦虑替换为女作家性别身份焦虑概念进行论说的另一重原因。女性研究是种针对身份的研究②，因与后现代身份研究造就的大文化语境契合，而更具现实影响作用和价值意义。屈雅君认为中国女性文学批评尤其是种"身份研究"，且极具个体化色彩，在理论与实践的结合中，难免会有诸多出入，因此在引入某种理论或批评时，应注意三方面问题，即"哪一种方法更适应于当代中国"、"更能够有效地介入主流话语"、更能"深刻地影响社会及两性现实关系"③。而性别身份问题在汇入主流话语及影响社会和两性关系方面都似比作者身份焦虑的概念更易获得社会接受与文化认同。同时，"作者"一词是父权美学实践的产物，如站在解构的角度看，取消作者时，女性作者的概念同样应被取消，因此，"女作家性别身份焦虑"在某些时候，似比"作者身份焦虑"一词更能凸显理想化女性美学的初衷意愿，并在某种修正中避免陷入双

---

① 乔以钢：《中国女性与文学：乔以钢自选集》，南开大学出版社 2004 年版，第6页。

② 屈雅君认为中国女性文学尤其是一种针对"身份"问题的研究，具体请参见中国文联出版社出版的《执着与背叛——女性主义文学批评理论与实践》1999 年版第7页的内容。

③ 屈雅君：《执着与背叛——女性主义文学批评理论与实践》，中国文联出版社1999 年版，第7页。

重标准的误区。从概念命名、变换与替换的角度看，在具体语境中，本书的确是对作者身份焦虑理论的发展性"误读"和对其表现形式及形成原因的猜想，以追寻吉尔伯特与古芭在《阁楼上的疯女人：女性作家与19世纪文学想象》中的相应表达，并向作者身份焦虑说的提出致意。

第 二 章

作者身份焦虑与女性身体空间

第一节　子宫的隐喻与生育恐慌

一　子宫的空间性与母性激情的正面价值

女性身体的空间性主要通过子宫的孕育功能体现，但在父权文化中，长久以来，由此功能衍生出的养育任务也通常由母亲独自来无条件承担，由子宫所代表的女性身体属性，被父权文化强行地进行了重新定义并附加了其他外延意义。从此，在父权文化中，一系列规范开始制约女性主体自由。父权文化规范利用女性身体达到了某种控制的目的，故可从子宫的空间隐喻性上来探究它作为约束女性自由的载体所具有的属性以及其他颠覆性可能，藉由此可了解到女性身体的奥秘和文化在其后所起到的"推波助澜"作用。尤其是，桑德拉·吉尔伯特与苏珊·古芭将子宫看作洞穴的隐喻，因此女性身体便成为空间性存在，寄寓着女性力量，也即"每一位女性的身上似乎都拥有洞穴那象征意义上的毁灭力量"①。以子宫为代表，女性身体的空间形态，象征着使其具有囚禁自己的可能，这也是文化对

---

① ［美］桑德拉·吉尔伯特、［美］苏珊·古芭：《阁楼上的疯女人：女性作家与19世纪文学想象》，杨莉馨译，上海人民出版社2014年版，第120页。

女性生存形态产生影响与干预的体现。"在我们的文化中，女性的肉体是女性缄默无语现象难言的根源"①，但女性身体囚禁了其主体，是文化对女性身体进行某种利用，从而形成的一种"错觉"，女性身体本身的囚禁功能并不包含自我囚禁，只针对自我之外的其他人（胎儿）体现象征的"囚禁"作用，因此它的囚禁功用或说空间性原本便是向外施加和展示的。但作为洞穴的隐喻，子宫也因此具有毁灭性，是女性原始与另类力量的寓存地。譬如希腊语中表示子宫的词 hyster② 即歇斯底里症英文的词根。

如果女性负面情绪象征性地被积攒和储存后，形成幽暗的具有爆发力的另类力量，便可向内在空间继续压抑和积存，则同样象征性地能够形成毁灭与颠覆的倾向。如果洞穴是对子宫的隐喻，那么洞穴代表的禁闭感和窒息感则说明此一空间逃脱了象征秩序的控制范围，是神秘的和非理性的领域。即它与象征界中的父性秩序相背离，被母性色彩和力量充斥、填满，亦成为欲望的出口。正如女人口述初为人母后的某种感受与经验时所说的那样："真希望能做个'职业母亲'，终日守候着自己的孩子，不出家门——这种心态一定很原始，如同原始社会中的女人，不然女人怎么就那么容易进了洞穴，从未听说女人为进入洞穴而造反。"③ 子宫象征着原始母性力量，是生命起源的最初空间，亦是人类的生命源头。而这种对子宫本质的认识正是对于女性与自然关系之亲疏进行界定的基本立足点，"医学界的作者认为，女性与自然的关系比男性密切，因为她们具有生育能力"④。但如果文化将女性子宫这一身体器官等同于女性性欲，甚至女性本身，刻意以此强调女性性属，那便很有可能造就女

---

① ［美］兰瑟：《虚构的权威：女性作家与叙述声音》，黄必康译，北京大学出版社2002年版，第310页。

② 在西方19世纪，子宫的存在被认为是造就女性歇斯底里症的主要原因。

③ 李小江：《解读女人》，江苏人民出版社1999年版，第45页。

④ ［美］林·亨特：《法国大革命时期的家庭罗曼史》，郑明萱、陈瑛译，商务印书馆2008年版，第169页。

性集体性失真状态的发生。事实上，女性性欲、女性身体与女性性属这三个概念彼此独立，至多，性欲与性属的关系存在同一性，但以子宫所代表的女性身体为例，则应区别于其余两者。正如雅克·德里达所认为的，性与性器官分离，即性成为器官之后，便抛离主体而获得了"一个自负自满客体的那种傲慢自主性"①。文化附加给子宫的意义，使子宫的力量反被凸显至极大，但仍无法摆脱其客体地位，因此它仅仅是被神话的他者，父权文化造就了"子宫"反客为主的印象，使它作为一个非独立的女性身体器官与性和她本身产生混同感，夸大了子宫的主体性，部分取消了女性主体的完整性与独立性，并同时忽视了女性性欲，女性与性欲和子宫成为一体化存在。"就像过去的女人，总在家中，和'性'的地位一样，在男人的支配下随时准备服从男性的需求。"② 长久以来，女性生育成为女性存在的意义，不仅如此，它还成就了女性自身的某些意义。李小江认为生育带给女人的改变，不仅体现在身心方面，还体现在它甚至能够影响女性的世界观与人生观上。③ 事实上，女性依然可从被隐匿、扭曲进而被神话的子宫所具有的文化内涵中汲取力量。譬如，母性传统对于女作家来说，就可构成其书写策略的部分意蕴与内涵，于是，子宫的限制，也因这种关联而成为女性写作的优势与殊荣。女性因身体构造与机能的特殊性而具有创造生命的能力，这使她们探寻自我的方式自然地带有内倾性，也即女性通过自我审视就能够象征性地了解到生命的真相。朱莉娅·克里斯蒂娃形象地描述这种女性私经验，即"女人都具有一种对生命再生之美的循环和生殖性的隐秘感知，因为这种感知就孕育在她们肥沃的肚子里"④。内转以

---

① ［法］雅克·德里达：《书写与差异》，张宁译，生活·读书·新知三联书店 2001年版，第 340 页。

② 李小江：《解读女人》，江苏人民出版社 1999 年版，第 5 页。

③ 同上书，第 46—47 页。

④ ［法］朱莉娅·克里斯蒂娃：《独自一个女人》，赵靓译，福建教育出版社 2015 年版，第 6 页。

探寻自我的倾向，还体现在女性思维方式的特征上，反向证明了在
文化面前，女性无奈退避后，将苦难变为遗产的事实。子宫与文化
意义的联结，为女性制造了现实困境，但同样对其主体意识的形成
产生正面促进的反作用。对此，桑德拉·吉尔伯特与苏珊·古芭提
出一个问题，即女作家①如何完成对洞穴意象的利用，从而达到将其
所代表的负面特征与正面神性力量产生同构关系。②

　　不可否认，在现实层面上，子宫的囚禁功能大大超越了它对力
量的隐喻，女性集体沉默的现象就是对此的印证。集体沉默现象一
定程度地反映了女性身体将词语作为禁闭对象形成的病症关系，它
体现了女性遭遇禁闭的实质是父权文化对女性性欲进行抑制的结果。
达瑞安·里德尔在阐述拉康思想时，总结道："一个症状实际上可能
就是一个困在身体中的词语。"③ 洞穴所寄寓的肯定性力量，对于女
作家而言，可通过策略运用得以摄取。从象征层面上看，父权文化
缔造了洞穴的双重功能，但从本质上说，洞穴仍旧带有鲜明的女性
色彩。女性被身体空间囚禁，同时也是对它的占据，从自控角度看，
对洞穴的掌握是一己之事，那么，反象征层面的控制便成为可能。
在女性化、个人化的私密空间中，她们恰能获得某种非自由空间中
的自由，这种状态成为标志性的女性存在经验，于是洞穴又具有象
征并培育出女性力量和女性激情的可能④。但是，铸就良性循环的前
提，似乎被转换为对复调式生活方式的架构，用以遮挡可滋生女性

---

　　① 吉尔伯特与古芭特指通过形象进行思考的文学女性，也即狭义的女作家。具体请参
见上海人民出版社出版的《阁楼上的疯女人：女性作家与19世纪文学想象》2014年版第
121页。

　　② ［美］桑德拉·吉尔伯特、［美］苏珊·古芭：《阁楼上的疯女人：女性作家与19
世纪文学想象》，杨莉馨译，上海人民出版社2014年版，第121页。

　　③ ［美］达瑞安·里德尔：《拉康》，李新雨译，当代中国出版社2013年版，第
49页。

　　④ 这里的女性激情指母性激情，也即朱莉娅·克里斯蒂娃所说的在"代子宫"发明
之前，作为爱恋关系原型而存在的母性激情，这种对应关系在大多数文明中都是如此。具
体请参见福建教育出版社出版的《独自一个女人》2015年版第157页的内容。

力量的真实自我，而这一切均指向对技巧与形式的倚重。桑德拉·吉尔伯特与苏珊·古芭举例："对玛丽·雪莱来说，洞穴既与她本人的艺术权威，也与她本人的自我创造力量紧紧相连。"[1] 良性循环使洞穴作为对女性子宫的隐喻而存在，其禁闭感的强弱程度被改变，在被松动的空间罅隙中，寄寓着女性力量生长的可能。具有良性循环功能的洞穴是女性艺术家的原始教场[2]，在这里，女性力量的原始雏形得到最初捏塑，完成了女性力量的去抽象化过程，激活了滋生女性力量的条件，并再次生成它们，使女性力量具有被传递下去的可能。女性文学艺术传统的缔造与建构有此时间性链条作支撑，从象征意义上说，即打破了女性空间性的生存状态，解构了彼此孤立与隔绝的局面。正是个体女性分散存在的局面和她们毫无关联的生存状态造就了女性作为整体，其禁闭感的持续加重。作为享有同一性别身份的整体，女性长久以来被父权文化分隔开，彼此孤立，呈点状分布形态，女性力量缺乏的恰是汇聚和凝结之力，洞穴本身的空间属性则能够象征性地为其融合提供一个具体场所。"一个洞穴便是一个属于女性的地方、一处呈现子宫形状的禁闭之所、一座大地上的屋子，秘密而又常常很神圣。"[3] 女性阵营是对女性传统空间性的具体描述，二者具有内在规定上的一致性。女性阵营和女性传统的建构，需以个体女性之间具有强烈认同感的内在经验的存续作为保证。这种经验就是将碎片化的女性个体连缀起来并赋予自身性别身份以连续性传统的途径。一般来说，女性传统是时间性概念，因而它普遍具有连续性的特征。但女性传统的建立，仍旧需要将处在破碎空间中的女性汇聚在统一的整体性空间之后才能够完成。因此，

---

① ［美］桑德拉·吉尔伯特、［美］苏珊·古芭：《阁楼上的疯女人：女性作家与19世纪文学想象》，杨莉馨译，上海人民出版社2014年版，第123页。

② "原始教场"这一词组来自哈罗德·布鲁姆的影响焦虑理论。

③ ［美］桑德拉·吉尔伯特、［美］苏珊·古芭：《阁楼上的疯女人：女性作家与19世纪文学想象》，杨莉馨译，上海人民出版社2014年版，第119页。

女性经验的空间整合是建构时间性传统的前提。这就需要女性将禁闭空间的另一隐喻找到，自觉靠近可供"宣泄"的路径和策略，用女性经验的共同与共通部分激发出女性力量，冲破空间束缚，变有限为无限，在有限的空间中自由延展，整合生成女性集体的共同经验，以这种能够被整合的相似性和共通性为特征，抽象出具体的时间性传统。这就完成了从碎片化空间状态的女性经验，到整体性状态的女性经验，再发展到抽象出的具体时间性传统的三部曲。

其中，女性身体空间经验是构成女性共通经验的重要部分。若女性身体对其主体进行反囚禁，以子宫为代表，则囚禁功能必然带给女性身心痛苦，阻碍她们进行诸多形式的自由延展，特别是受限制的思想易于失去具象化可能，具体行为也易于遭遇从有形到无形的阻拦。因其不可避免，这种囚禁带有本质性。李小江直言，在过去，"女人是'子宫'"①，女人被看作家庭私有物，是生育工具，"自然造就的性别和身体，的确成为她的'本质'和她的命运"②。身心反应的同一性，表征着女性静思默想习惯的形成，这种习惯甚至被发展成为一种女性传统，且具有向内的倾向，隐喻着女性渐失与外界衔接的良好能力，即当表达的必要出现时，女性更易自觉将其更改方向，由外化而直接转为内化，象征着负面情绪被私密空间收纳和侵吞。但当这一空间中的内容积攒到某种程度，便自然会产生某种逆袭力量，即承载消解、摆脱女性焦虑这一功用外，它本身生成一种向外冲击的力。这也是子宫隐喻的另一面，即母性所具有的特殊力量。朱莉娅·克里斯蒂娃将其精髓概括为一种"不稳定性"，即它"总是易于转向狂躁的兴奋、抑郁或者暴力，朝向对象或者自我，进行投射—认同"③。因此，洞穴式的子宫同样可引导女性

---

① 李小江：《解读女人》，江苏人民出版社1999年版，第13页。

② 同上。

③ ［法］朱莉娅·克里斯蒂娃：《独自一个女人》，赵靓译，福建教育出版社2015年版，第157页。

接近疯狂与死亡，因为它本身就是欲望和激情的象征以及载体，此所谓母性激情。甚至女性在其他关系中的表现都可在成为母亲的过程中找到原型，也即朱莉娅·克里斯蒂娃所说："女性性欲深藏在母性里，从而得以活在倒错和疯狂里，这可能正是心理治疗的机会。"① 这就是说，通过生育，母亲象征地建构了自己的王国，这正造就了激情之下其他可能形成的空间，即母亲象征地通过控制孩子的命运而享有自身生命发展的各种可能性。这种激情是其他关系形成的基础，母亲通过建构与孩子的关系，来投射激情，它像种"爱恨交织的暴力"，更是"一场有限状态或倒错状态的精神分析"②。得益于这种母性体验，女性气质便具备两种发展倾向，即疯狂的和理性的，或者说爱的与恨的，女性个体命运的发展方向也由于天然地具备母性荣光而呈现双面性，女性象征性地成为"女巫—女神"综合体，这一点正是本书接下来详细分析的一个问题，即关于女性自我超越与升华过程中所遇到的心理障碍——疯狂与死亡的象征性"威胁"，以及产生这种障碍的本质原因——女性性别身份焦虑，连同女作家在文本中的相应表现——作者身份焦虑和其形成原因及应对策略。"在我们看来，母性的激情分裂为占据和升华。这种分歧，使她面临着疯狂的永恒危险，但是这种危机也包藏着文化的永恒契机。"③ 以上这些问题在对母性激情的关注中都能够找到解释方式，同时，女性自我的分裂或双重性导致文化能够介入其中进行演绎，使对女性自我超越与升华之恰当方式的探索具有难度，也即建构女性统一自我的过程是较困难的。这种分裂性同时也是对子宫双重生物学属性的呼应，后者部分地隐喻了前者，"她，则是吞食男性精液的贪婪子宫，又是独立的种族孵化器，为后代提供了最初

---

① ［法］朱莉娅·克里斯蒂娃：《独自一个女人》，赵靓译，福建教育出版社2015年版，第158页。

② 同上书，第157—158页。

③ 同上书，第163页。

的生命营养"①。这种象征性行为，使子宫的存在成为否定男性特征的一个标识物，因此女性不仅是母性的，同时也可以是女巫式②的。

　　但唯有当母性激情中的正面力量以恰当方式被释放并加以消解时，女性焦虑才会在一定程度上得到缓解，突破既有禁闭是首要前提，"身处父权中心文化之下的女性的困境，女性由于拥有洞穴形状的生理结构，而注定了自己的命运"③。女性身体与文化的密切关联，使其难以逃脱困境感，寻找合适的宣泄方式又是困难的。但女作家④因能在文本空间中扩展出其他形式的虚拟空间，而象征性地拥有从父权牢笼逃离的机会，以抽身于负面情绪充斥着的内在空间，找到女性力量的另类表达途径，终结病态化。女性身体空间的禁闭功能还体现在它具有闭锁的周期性所表征的时间性上。"孩子出生前，先有九个月的妊娠期。随后，孩子出生了。接下来有三到四个月的哺乳期。在此之后，显然还须付出五年的时间陪孩子玩耍。总不能让他们到大街上疯跑。"⑤ 女性因此而与身体捆绑起来，同被认为是时间性存在。这种时间性与女性传统的时间性迥异，后者通过空间性的铸就而得以形成，前者多为自然属性连通父权文化造就的直接产物。具体说来，女性身体的时间周期主要体现在以月经、生育为中心的时间周期上，她们需在一定程度上遵循时间规律，同时感受限制与束缚。"月经来潮前，身心上的确还会有不同程度的不适或敏感，不自觉地影响情绪和心绪，因此需要我们自己'自觉'。"⑥对身体内在规律的充分认识，是女性无从避免却总易于疏忽的内容。

---

　　① ［法］朱莉娅·克里斯蒂娃：《独自一个女人》，赵靓译，福建教育出版社2015年版，第182页。

　　② 对于女巫式女性疯狂正面价值的评估，具体见第二章第三节疯女人的隐喻及其策略价值中的论述。

　　③ ［美］桑德拉·吉尔伯特、［美］苏珊·古芭：《阁楼上的疯女人：女性作家与19世纪文学想象》，杨莉馨译，上海人民出版社2014年版，第119页。

　　④ 在本书中，女作家也喻指其他专业领域中拥有某些权力的女性。

　　⑤ ［英］吴尔夫：《一间自己的房间》，贾辉丰译，商务印书馆2012年版，第45页。

　　⑥ 李小江：《解读女人》，江苏人民出版社1999年版，第30页。

有调查显示，未闭经女性中，超80%会"具有一定程度生理和心理的经前期症状"[①]。在父权文化中，由身体时间性、周期性而产生的限制和束缚由此继续被加重，女性更易在文化中被时间性营造的壁垒高墙所围堵。更重要的是，时间性对女性的禁闭，如被女性内化，则会转而形成自我限制中的最主要特征，又进一步构成女性经验的一部分。由此，女性身体的时间性与女性传统的时间性之间又是关联紧密的，前者应融入后者中。甚至在女作家的写作风格与方式中，时间性束缚也经过内化作用被带入她们潜在的创作心理中，形成不同的文本表现。例如，在文本情节铺展中，情节间常需通过时间性进行串联，缺乏时间性的协助，情节间则是错乱难懂的。因此字面时间性特征就成为女作家作品晦涩难懂的一个表现，引发和产生了句子的歧义性，成为女性文学传统中的一个总体符号。句子中的时间性限制了女作家的想象力，但同时这种时间性也反过来囚禁阅读者和批评家，这正与女性子宫双重禁闭功能的施予方向具有同构关系。女性经验难以被框定在文学父性特征中，是一个不言而喻的事实，它迫使读者和批评家跟随时间性的脚步，也即跟随女性经验的引导来完成对文本的深入解读与阐释。但需注意的是，女性真实自我力量的显示终归应通过自我告白的方式来完成，而非一味沉溺在时间性造就的困境中实现反作用的对抗。能建构女性传统的女性经验，应区别于父权文化特征，包括对内化吸收部分的修正与拒绝。激活女性力量的女性经验，应是一种不包含压制机制、不从制造与寻找他者过程中获得自我确认及权力权威的经验，同时应以自我表现、告白的方式来获得自我确认和权力、权威。而如前所述，女作家作者身份焦虑、性别身份焦虑的形成，主要是由空间压抑造成的。也可认为，时间性束缚与限制的方式对女性造就的最终结果是为其

---

① 徐丛剑、李旭主编：《女性生殖系统疾病学习指导及习题集》，人民卫生出版社2016年版，第239页。

带来空间性的压抑感受，也即女性被囚禁在某种空间性结构当中。因此，反空间性便成为女性缔造自我传统时间性的一条必经之路。

二 生育文化与女性力量

综上，女性身体首先是空间性的存在，而女性身体对时间性的依附又是父权文化造就的结果。"让文化的选择（高级与低级）和物种的选择（女人的子宫、男人的阴茎）等同，于是'生育的'就等同于'低级的'。性与母性的倾向，在身体领域反倒不如在文化中更易被理解，与其说女人会因身体层面的本性——母性的倾向而感到不满，不如说文化中的母职更易造就这种不满，这是一种伦理范围内对女性的约束。"[1] 对女性身体的禁闭，象征某种民间畏女倾向的存在，即"女人，通常被安上祸水之名，是导致暴力发生的原因，好让男人洗脱嫌疑"[2]。在他者处境中，形成了女性被禁闭的空间形态。文化使女性身体从自然的空间性形态，经由时间性的干扰作用，最终更改为一种文化上的空间形态。具体来说，从生物学物种选择角度看，女性身体承载了某种性别身份专属的功用和机能，是其自然形态。女性身体的自然空间形态以子宫的存在而得到明确表征，子宫的形态本身具有空间性，它能繁育生命，也具有"囚禁"和"毁灭"生命的能力，这暗示着母亲的特殊"权力"。随着科学的发展，妊娠不再神秘，但文化象征性地一定程度地重又赋予母亲别样权力。"同时，也是对这一权力的恐慌和请愿式的排斥。"[3] 子宫的特点使它成为对女性在文化中生存境遇的隐喻性写照，即女性既被囚禁在空间中，也同时能够在囚禁中被激发出女性力量。女性生育

① 沈潇：《文本空间中的女性力量：性别视角下的经典重释》，陕西人民出版社2017年版，第148页。
② ［美］林·亨特：《法国大革命时期的家庭罗曼史》，郑明萱、陈瑛译，商务印书馆2008年版，第17页。
③ ［法］朱莉娅·克里斯蒂娃：《独自一个女人》，赵靓译，福建教育出版社2015年版，第153页。

与子宫关系最为直接，女性身体在怀孕期间达到的"异化程度"最高，无论从外在形态上，还是从内在激素分泌变化的表现来说，都是最为明显的一个高峰时期。女性在这一层面的"异化"过程中，象征性地寻找被吞噬的自我，妊娠期反应或许就可看作这种寻找的讯号，隐喻女性一直在抵抗自身的"异化"，用生理反应去对抗被身体空间囚禁的自然命运。从身体自然属性上看，女性身体在孕期呈现出种种变化均是自然而然之事。而子宫在孕期呈现某些象征的"囚禁"功用，在父权文化中这常常被转变为绝对化的严苛的母职规范，女性经由生育而被绝对地固定在对孩子的独自抚养与教育过程中，则这种漫长的束缚过程是非自然的。"从家庭内部看，生育养育乃至日后与之相关的家务劳动仍然主要由女人承担"①，换一种表述，即以母亲形象所代表的道德规范下的超我女性形象来压制女性个体性欲，使其在转变为母亲角色的过程中，身体空间被转变成现实父权文化宰制的具体场域，将主体囚禁其中。"分离的痛苦，融合的狂喜：我不再有自己的空间或者生活，从此我'在二者之间。'"② 自然的物种选择使妊娠女性在感受不可抗的他者化过程，而现实父权文化规范若使此过程被延续下去，女性则需在分裂感中找到其他自我弥合与融合的办法。

除此，月经也是女性生育功能的重要表现，与月经相关的生理周期都与生育能力有关。月经从女性子宫中流出，以"流血的伤口"的实际样貌显示女性性征。在父权文化中，这种实际的自然状态如被不恰当地更改为限制女性的手段，则使女性身心易于产生创伤性的痛苦记忆。譬如，在许多地域文化中，月经常被认为是污秽的和不吉的，需被禁闭起来，因此女性性欲成为不能言说的内容，一并遭到文化的隐匿。多种文明与宗教中都存有对月经的禁忌，譬如李银河的调查显示，在伊斯兰教、印度教、犹太教中，女性会自认经

---

① 李小江：《解读女人》，江苏人民出版社 1999 年版，第 39 页。

② ［法］朱莉娅·克里斯蒂娃：《独自一个女人》，赵靓译，福建教育出版社 2015 年版，第 30 页。

期不洁，而中世纪罗马天主教信条里也有经期女子禁入教堂的规定。还有苏里南等地，也同样如此。① 总而言之，"对月经的恐惧感至今仍在影响着人们对经期妇女的看法"②。对月经的偏见与对女性性欲的贬抑和对女性力量的恐惧联结在一起，而对女性性欲的否定，直接造成女性力量的弱化，"人们的性观念则是：女性的性欲是能够控制的；男性的性欲却是难以控制的"③。虽然月经遭到父权文化禁忌，女人却不能躲避月经的存在，她必须接受月经所代表的另一种生命经验，因此从象征角度看，月经既是女性隐私，亦是女性宿命。与月经有关的一切物件也同样被认为有必要被隐匿，譬如"内裤、月经带"等④，显示着女性经由具体事例而遭到物化和被囚禁的对待。因此，女性在一定程度上，必须面对父权文化造成的自身分裂状态，这使女性易于变得脆弱而病态，性欲压抑使女性自我处在自觉的隐退和消减中，指向疯狂与毁灭的可能。困境感正是对父权文化中女性空间性存在形态的说明，是空间压抑造成了女性焦虑，具体来说，父权文化造就了女性空间压抑的状态与此状态下的女性焦虑，而这一结果又因与女性身体空间的密切关联，而以性别身份焦虑为主要和首要表现。女性将父权文化内化后，在自我暗示中形成的限制加深了精神上的焦虑程度。譬如，月经的不规则使她们产生对无法生育或失去生育能力的潜在恐惧与担忧，这正是父权文化作用的结果。"正如一些 19 世纪的遗传学家强调月经的周期性会扰乱女性大脑，这是生物学论据的存在本身，但并不是它的意义。就像月经在女性人生长河里的阶段性存在一样，对它的意义的解读应该建立在它的附属品性质上，它不是一种与主体并驾齐驱的存在，即缺陷。"⑤ 父权文化

---

① 李银河：《女性权力的崛起》，中国社会科学出版社 1997 年版，第 63 页。

② 同上。

③ 同上书，第 62 页。

④ 李小江：《解读女人》，江苏人民出版社 1999 年版，第 21 页。

⑤ 沈潇：《文本空间中的女性力量：性别视角下的经典重释》，陕西人民出版社 2017 年版，第 149 页。

对女性生育能力而不是对女性性欲的过度重视，使女性更易处在自我隐退和自我衰微的封闭状态中，即女性个体特征被符号化的生育工具性质和功用所取代。"直到不久前，女性的身体并不属于自己，完全受她的男人和家庭支配，因此在她的'身体'上，附着了许多并非出自女人自身意愿的文化内涵。"① 与生育相关的母亲角色，是女性道德超我形象的象征。同时，如被不恰当地使用，也可能成为父权文化对女性最高级别的形象附加。母亲在父权文化中是圣洁、善良女性的典型代表，女性的"黑暗自我"在成为母亲后被迫"堕落"到完全消隐中，女性自我分裂程度也象征性地以此达到最大化。于是，"女性身体构成的特殊境遇，已逾越生物学论据的光辉，从身体蔓延开去"②。女性性别身份焦虑因生育而被凸显到极致，对生育力的隐忧并非仅存于妊娠妇女中，未孕女性也或具有相似的生育焦虑。在父权文化中，"性的第一个意义是为了繁衍后代"③。由于父权文化对子宫性能的过度神圣化和崇高化（子宫、生育崇拜），使子宫具有的正常生育力被绝对化与神秘化，其甚至能与女性美德并置，因此，"生育力焦虑"似乎是普遍而不分性别的。

事实上，长久以来，女性不仅承担繁殖后代的自然任务，而且承载了延续种姓香火的文化使命，同时还承载了不必要的某种男性焦虑、关注与期待。伊瓦－戴维斯认为女性被赋予文化监护人的义务，具有"把文化传递给下一代的责任"④。由于生育力遭过度神圣化，或者说在父权文化被制造出的生育崇拜现象所覆盖的旧时代中的男性也同样普遍存有"不孝有三，无后为大"的生育恐慌，不同的是，男性更易将这种心理焦虑转嫁到女性身上，使女性对自身生

① 李小江：《解读女人》，江苏人民出版社1999年版，第18页。
② 沈潇：《文本空间中的女性力量：性别视角下的经典重释》，陕西人民出版社2017年版，第153页。
③ 李银河：《性的问题》，中国青年出版社1999年版，第10页。
④ 参见陈顺馨、戴锦华选编《妇女、民族与女性主义》，中央编译出版社2002年版，第42页。

育力的隐忧无限扩大。女性对未孕子宫所产生的焦虑感来自父权文化规范，而非女性身体本身，即未孕女性因不能成为身体上和道德中的双重母亲形象而可能会不自觉地感到内疚、愤怒和恐惧，这即父权文化的内向转化表现。加之，作为客观事实，女性的卵巢机能、生育能力的确随年龄增加而减弱，女性的生命历程里有绝经期的存在。"'绝经'的过程像是一次无情的检验，会将以往自己与身体的关系暴露无遗。因此有学者强调：防止绝经带来的不良后果，应是女人一生的任务。"① 绝经期的生理与心理紊乱作为女性特殊经验，指向女性对自身生育力消失的隐在恐惧，穷其一生对生育力的有无以及相关情况的担忧有可能导致女性与自身身体经验间的隔阂长久存在，当绝经期来临，那种事实上的彻底分裂便使女性有可能感到无从适应，普遍体现为一种心理拒斥。除此，现代医学认为 35 岁以上的妊娠女性属高危妊娠，这些均可不同程度地加重女性生育焦虑。从本质上说，父权文化下的生育焦虑是性别身份焦虑的一种表现，因为生育焦虑最终还是多由女性这一性别群体所承载。"她的生命价值围绕着和取决于生育，她的生活轨迹是倒 V 字形的：'生育'是她的高峰，前后因此都没有价值。"② 总而言之，从母性层面而非父权文化语境内定义，子宫既是女性性征，又是女性本身的象征。生育周期使女性似乎天然地占据在时间中延续以自我消磨和内耗为主要特征的生存方式，而不属于空间拓展和更迭的外在动态生存模式。这一点似可从她的身体属性对自身的约束关系中看出。在生育周期中，女性自我是分裂的，或说女性以让渡自我的方式，完成了自然物种选择与父权文化规范下的双重"使命"，即喻指女性必须通过生育的自然方式来实现人类繁衍生息的动态发展过程，同时又必须完成父权文化定义下传宗接代的使命。生育有可能带给女性焦虑感也是医学上认可

① 李小江：《解读女人》，江苏人民出版社 1999 年版，第 31 页。
② 同上书，第 34 页。

的不争事实，"怀孕、分娩然后是照料婴儿，因为它们需要靠我们存活，它们也经常面临疾病和困苦，即使不是死亡的危险，这赋予了女性一种相当临近的关系，伴随着一种恐惧、死里逃生，与此同时，对即将远离自身和复原和谐关系的忧虑"①。母子紧密关系使女性主体在一定阶段的特殊时期内，有可能陷入自我分裂和混同中，焦虑便从主体迷失感中诞生，即她与自我的关系相对是阶段性破碎和不够理想的。无论从自然属性上说，还是从现实文化角度看，女性都不能逃脱生育行为的限制和框定，生育已构成一种文化，蕴藏着女性诸多隐蔽而相似的被忽视的私经验与记忆。

父权文化象征界若将女性自我完全禁闭在对母亲身份的崇重中，女性则有可能因父权文化赋予的神圣印象而不得不选择放弃自我的欲望，这便构成了特殊阶段中的焦虑源。朱莉娅·克里斯蒂娃的研究显示，许多女性通过利用新技术来应对不孕症，正是由于"生孩子的愿望实在强大"②，而这一愿望多少与女性"被补偿"的心理有关，"我们需要补偿那么多的精神创伤、缺乏和自我阉割，还有无数的社会耻辱，涉及她的孩子、与父母的关系和自身的职业经历，等等"③。总而言之，象征界中的女性禁闭感是种文化感受，父权文化中的女性相对是"残缺的"，这造就了生育成为补偿方式的可行性。女性因自然生育过程的结束而成为父权文化下母职的独一行使者，则象征性地完成了性别角色的模式化和固定化。李小江认为文化模式即男人制造的模式，两性在其中均被"模式化"，主要体现为男主外，女主内，而女性之"内"的核心即她们自己的身体。④ 然而文化对母亲身份的利用并不意味着赋予女性（母性）身份某种实际中

---

① ［法］朱莉娅·克里斯蒂娃：《独自一个女人》，赵靓译，福建教育出版社2015年版，第131页。

② 同上书，第96页。

③ 同上。

④ 李小江：《解读女人》，江苏人民出版社1999年版，第17页。

的至高地位。例如，伊莱恩·肖瓦尔特在将学术界比喻为陷入部落文化中的存在时，认为与女系主任的身份角色匹配的是母亲角色，但这种角色在相应时代中的学界小说①里并没有形成与男性同道者相当的对应，即"虽然人们对母亲抚育的需求更大，但对母亲的权威总是耿耿于怀"②。这是说，许多母亲始终被索取，但并没有被给予相应公平的社会化对待，与肖瓦尔特的比喻相似的情况，存在于父权社会的方方面面。

　　"于是，我试图说明，母性不是一种'本能'，她不能被简化为一种'生孩子的欲望'或者'不生孩子的欲望'，而是穷其一生乃至来世的攻克。"③ 这就是说，在父权文化的桎梏中，女性摆脱了自然物种选择带来的时间性束缚后，仍旧会被囚禁于文化中，这种转化是递进式的叠加过程，因此处于父权文化监督和规范中的女性焦虑感便更深重，也即女性焦虑感更多地来自父权文化监禁，而非女性身体空间的监禁，更非子宫的隐喻所指涉的内容。但是，女性身体的特殊印记使其的确需要继承女性漫长苦难历史中所凝结的、留下的珍贵遗产，那是女性自己的力量，而如何在母性光环下找到真实的自我存在，则又是需要继续施予爱的过程。

第二节　女性身体疼痛与女作家的书写治愈

　　在菲勒斯中心主义文化传统中，真正属于女性的传统其实是匮乏、模糊和破碎的，致使她们与文化父性特征有时格格不入，但出于对现实情况的综合考虑和把握，普遍女性又必须一定程度地体认

---

　　① 伊莱恩·肖瓦尔特在《学院大厦》中将对学界小说的研究以时间为顺序分为六个部分，学界小说的概念具体就是以与学院教工生活为素材的小说类别。

　　② ［美］伊莱恩·肖瓦尔特：《学院大厦：学界小说及其不满》，吴燕莛译，上海三联书店 2012 年版，第 31 页。

　　③ ［法］朱莉娅·克里斯蒂娃：《独自一个女人》，赵靓译，福建教育出版社 2015 年版，第 155 页。

这种特征与传统。现实情形对女性造就的心理创伤记忆，如不能经由恰当而合理的途径被曝光和揭露，那么持续压抑或经由不合理、不恰当的方式被呈现的情形，都更易于使女性病态化的状态发展为趋于一种象征的与实际的疯癫。故而，找寻宣泄女性痛苦的恰当方式则显得非常重要和必要。"一个人受到过心理的创伤，而又被迫地压抑着，这种痛苦的情感和情绪一旦爆发，便是疯狂，便是所谓歇斯底里的大发作。"① 秉持上节观点，文化而非女性身体造就了她们特有的歇斯底里性，即拉康认为"对自己性别的不肯定"② 成为歇斯底里的特征。在多重境遇中，这种极端化情绪常处于冬眠状态，创作便能够成为将其唤醒的方式之一。所以，如何将女性书写变为象征性的治愈方式，而不去经由它引发更多的情绪问题，是很有研究价值的。可将打开这一幽闭领域的切入点，选取为对女性现实心理感受的强调，它旨在使女性心理经验与身体经验的特征发生关联，从而将对造就女性心理状态原因的追溯维度再次拉回到对女性身体属性的考据上去，暂时逃离文化规范的侵扰。在文化与身体领域间加以明确区分的方式，旨在找出女性焦虑的成因，并探索如何解决。

一 先在的身体痛感

从身体属性上看，"流血的伤口"存在于不同阶段的女性身体上，这种创伤不仅是身体的，也是心理与精神的，它作为女性性别身份焦虑的具象化特征而存在。正如弗吉尼亚·伍尔夫所说："人人

---

① 徐萍从心理学角度描述了创作情绪的基本特征，并认为女作家富有理想与激情，但"情绪偏于压抑，内向，不够开放"，因此在文学表现形式上，更易具有悲观性。因此这种经由现实创伤记忆而产生的极端化非理性状态，对于女作家来说，或可是较为普遍的，映射了她们共同具有的情绪问题的存在，但作者又区分了病理性歇斯底里与创作高潮感觉之间的区别。具体请参见《浙江学刊》1988 年第 2 期第 68—70 页的内容。

② ［法］拉康：《拉康选集》，褚孝泉译，上海三联书店 2001 年版，第 479 页。

脑后都有先令般大小的一块疤痕，自己难以看到。"① 人脑后的伤疤，很难被自己窥及，但两性彼此却能够看到对方的，在男性的不断提醒下，女性很早便察觉到那枚伤疤的存在。伍尔夫还认为，男性并未窥及自身脑后的伤疤，而实际上这只会使自己的形象永远趋于不完整，除非女性来帮忙。男性通过女性的伤口或疤痕来确认自己的完整，以自负使得自身的缺失被掩盖，男性被隐匿的疤痕正是对父权文化下菲勒斯中心主义弊端的巧妙隐喻。伍尔夫所说的女性疤痕，则成为女性身心疼痛的隐喻，女性由此感到自身的残缺和匮乏，形成了早期创伤性记忆，这亦构成了女性特殊性别经验的一部分。

首先，自女性月经初潮始，生殖区在行经时就变成具有周期性的实际的"流血的伤口"，象征性地使女性不得不意识到身体自然创伤印记的存在。通过父权文化的不当强化，这种性征被社会化为第二性或次性别身份所代表的他者经验，使"流血的伤口"成为一种富含隐喻性的针对女性性征的不恰当描述。其次，在生产过程中，无论自然分娩还是剖腹分娩，都会在女性身体上形成实际的"流血的伤口"，自然分娩形成隐蔽的撕裂性内伤，剖腹分娩则留下人为手段制造的外伤。这种特殊的身体经验，呼应着女性疼痛的部分原始记忆。故而，"流血的伤口"是对女性特殊疼痛的隐喻，缓解疼痛则需用观念的转换来首先促其完成，即拉康认为的将受压抑的观念与能指链上的其余部分联系起来的原则，"这必须经历一种新的转换"②。疼痛是种信号，过度停留在这种表征信号上，是毫无意义的，这相当于逃离意义链条上的单个词语，将这个失落的词语与某个意义联结起来，即便这个意义并非此一信号有可能的对应物，而

---

① ［英］吴尔夫：《一间自己的房间》，贾辉丰译，商务印书馆 2012 年版，第 193—195 页。

② ［美］达瑞安·里德尔：《拉康》，李新雨译，当代中国出版社 2013 年版，第 49 页。

是别有他指，但只要词语附着上具体意义，症状或信号就会消失，并产生新的感受，因此意义与形式的对应是重要的，甚至超过意义和形式本身的能指，这种心理疗法被认为可帮助女性完成对自身创伤记忆的修复，理论上可行，它会重铸一个良性循环。上述女性流血的伤口造就了女性主观观念中隐在的意识疼痛，它成为一种以类似孤立词语为表征的创伤性记忆影响着主体思想与精神，断开的部分即疼痛发生的地方，意义的表达则因此被中断和歪曲，病态由此显现。从理论上说，只有将流血的伤口包含在意义表述范围内，才能避免其成为一种记忆，也即忽视现实伤口与某种特定意义的对立关系，但这是极为困难的，因为父权文化的潜在意图即将现实伤口与特殊意义衔接起来，并将后果交付女性去承担，由此制造了生活中与文学中的"病女人"。譬如，女性身体上的伤口与母性和母职的象征性对应关系，就是种巧妙而隐蔽的"断开"，由此女性疼痛偏执地成为孤立性记忆和意识焦虑，难以被修复。

此外，女性心理焦虑和身体焦虑具有同一性，在特定阶段，身体会呈现与激素水平相关的鲜明周期性变化。西蒙娜·德·波伏娃认为从少女时代开始，女性"荷尔蒙之不均匀，造成了神经上与血管上的不定性"①，这会导致心理波动，使女性身体焦虑与心理焦虑处于共生状态，心理焦虑也同时有可能导致身体焦虑。身心的密切联系，同为中医和现代医学所证实。例如歇斯底里症，或疯狂与神经质都可被看作人体机能对某些异化过程的自然对抗。例如，女性甲状腺功能较发达，内分泌更易因此受到影响，从而变得不规则，更易诱导致使植物神经系统出现问题，这相对地或可表现为女性神经更为敏感，情绪起伏波动的状况更频繁。林·亨特认为女人情绪不稳定可确保男性权威形成，"更重要的作用，在于

① ［法］西蒙·波娃：《第二性——女人》，桑竹影、南珊译，湖南文艺出版社1986年版，第91页。

泯除男女界限混淆的危险，因为牺牲危机时刻，特别会有两性之别不保的后遗症"①。但这也仅是种生理表现，是某些特殊疾病的诱因，只是在特定时刻，文化有可能利用女性身体的自然弱点加重它们。弗洛伊德精神分析学说中的预设场，即阉割情结在被朱莉娅·克里斯蒂娃替换为"阉伶身份"（castrature）的概念后，预示与暗讽了女性的某种先天创伤记忆并非借用男性经验进行描述便可被厘清的事实，后者更多地指向两性共有的某种角色感，以此将阉割情结强加于女性的父权文化印象进行了修正。朱莉娅·克里斯蒂娃认为，大多数女人对阉割情结的真相并不清楚，对这种缺失导致女性疯狂的说辞更不能理解，由此，克里斯蒂娃声明："我把某种驯服阉割、缺失和女性立场的方式称作'阉伶身份'……'阉伶身份'，也可以成为伴侣关系的神奇方式，当确定伴侣关系时，双方都成为了自身'阉伶身份'的主角。"② 女性疯狂在莫名的未知中指向对新经验的追寻，而这种疯狂的、神经质的表现与文化定义下的正常态之间的区别是难以被明确标识出的，尤其当反常的表征仅是种偏差时，与其将这种病态定义为精神上的弱势，不如说它是种身体不适所造成的特殊后果。如福柯认为对精神病鉴定本身就使"犯罪的心理—伦理对偶成为可能"③。德里达认为除却感官偏差，疯狂更可能是种与身体有关的想象力偏差，"实体的真正差别使疯狂被赶到我思的外部黑暗中去"④。因此，这里似乎暗指疯狂是他者的某种专有属性，甚或气质，它导致了他者思想领域的混乱，从而影响了正常言说。

---

① ［美］林·亨特：《法国大革命时期的家庭罗曼史》，郑明萱、陈瑛译，商务印书馆 2008 年版，第 17 页。

② ［法］朱莉娅·克里斯蒂娃：《独自一个女人》，赵靓译，福建教育出版社 2015 年版，第 3 页。

③ ［法］米歇尔·福柯：《不正常的人》，钱翰译，上海人民出版社 2003 年版，第 16 页。

④ ［法］雅克·德里达：《书写与差异》，张宁译，生活·读书·新知三联书店 2001 年版，第 84 页。

反之，如缺乏正常言说，也就有被定义为反常的可能。而女性身体层面的不适感所造成的思想精神层面的表现特征，则有可能并未致其发生本质变化，仅在言说层面出现失衡，导致与理性方式的偏差出现，从而被定义为病态存在。这就是说，女性身体层面引发的思想精神不适，往往并不能达到疯狂属性的水准，但父权文化有可能在特定的时刻加重那种偏差生成的印象。因此完成对疯狂的辨识本身便是困难的，唯独透过言语表达的口说层面，发现思想精神方面，而非身体方面的异常，或者才可完成那种辨识，即"无论我疯了与否，我思即我在"①。女性身体不适，与是否疯狂其实无关，但文化有时或惯于将二者连接起来，这种连接原本处于正常范围，但仍旧是不恰当的文化模式使之成为一种必然。"疯狂并不只是理性的产物，它运用的是最为严格的逻辑。妄想的建构可能遵循着一连串逻辑的演绎，而这种逻辑演绎比神经症中的演绎要纯粹得多。"② 精神病与神经症之间的区别是医学定义下的，父权文化在女性病态的命名上却有可能模糊了二者之间的界限，使生活中病态化的普遍女性与精神异常者象征性地产生某种关联，从而使女性经验与女性气质的异化程度被加大和加深。这种扭曲使女性身体经验遭到忽视，主体难以从中为自身真实性言说，因此源于女性身体的言说总是必要而困难的。我们需要做的，是透过现象看到本质，即从对女性精神思想形态的观察上来反向考量其对身体的影响，以及女性身体不适所表现的某些偏差。譬如，在医学研究中，植物神经紊乱的病因可能是过度不当节食造成的，与厌食有关，在青少年女性中多见。伊莱恩·肖瓦尔特在《妇女·疯狂·英国文化（1830—1980）》一书中已经道出这一现象，即维多利亚时期的女性节食问题。李银河在研究中提到，"在西方，影响女性健康的一个因素是女性的

---

① ［法］雅克·德里达：《书写与差异》，张宁译，生活·读书·新知三联书店 2001 年版，第 91 页。

② ［美］达瑞安·里德尔：《拉康》，李新雨译，当代中国出版社 2013 年版，第 110 页。

自我摧残"①。她举例说明，青春期女性的肠胃失调问题被列为精神疾患，其发病率仅次于情绪低落症。"它包括神经性厌食症和贪食症，其特点是对身体形体的摧残，因为患者对于苗条有着过分的幻想。"② 这种病症的具体表现与更年期综合征情况类似，但仍属偏差范围，并未越过身体不适的范畴而成为一种真实疯狂，是不良文化导向造就的"女性病"或"妇女病"。对此，弗吉尼亚·伍尔夫的观点也很明确，她认为身、心、脑的关系是同一的，"美食对愉快的交谈至关重要。吃得不好，就难以好好思索，好好爱恋，好好睡眠"③。饮食直接影响人的身体状况，间接影响心理与大脑的状态。现实或自身造就的状况使女性的非理性表现被呈现出，构成女性焦虑的部分原始特征，在非正常因素的干扰下，某种特质被凸显出，从而需要被界定为一种常态化表现，甚至需要为这种表现的正名而持续辩护。例如，朱莉娅·克里斯蒂娃就声称要为孤独和忧郁辩护，她认为陷入忧愁的确不够坚强，但如能够将这种特殊情绪命名并恰当展示、揭示和显露它，则会赢得"构成美丽生机的命名"的机会，即要学会"安置自己"，具体来说，则是要"学会与我们的孤独相处，乃至无法忍受的紊乱、恐慌和无意识压抑。试着去爱这个忧郁——女性魅力的另一面孔；去爱我们自己"。④ 这就是说，女性需在现实中找到适合自己的存在方式，其由基于身体经验的性别差异所促就，弗吉尼亚·伍尔夫意识到男女双方为大脑输送营养的神经结构是迥异的，而对此，我们更需通过恰当方式来使其有效运作。⑤ 找到适合自己的方式，而非一味拒绝接受身体的"弱点"，比徒劳对抗难以消除的精神痛苦，对于女性焦虑的彻

---

①　李银河：《女性权力的崛起》，中国社会科学出版社1997年版，第40页。

②　同上。

③　[英] 吴尔夫：《一间自己的房间》，贾辉丰译，商务印书馆2012年版，第37页。

④　[法] 朱莉娅·克里斯蒂娃：《独自一个女人》，赵靓译，福建教育出版社2015年版，第34页。

⑤　[英] 吴尔夫：《一间自己的房间》，贾辉丰译，商务印书馆2012年版，第167页。

底缓释或许更为实际，这是从根本上解决女性问题的一种方式。但前者的确具有将女性经验大众化与普遍化的可能，而这又不失为对女性真实自我的重塑与描摹，毕竟女性真实性在现实父权文化规范长久的作用下的确发生了不尽如人意的变化，这一点恰需得到正视。即朱莉娅·克里斯蒂娃所言"安置自我"的方式，例如女性通过谈论忧愁、孤独而避免陷入无限的、沉重的、真正的忧愁和孤独之中，或者说将这种精神痛苦安置在话语结构的向度里则会有效消解痛苦本身或减轻其程度，歇斯底里的情绪也或可由此"变成了我鲜活的情结"①。有了这种支撑，女性不适及某些病态症状都将被限定在一个个具体的范围中，拥有自身特殊的名目和某种秩序与结构，而不至于再任意遭受肆意涂抹和被迫的混入，从而拥有了自己的相应位置。

如上，不恰当的文化模式往往具有将正常范围中的神经质夸大为疯狂的可能。如在临床经验中，乳腺类疾病由于女性特殊生理构造而成为名副其实的妇女病，究其病因，除与遗传、个体本身对激素的敏感性等客观因素有关外，也常被认为与女性持续的消极、郁闷的负面情绪有关。甲状腺疾病也是如此，随着医学发展，也将病因的探究指向了对患者情绪问题的关注。女性常被视作生活中的病女人，中国古典文学中甚至出现以"病西施"女性形象为典范的美学人物类型，可见病态化状态于女性而言是普遍的。虽然有调查揭示，女性预期平均寿命普遍长于男性，但这与患病率是两种概念。李银河的研究报告显示，女性拥有比男性较高的患病率，"她们每年卧病在床的时间平均比男性长40%，因健康原因而使活动受限制的情况比男性多25%；同男性相比，她们每年看医生的次数较多，做手术的次数也是男性的2倍"②。也就是说，女性健康状态整体亚于

① ［法］朱莉娅·克里斯蒂娃：《独自一个女人》，赵靓译，福建教育出版社2015年版，第34页。

② 李银河：《女性权力的崛起》，中国社会科学出版社1997年版，第38页。

男性，即生存质量或低于男性。除身体特殊构造这一客观因素外，父权文化中女性的集体"创伤记忆"也或许能够成为探寻其致病原因时主要考量的对象。这些被命名为"女性病"的病症正说明从女性的文化地位与其思想精神表现着眼，去分析女性身体不适所体现的精神偏差是不足以被定义为真实疯狂的，而这对文化作为"妇女病"诱因的重估亦是重要的。

弗洛伊德认为人的异化过程会使冲动戛然而止，这是种自然选择。同时因停止的冲动，异化照常进行，因此物种选择便不可避免。这就是说，女性身体作为囚禁女性的空间或者"流血的伤口"，均是不能被改变的客观事实，这是由冲动发展机制和自然物种选择所决定的。而退化也同样作为反异化的途径而出现，退化代表冲动停止后的后转，这被弗洛伊德命名为冲动的执着，它一旦停止，则顺应了异化过程，但会导致一些紊乱情况的发生，主体便呈现出一定的病态化表征。这是非自觉的、不能轻易被克服的过程。而退化取代了执着后，就以后转的方式体现出主体自觉的放弃，这并非不得已而为之，恰是刻意不为的结果。要避免病态化的出现，则需预防冲动的执着的停止，这似是不可控的。那么对退化的关注，就更体现为一种自救心态和心理。冲动出现时，表明力比多发展受到外力抑制，易促使主体走向病态化。如这一环节无力而为，那么对退化所代表的放逐姿态的习得就至为重要。被抑制的力比多需被转移到其他客体上，譬如，"孩子创造了内在肉体空虚的幻象及失去母亲客体的幻象，只有通过重新找回失去的客体，才能填补这种空虚"[1]。这意味着离开想象界之后的主体需将欲望延展到其他客体上，以避免病态化的出现和复现，精神分析学说的一个原则即确定"缺失的客体"[2]。而寻找客体，很显然对于现实中的女性而言具有普遍难度，

---

[1]　[美] 史蒂夫·Z.莱文：《拉康眼中的艺术》，郭立秋译，重庆大学出版社 2016 年版，第 71 页。

[2]　同上书，第 19 页。

这或者会导致现实中异化机遇对于女性而言更多，因此女性力比多受阻抑的情况可能更频繁和复杂，其程度也更高。由此据弗洛伊德的观点，可认为女性出现神经方面疾病的可能性更大。在弗氏精神分析的预设场域中，女性力比多天然地得不到满足，剥夺感天然地较为强烈，虽然此预设场域更有可能是一种假说，但它又确凿昭示出在父权文化中，充当缺失客体的女性冲动易受阻抑，而离开母性客体后的主体欲望本身又难以被遏制，"基于失落客体，我是失落的生物。基于我的失落性，我是欲望的生物"①。这种主客体的辩证关系导致病态的出现，尤其会在后转并未自觉形成的前提下发生。女性的缺乏感和被剥夺感与主体性的不完整有关，这很大程度上仍是不恰当的文化模式造成的结果，弗氏即以"去势情结"论说女性先天残缺。换言之，女性无权无名的生存状态使她们成为天然的残缺者，父权文化的歧视和剥夺使女性力比多持续受抑，在不发生退化的情况下，疯狂便容易出现。不得不说，关于女性"阴茎羡嫉"的论断是菲勒斯中心主义式的，它并不能描述女性真实的心理感受。"有关母性菲勒斯②的这一想法备受争议，数十年间激起了女性作家女性分析家的强烈反对"③，正如将女性安置在男性中心的"性交模式和性交型性欲高潮理论"④ 是不恰当的一样。除此，史蒂夫·莱

---

① ［美］史蒂夫·Z. 莱文：《拉康眼中的艺术》，郭立秋译，重庆大学出版社 2016 年版，第 98 页。

② 弗洛伊德学说中的核心内容即将女性阴茎羡嫉心理作为精神分析理论的预设场域，也即女性天然地缺失阴茎导致了她们对阴茎的渴望，她们本身成为阴茎羡嫉这一心理的象征性实体存在，也即心理分析幻象客体——母性菲勒斯。而拉康学说与其不同之处便在于其对这一说辞的修正，也即对女性缺乏具体的阴茎而导致某种欲望产生的关联给予了否定，从而将女性缺乏的阴茎与虚拟的象征符号连接起来，使得母性本身能够从独立于男性身体范畴内的视域中被看待。因此，拉康认为弗洛伊德对于升华概念的理解缺乏符号的维度。

③ ［美］史蒂夫·Z. 莱文：《拉康眼中的艺术》，郭立秋译，重庆大学出版社 2016 年版，第 22—23 页。

④ ［美］莎丽·海特：《海特性学报告》，张月等译，中原农民出版社 1994 年版，第 12 页。

文对拉康理论关键点的界说也是恰当的，即拉康认为"从所谓母性
菲勒斯中看到的并不是想象界的阴茎轮廓。从生理上来说，阴茎对
母亲现实界肉体没有多大用处，但却是她在传统以父、子、夫、兄
为尊的父系氏族中缺乏高级社会地位的符号界标志"[①]。也即女性缺
失的并非是具象化的男性身体性器官，而有可能是以菲勒斯为象征
的其他东西，譬如进入象征界的与身份有关的某种"通行证"。而女
性阴茎羡嫉心理，也仅作为弗洛伊德精神分析学说的预设条件而存
在。关于女性被剥夺原因的分析在现实文化空间中去论说或许才更
实在。女性因缺失菲勒斯导致疯狂的说辞是缺乏支持的，女性疯狂
来源于过多被祈求的愿望无法在母性范畴内被消解而产生的自我挫
败感，或说由外在某种文化歧视的过分压抑和贬抑现象所造成。

二　女性化的文本表现

除此，"流血的伤口"亦象征着一种女性特征，与女性生理和
心理的双重脆弱性均有关联。在女作家身上，这种特征被外化为
文本表现上的女性气质和女性化风格。女作家在写作中的问题意
识围绕在有关女性"堕落"问题的探讨上，女性内心"流血的伤
口"象征着主体身心方面的双重焦虑，被压抑的女性欲望一直与
这种焦虑共生共存。由于"女作家较为计较造成心理创伤的根由
和'心理创伤'本身"[②]，便使女作家相较而言，更难以克服这种
创伤记忆，因而较易形成书写行为与焦虑情绪共在的特殊情形。
欲望加重了女性身心的焦虑感与对焦虑的敏感程度，对解决策略
的寻找，是女作家需要天然关注的。譬如，她们通过在叙事中安
插双重结构的方式，设置开放的和迷惑性结局等方式来缓冲被抑
制的本我欲望与身心焦虑间的矛盾。也即，女作家往往通过在文

---

① ［美］史蒂夫·Z. 莱文：《拉康眼中的艺术》，郭立秋译，重庆大学出版社 2016
年版，第 22—23 页。

② 徐萍：《女作家创作的特殊情绪》，《浙江学刊》1988 年第 2 期。

本表象结构上做手脚的方式来掩盖内在实质内容的填充过程，使文本整体看上去显得充实而正常，譬如女作家陈染就坦言自己总是试图在文本表象空间中消解自身的情绪，"掩饰的比表述的多得多"①。在现实与文学中，"流血的伤口"的存在，使女作家普遍带着疼痛与创伤记忆进行书写。罗田认为造成女作家精神痛苦的一个原因就是"个人的坎坷遭际造成了她们那创深痛巨的内伤"，因此，女作家的内在疼痛明显地带有现实影响的痕迹，也即带有"切身的痛感体验特征"，类似一种"痼疾"。② 女作家也有可能并不自知或并不能够察觉出这种疼痛隐喻的存在，但这种疼痛的痕迹却一定能够经由她的文本被体现出来。哈罗德·布鲁姆在《西方正典》中提及狄金森的诗歌，认为狄金森没有发现自己的伤疤，"但印痕却已上了身。常出现在她最强有力诗作中的那种绝望感受，表面上看是本体的，却隐含着情欲，那特别的斜光暗示着失落的忧伤"③。显然，女性文本承载着隐藏或显露伤疤的传统与功用，而对作家身心"流血的伤口"隐喻的发现，便应从对这些伤疤印记的剖析中展开。

换言之，女性书写解决问题的目的是希望寻找治愈由性别身份所带来的创痛的方法，并找到实现自我表达的方式策略。而如何摆脱由女性性别身份带来的创痛，便是女作家策略采用中需要考虑的重点。朱莉娅·克里斯蒂娃认为"我们的疾病或者不适，仍然不断地从被压抑的欲望、童年创伤或者无法表达的冲动里生产出来的"④。这就是说，欲望和冲动的受抑制状态造就了女性的集体不适，从反面看，女性创痛在文本意义空间中亦是能够被呈现出的，

---

① 李小江等：《文学、艺术与性别》，江苏人民出版社 2002 年版，第 92 页。

② 罗田：《女作家的精神痛苦与小说的"病态美"》，《文艺评论》1989 年第 4 期。

③ ［美］哈罗德·布鲁姆：《西方正典：伟大作家和不朽作品》，江宁康译，译林出版社 2015 年版，第 256 页。

④ ［法］朱莉娅·克里斯蒂娃：《独自一个女人》，赵靓译，福建教育出版社 2015 年版，第 60 页。

象征她们期望修正自己在现实中身为女性所遭受的普遍创伤，但现实情况却是，创伤记忆有可能在文学中被二次加重，使女作家想经由文学获得治愈的目的适得其反。在文学中发展、找寻和保持身为女性的健康与完整，同时使笔下女主人公也获得相应的健康和完整，就是女作家运用书写策略进行文学文本实践的深层目的与意义所在。桑德拉·吉尔伯特与苏珊·古芭发问："想要成为一名作家，就是疯狂、神经质和坏脾气吗？"① 女作家应扮演怎样的角色的确是我们需要关注的，而疯狂、神经质、坏脾气、非理性等词语，并不应成为女性写作属性或性属标签，也即女性文本不该成为主体不良情绪下的艺术半成品。可以认为，女性写作者在初登文坛后，往往需自圈"亚文化"区域，并象征性地成为文学边缘群体。换言之，她们的潜意识中，或者较易产生想以自觉低姿态以使男作家感到没有竞争对手的绝对安全感和优越感的想法，即以自觉处在他者境遇为代价去促成男作家的自我确立，有时，屈从姿态的确是获得"生存安全"的必要前提。换言之，女作家因被赋权而写作，故而有可能会不自觉怀有再度被剥夺的隐性恐惧，屈从姿态使其以自觉削弱女性力量的行为方式来延续书写"合法性"，这本身就含有病态化隐喻。女性亚文化生存空间形态与病态化特征联系在一起，自觉以女性气质区别于男作家的风格，便易生成一种不构成竞争关系的格局来确保自身安全。这说明，在很多特定时期中，女作家渴望写作，却又不知如何书写。这种情况，使女作家具有接近"女巫舞蹈"状态的可能，难以摆脱为情绪困扰的风险，很难与父权文化既定的女性气质作决然告别，焦灼状态与反复无常气质均被视作主体个性中的黑暗部分，构成铸就自我权威的文化障壁。

　　总而言之，在特殊时期，女作家虽被赋予书写权，但遭父权文

---

　　① 〔美〕桑德拉·吉尔伯特、〔美〕苏珊·古芭：《阁楼上的疯女人：女性作家与19世纪文学想象》，杨莉馨译，上海人民出版社2014年版，第79页。

化暗示不能进行自由书写的状况是屡见不鲜的，在这种进退艰难的痛苦情绪与失意心理的共同驱动下，女作家便有可能为情绪问题所困扰。但疯狂与愤怒冲动如被父权文化利用，则又可能发展成为一种特殊的女性力量。可这种结果并不能以简单的好坏论处，当疯狂的功利作用得到认可，则可能会延展出特殊的女性写作策略。而任由作家疯狂与愤怒情绪自由发展和流溢，从表面上看就是主体缺乏对收敛机制调动的能力或权威。自由理念若被安插和贯彻在某种疯狂气质的伪饰下，在女作家的病态化表现中，则易于形成无所顾忌地追逐潜意识里一直耿耿于怀的那份从来未曾得到过，也不能轻易碰触的自由状态。在对愤怒情绪的宣泄过程里，女作家便有可能因感到一种快慰而体会到短暂的自由感。但缺乏克制精神的任性而为，于女作家性别身份焦虑的解除又是不利的。可从另一角度看，女作家的情绪问题也可能会使其不断接近自由状态，获得自主言说的希望，以形成新的自我治愈功效，如伯恩斯认为治愈精神疾病，可通过倾听病者的叙述而"理解和解决他们问题的核心"①。这种对自由和希望的憧憬，都能化作女作家继续创作的热情、动力和信念，以便当她们能够利用情绪进行书写时，譬如疯狂与女性气质融为一体时，也可能会形成女性写作的新特色。将这种状态定义为一种边缘化的写作风格也未尝不可，因为此状态的形成是由于主流写作风格的压制、歧视与圈定，它始终暗示着一种绝处逢生的女性力量存有的契机和可能。疯狂与愤怒在象征秩序中，象征性地被视作女性专属的病态特质，特别在写作中易被放大。由是，这种写作风格摆脱了父性特征的所属范围，成就了女作家思想精神上的一次出逃并对创伤心灵的治愈，预示着女作家以虚实结合的方式，来挑战无处不在的文学父性特征的进一步侵犯。而女作家作者身份焦虑就是一种

---

① [英]伯恩斯：《浅论精神病学》，田成华、李会谱译，外语教学与研究出版社2013年版，第220页。

病态感受和病态化的生存经验，它甚至可以伴随女性书写的始末，并与女性气质具有同一性，即如不以疯狂做伪饰，作家便必须自觉收敛与克制创造力。女作家作者身份焦虑产生的另一部分原因，还与其可能惧怕创造力暴露的幽闭心态有关，类似福柯所说对"出丑"的恐惧。在父权文化的道德观下，女性更易对任何形式的丑闻感到恐慌，同时由于真实自我长久被禁闭在虚空的黑暗中，她们本能地惧怕任何形式的曝光，惧怕成为被关注的中心焦点。这些导致女性在延展自我想象力时，或许急于为自身找到覆盖物或替代物。父权文化造就了女性对隐私的病态化痴迷，或可认为她们在私角落中被压抑得太久，以致不能轻易面对和接受被暴露于广阔空间中的形态与样貌。

　　总之，女作家作者身份焦虑是一种不知如何去界定当下一切的迷茫感受，她们在文学领域看不清自己身为女性的样子，不知该如何描述自身性别身份，更毋庸说完成对自我概念的界定或者重释。正是书写造成了女性写作主体在某些时刻无以言表的尴尬和荒诞，鲁萌曾在《后现代主义与女性问题》一文的附记里提到女人寻求独特表达的艰难性和艰涩感，即便她认为自己这种体悟与权力垄断话语的存在无关，但仍可反映出寻求"独特表达"的确成为一个女性问题①。一般来说，女作家如不效仿男性，便有可能削弱自己的力量，所以为了自保，她们有可能会象征性地率先一步自我攻击。而唯有女作家逃出这一逻辑怪圈，告别男性化的女性模式，停止攻击自身性别身份，才有可能接近真实自我的定义与自我言说的可能。神经质如果作为一种特殊的女性气质，且能使女性写作从中获益的话，那么它作为写作策略的构成元素便值得被认可。许多女作家确也有意无意地奔着此目的进行过实践，利用身心感受中的病态化私

---

① 萌萌：《后现代主义与女性问题》，载叶舒宪主编《性别诗学》，社会科学文献出版社 1999 年版，第 57 页。

经验以进行巧妙的反抗。且尽管神经质的气质仍旧被认为是病态特征，但它也着实能够一定程度地释放写作主体精神中的苦闷感受，同时放纵写作的自由度。因此，女性病态特质又是种特殊的文本表现手段，有着积极而功利的一面。难以被驾驭和控制的反复无常性对于女作家而言，别有功用，应学会界定与利用这种特殊的文本表现方式，从而使自身在文化中得到确切安置，即在言说"流血的伤口"所带来的痛楚的同时，释放痛感，并避免被二次定义的文化宿命的文本发生可能。

第 三 章

作者身份焦虑与现实文化空间

第一节　文化因素对文学的介入

与其说由男性性征来界定写作者创造力的基本形态与等级是荒谬的，毋宁说造成这种情形的依然是现象与本质倒置后形成错觉效应的结果。女作家的延迟出场，使男作家率先享有了某种文学命名权，因而男性优越感与时间先在性之间有着直接关系，这与影响焦虑理论中我们反复提及的后来诗人的"延迟性"多有相似。由此，可以说女作家必须面对文学中存在的父性力量与特征，而这与前驱诗人之于后来诗人的神性有着颇多相似处。哈罗德·布鲁姆说："对神性的恐惧在实际上是一种对诗的力量的恐惧，因为当新人刚开始他的诗人的生命循环时，他首先遇到的就是一个十足的神性预见的过程。"① 在畏惧的情感倾向中，女作家的女性气质被凸显出来，但正因女性气质疏离和迥异于男作家创作风格，因而如将以性别特征为基调的某种写作特点定义成创作力弱的表现，便是有失公允的。弗吉尼亚·伍尔夫认为女性写小说的过程，表现出的特点并非仅与

① ［美］哈罗德·布鲁姆：《影响的焦虑》，徐文博译，江苏教育出版社 2005 年版，第 160 页。

她们现实中的空间生活形态有关，还与性别特质息息相关，也即性别身份因素亦是造成男性气质与女性气质分野的一个可资考察的对象。"妇女所写的小说，不仅仅是受到女作家必然狭窄的生活经验的影响。至少在十九世纪，它们显示出可能归因于作家性别的另一个特征。"① 在女性写作中，性别特征迫使文本叙述人的声音不自觉地带有女性色彩，因此，许多女作家的文本代言人往往是位有些愤怒倾向的女性，而愤怒矛头其实指向了对现实女性第二性文化地位的不满。所以，性别色彩造就的差异仍来自现实父权文化给予两性差别对待的实际方式。伍尔夫认为在女性文本中，常会"有人在谴责她的性别所带来的不公正待遇，并且为她应有的权利而呼吁。这就在妇女的作品中注入了一种在男性的作品中完全没有的因素"②。女作家针对现实父权文化的不满，惯于被带入文本表现中，形成女性文学的特色，以此区别父性特征。故而，对女性气质的正视及利用，实是女作家缓解内心恐惧和释放想象力的有效方式。如哈罗德·布鲁姆所言，后来诗人如完全排斥前驱的影响和随之而来的压力，他们想象力的延展便会受阻③，由此比对，也可说保有女性气质的女作家是勇敢而智慧的。

一　两性气质的文化特征

　　女作家在写作中表现出的女性气质与现实中的女性气质一样，同有遭遇边缘化对待的可能。对此，可参考李银河对女性气质与男性气质的划分方式，主要从几组哲学概念上进行对照。首先是关于感性与理性的区分，其次是自然和文化的不同性别归属，再次是关

---

① ［英］弗吉尼亚·伍尔夫：《论小说与小说家》，瞿世镜译，上海译文出版社 2009 年版，第 53 页。

② 同上。

③ ［美］哈罗德·布鲁姆：《影响的焦虑》，徐文博译，江苏教育出版社 2005 年版，第 162 页。

于哺育性的问题，最后是关于公众与私人领域的区别。女性气质从这几方面被边缘化处置，尤在论述攻击性问题时，该气质的特征被明确描述出，男性气质作为它的对立面同样被定义。"人们总是把攻击性与男性联系在一起，把柔顺与女性联系在一起。当人们衡量男人时，所用的标准是强壮、粗犷、能干、自信；当衡量女人时，所用的标准则是娇小、细致、柔软、体贴、美丽、优雅等。"① 在竞争型外部空间中，女性气质处于弱势地位，这决定了当女性因握笔而成为男性同盟者时，却又常因类似创作本质问题的东西被排除在文学中心地带之外。桑德拉·吉尔伯特与苏珊·古芭认为证明女性具备文学才能比证明男性具备文学才能要困难，而女性道德似与男性天分可互换。"女性的道德本性如果能发展到最优雅、最丰富的程度，那么，她们可以分享到男性拥有的部分天分；至少从表面上来说是如此，对于男性来说，这些天分是最高的精神启示所赋予的品质。"② 应该说，女性美德如作为一重指标参与到对女性创造力的评定中，便会影响对女性气质和男性气质的具体描述方式，从而使评判的公允性受阻。正由于女性气质在文化中处于第二性地位，女性创造力受肯定的程度普遍遭到贬抑，因此，对文学中两性气质特征加以说明，便可以更好地理解女作家的焦虑感受。而将父权文化管辖下的针对两性而作出的性别职能分工概念带入文学中，就可用来解释女作家创作力的问题。现实中，长久以来，女性的道德追求与表现构成了女性气质的典型特征，与男性在其他职业技能领域和公共社交空间中所应展露出的优势特长形成一对不恰当的可比关系，彼此呼应，相反相成。这样，女性气质的边界就被文化进行了清晰的描摹与界定，严格区别于男性气质。这一点在中西文化中具有普遍共性，尽管中国古代文化将男女气质的融合，即阴阳互补视作万

---

① 李银河：《女性权力的崛起》，中国社会科学出版社 1997 年版，第 182 页。

② ［美］桑德拉·吉尔伯特、［美］苏珊·古芭：《阁楼上的疯女人：女性作家与 19 世纪文学想象》，杨莉馨译，上海人民出版社 2014 年版，第 12 页。

物协调发展的内在规律，但仍不能说明阴阳论中的男女气质是未经过严格区别的，这种强调阴阳合一的论断，有时反而更凸显出阴阳两性各自的特点。李银河认为："阴阳调和、阴阳互补这些观念一直非常深入人心。但是，这并不能使中国人摆脱本质主义的立场，即把某些特征归为'男性气质'；把另一些特征归为'女性气质'，而且认为这些气质的形成都是天生的。"① 正是由于这种绝对区分的存在，女性被排斥在专业技能领域及社交公共空间之外的事实似乎成为一种先在存在，其能力被束和被限于私密生活空间和虚拟、绝对化的道德高墙之内的现象反作为实质性结果而出现。

不可避免地，女作家同会因女性气质问题而具有被认为缺乏创造力的可能，这是对女作家文字表现力和文本力量的曲解和误读。女作家利用女性气质的方式，譬如对"疯女人"文学形象的塑造，是利用女性气质生成文本力量的证明。其力量显现图景与呈现方式和父权文化下种种先在规范定义是迥异的，因而女性气质能够被带入女性创作的经验与实践中。例如，疯女人所具备的女性气质特征与李银河所说的 A 型性格相类似，"A 型性格是指具有以下部分或全部特征的行为方式：为成功而全力奋斗、竞争性、易于失去耐性、时间紧迫感、粗鲁唐突的姿势与语言、对职业或事业过分投入、过多的魄力与敌意"②。虽然在现实中，A 型性格被认为属于男性气质范畴，且是造成男性预期寿命低于女性的一个重要因素，但这种性格的局限性却助长了它所显示出的象征界竞争力，即便爆发力的强劲与生命力的延展似是不兼容的，但那种助长关系确实存在。例如，女作家通过对有关"疯女人"意象的想象所完成的情感流溢式书写，也有可能带来重塑两性关系的结果。在新型的理想化两性格局中，女性气质需要男子气的中和，而男子气同样需要

① 李银河：《女性权力的崛起》，中国社会科学出版社 1997 年版，第 190 页。
② 同上书，第 37 页。

向女性气质靠拢并完成对其的借用，才能形成属于完整个体的理想
生存经验，极端地进行任何一种气质的效仿似乎都将是不成功的。
李小江认为，女性气质不仅为女人带来危害，男子气也同样为男人
带去危害，而造成这些困境的又并非仅是"男人所为"。① 应注意的
是，男女气质的彼此区分是它们进行融合的必要前提与保证。父
权文化下文学男性所具有的创造力模式与经验被标榜为唯一的和
不可取代的，被形容为自然状态，从而使从身体经验出发的认定
方式对另一性别造就了难以超越的障碍。桑德拉·吉尔伯特与苏
珊·古芭认为男性力量被描述为"'强壮/威猛'，就像吹管中喷出
的火焰一般猛冲猛撞，体现出明显的男性生殖器的特征"②。这是
说，男性本我欲望一直以来被允许处在光明正大的张扬中，名正
言顺地被认为具有生命活力，以二位理论家的话说，是正午的和
显性的，这一点从弗洛伊德阴茎羡嫉说中也可看出。拉康虽将具
体的菲勒斯修正为其他符号界菲勒斯，但仍认为父亲象征性地拥
有否定和拆解母子间欲望关系的权力。这折射出在父权文化范畴
内，男女两性被允许的性欲暴露模式与程度是充满差异的，即男
性本我欲望处在合法的暴露模式中，女性欲望处于被限定和隐匿
的状态。这是导致在文学中，评介两性各自创作力情形时所出现
的不同感受与说辞、论调的最根本原因。被长期强化和过度神化
的以菲勒斯与男性性快感为主要象征的男性书写的强劲风格和权
威力量，使女性在现实与文学的双重境遇中表现出的带有自身性
别身份经验的气质易于遭到否定、边缘化、排斥与调侃。女作家
确存在文字表现方式中趋附男性审美，甚至产生对自己难以摒弃
的女性气质感到无可奈何的情况。这恰是对自身性别身份经验在
书写中被过分不自觉带入的自然反思，但一切不该就此而止，女

---

① 李小江：《解读女人》，江苏人民出版社 1999 年版，第 18 页。
② ［美］桑德拉·吉尔伯特、［美］苏珊·古芭：《阁楼上的疯女人：女性作家与 19
世纪文学想象》，杨莉馨译，上海人民出版社 2014 年版，第 13 页。

性气质的地位一直需要在文学中被提升到受关注和公认的程度。不自觉带入或将男性气质混同其中，显然是现实道德因素参与和作用的结果。这对女性书写的限制不一定是道德内化的必然另类表现，但一定会是女性对现实父权文化屈从的一种体现。而失去辩驳与表现欲的女性书写，又始终是不够完善的。

二 女性气质与女性书写权威

应该说，区分女作家内化现实道德超我之力以增加自我力量的过程，还有女作家自我之力被现实道德超我之力限制的过程是非常容易的，主要看后续文本进展情况如何。对于前者而言，无论内化程度有多高，文本有进一步发展，是在本我欲望驱使下完成自我陈述和描摹，或者也可能使本我欲望处于流溢状态。而后者则是自我限定，同时本我欲望被深埋，女作家创造力受限进而导致文本进展程度有限。这种放弃是对男性创造力的屈服，也是对男性主导文学局面的自觉退避。而对女作家于文本上刻意或无意的止步行为所进行的分析，其实也可适当忽略，因为写作主体创作意识流中的停顿究竟体现的是其在内化的道德规范下对女性气质的厌恶，还是写作中的自然状态，是难以界定与区分的。因此，关注文本中女性气质的有无、存留等问题才更为重要，也即对文本本身的解析更现实，毕竟当文本这一有形载体消失时，阐释便无从发生。女作家对男性创造力称霸的局面所作出的失望回应，实际上可一定程度地体现出现实父权文化影响与写作主体创作个性特征间共同形成的个体压抑力（个体所承受的压抑度综合指数）的情况。对压抑力综合情况的考察，不外是对现实文化因素作为一种在场对女作家创作心理压抑情况的分析，同时加上对女作家作为压力承受主体而言所具有的承受力状况的分析。可看出，不同女作家在创作中做出的形态不一的妥协，正象征地说明现实文化因素对写作主体影响之深，父权文化对女性宰制力之强，现实中女性生存境遇之窘迫，男女不平等现象之稳固，等等。亦反映出父权文化中现实道德超我形象对女性的影响，以及由此造成的两性气质彼此分化的彻底性和绝对性，其严苛程度甚至能吞噬和覆盖女作家在文学中施展自我的野心和反抗的冲动与欲望。譬如，在针对自身性别气质的失望情绪中，一些女作家常采取屈从姿态，形成对现实文化的反讽。另一方面从接受主体的承受能力上看，女作家通过对所处现实状况，及对其他女作家相似情况的观察，深化了某种既有的共同意愿，这种内外因双重作用下形成的压抑情况是并不乐观的，它最终极有可能迫使女作家放弃对个体化风格的坚持，在一定程度上也象征着放弃握笔行为本身。在历史长河中，握笔行为长久地成为男性所独享的某种言说权利，女性握笔便会造成对与女性创造力水平、程度相关问题的芸芸纷争与激烈辩驳。不可否认，父权文化权威性主要的体现空间是社会现实领域，但它仍旧能够蔓延至文学领域，并以相同的作用方式继续存在和发展。父权文化的两性定位模式如被带到文学中，便可以形成男尊女卑的文学格局，从本质上说，凭借自身丰富想象力进入写作空间的男女作家却遭父权文化诱因的差异对待，这即桑德拉·吉尔伯特与苏珊·古芭所言"文学中的作者身份与父权制的权威混为一谈的历史性错误"[1]。

进一步说，在文学父性特征下，作家间的父子关系格局，也是由男作家对文学的主导局面造成的。代际影响关系在男作家间的表现形式便是父子式的，因而作品也加入父子关系序列中，受其影响，文本作品象征性地成为作家之子，创作主体对其享有命名权，并将其当作私有财产进行庇护与捍卫。这种关系的稳固存在使文学父性特征持续加强，并使男性气质在文学中体现出的独断性一再得到巩

① ［美］桑德拉·吉尔伯特、［美］苏珊·古芭：《阁楼上的疯女人：女性作家与19世纪文学想象》，杨莉馨译，上海人民出版社2014年版，第14页。

固，这也是男作家在数量上占绝对优势所造成的。而当女性集中、大规模地进入文学领域后，因性别身份的相异，也会导致她们的产物，即文学作品很难被看作实在意义上一个可跻身于父子关系序列中的名正言顺的"儿子"，因此女性气质也将会被象征地一并排挤出这一序列。从而，女性气质与男性气质间的分歧，在作品的介入下，极有可能被转换为母子关系与父子关系间的微妙差异。可以说握笔女性在性别上长久被孤立，女性气质自然受到这种境遇的牵连，因此女作家连同女性气质在文学中遭遇的异化感也正来自父权文化铸就的性别身份印象的存在。

在现实中，父权文化为女性量身定制了各种"行为指南"，以培养和巩固女性气质的存续。譬如通过世俗说教或某些形式的教育方式对女性日常行为模式进行引导和规范，以约束和限制女性人格发展的程式，使其受制于父权文化的框定范围。譬如政治理论家琼·贝思克·埃尔西坦认为那些建议女人像个女人的文章，会损害"女人最好的东西"。[①] 这种女性气质包括善良、纯洁、静默、谦逊、优雅、精致等，当然，选取这些词语并非意在完成对其的肯定或者否定，在无具体语境与其对应的情况下，标榜或者批判都缺乏实际的意义。只是，取而代之，所有女性的欲望特质与个性都会在某种过度的标榜中被相对缩减和忽视，预示女性在升华为天使、永恒女性、好女人的过程中，成为符号化的代名词，处在失真的境遇里。桑德拉·吉尔伯特与苏珊·古芭说："取悦于男子的艺术并不仅仅是天使的品格；用更为现实的眼光来看，它们是一位令人尊重的女性应有的行为举止。"[②] 这就是说，父权文化下的女性气质应该具有单一的维度和属性色彩。现实父权文化从道德层面对女性进行全方位的监

---

① ［美］罗斯玛丽·帕特南·童：《女性主义思潮导论》，艾晓明等译，华中师范大学出版社 2002 年版，第 47 页。

② ［美］桑德拉·吉尔伯特、［美］苏珊·古芭：《阁楼上的疯女人：女性作家与19世纪文学想象》，杨莉馨译，上海人民出版社 2014 年版，第 31 页。

管和限制，主要集中在对其外在体态与内在精神的双重规范中，这两点其实是同一问题的不同方面，从本质上说，二者皆是针对压抑女性性欲而言的。首先，在外在体貌上，女性应具有禁欲气质，是高贵圣洁的、处女与圣母式的，性欲须被掩埋起来。吉尔伯特与古芭区分了女人气质（womanhood）与淑女气质（ladyhood）的概念，她们认为淑女气质是"女诗人的——对社会的依赖性，婚姻的尽责性或脆弱的淑女性"①。这里所说的淑女气质比单纯被界定为女性气质的气质更能描摹出现实父权文化规范对女性所作道德限制的深层内涵，也即女性需依赖道德感而活，她甚至被符号化为道德本身，如此，成为代表具体化"符号系统的构成"②。其次，在内在精神上，在特定时期，女性需彻底认同父权文化针对其性欲所做的规范。除此，她的性行为本身也可能受到严格控制，使其由内而外地处在性欲压抑状态，女性气质因此不能沾染与性有关的特质，这一点导致了它内涵上的褊狭和虚假。在社会现实中，父权文化对女性的定义与对文学艺术中女性表现上的要约是一致和同步的。作为永恒女性，女作家同样可能具有文化中狭隘的女性气质，因此她便在文学中更易隶属服务型身份与地位，这与握笔行为所代表的女性对自我个性的追求是冲突的，因此，女作家有时需恰当地掩盖自我意识，考虑如何在对文学父子关系链条的维系中奉献自己的力量，必要而片面地成为文学空间里现实家庭保姆式的存在，这种冲突关系直接形成了女作家基于性别身份的作者身份焦虑。在由父权文化宰制的文学土壤中，女作家试图接近真实自我的种种尝试往往会被父权文化视作异端，导致其对女性气质的利用成为不切实际的、危险的或需加以掩盖以进行的事。对此，吉尔伯特与古芭认为对于女作家而言，"双重意识"的具备是重要的，即"女性被要求拥有同一套行

---

① ［美］桑德拉·吉尔伯特、［美］苏珊·古芭：《阁楼上的疯女人：女性作家与19世纪文学想象》，杨莉馨译，上海人民出版社2014年版，第709页。

② 赵毅衡：《符号学》，南京大学出版社2012年版，第372页。

为动机，否则她就是一个怪物"①。而这种危险性和不正当性正体现出女性力量显露与爆发的可能性是存在的，这与民间畏女和崇拜女性气质的事实一致，再次说明现实与文学领域有着无法撇清和割断的联系。这就是说，女性对自由的捕获，与其对个人专业技能的习得一样，都长久地受到过阻抑，这种阻抑的初衷心态正反映出女性力量寄寓在女性气质当中的可能。从另一角度说，对文学与艺术的亲近，使女性被限制的想象力能够获得自由发展的契机，甚或能够令书写折射出放纵后的光芒，这与父权文化下女性备受约束的人格特质相迥异。女作家通过在文学中生成女性气质的言说模式，昭示出女性对自由的追寻热望。这种言说模式如果足够巧妙和隐蔽，恰可通过对女性气质的秉持来加以完成，但这种表达本身也被认为具有危险性，它作为连通女性与自己社会身份的一个桥梁而存在。除对文化赋予的女性气质的秉持外，艺术的强势性也或可助长女作家对女性气质的坚守、运用和凸显，这体现在，艺术行为本身就能作为一种庇护物取代父性权威，女性参与艺术创作，就是反父性权威的象征，是女性为自身性别身份树立权威的途径。艺术用它的包容性和强势性，容许女性张扬个性，并对这种自由、自我的状态自行庇护。女艺术家沉浸在创造中的迷狂相对总会被视作正常状态，因为沉浸是无意识的，且是艺术创作必备的某种特征，所以对现实父权文化因素的忽视就不成为一种过失，反成为换取灵感的某种必然代价，因此，经由艺术形式与内容的掩护，女作家也有可能摆脱受文化干扰的自然状态，由此能够获得更高程度的自信和满足，这种心理确认更易引领她们步入艺术创作的良性循环中，使文学环境放松对女性气质的绝对凝视与监管。而从现实意义出发，女性需对自身性别身份所处的亚文化边缘境遇保持清醒的认识，这要求女性需

---

①　［美］桑德拉·吉尔伯特、［美］苏珊·古芭：《阁楼上的疯女人：女性作家与19世纪文学想象》，杨莉馨译，上海人民出版社2014年版，第578页。

预备相应的应对策略，来抵抗和更改被异化风险，缓解焦虑，为女性气质正名或重新定义。女性独特经验的产生，建立在她对自身力量与父权文化中女性性别身份被奴役命运之间种种冲突的深切感知，以及对由此产生的特殊感受的切实体验与体会。父权文化赋予女性特殊的气质与角色定位，对女性形象和相应的个性色彩进行引导，纯洁而静穆的女性形象和气质带给女性被言说的客体他者身份，阻扰其自我言说，这种身份由于与女性气质脱离而处在文化劣势和次等地位，缺乏竞争力，不能带给女性享有权威的真实快感，相反，带给女性的只有自我意识觉醒前的麻木与驯顺，以及自我意识觉醒后的痛苦和焦虑，还有这两种状态交替下的无奈与被动。

　　现实中，相对而言，男性所处的公共空间是多维的，即他们处在不断的空间变换过程中，相对处在超验而具体的世界里。相较而言，父权社会中的女性占据与留守的家庭私密空间则是一维和狭小的，它无法与公共事务产生过密交集，处在相对的静止状态，这象征着女性被闭锁在时间性链条中。女性的自我隐退状态造就了某种神秘性的存在印象，这也似乎成为为女性所认可并追逐的某种专属特质，即"隐退是一种脱离社会主流的生存方式"①，从而被加以崇拜，其实神秘性仅是父权文化在禁闭女性的过程中产生的一个衍生物，对曝光状态的恐惧应是种畸态心理。这预示女性终须付诸行动，拨开迷雾，以进入正午的时光里，成为具体而真实的存在，以对实际内容的占有来摆脱被想象的命运。自我言说就是摆脱被言说和想象带来的神秘性的重要方式，言说内容反成其次。这就是说，使个性变得透明是缓解女性焦虑的有效方式，朱莉娅·克里斯蒂娃在反讽神秘性时，又企图安置这种既有状态，她认为"既然男人阻止女人了解一切，女人们自己也更不愿去了解和培养神秘。最好的情况，就是诱惑他人，使自己神秘化；最糟糕的就是，

---

①　尤西林：《阐释并守护世界意义的人》，陕西人民出版社 2006 年版，第 223 页。

把自己变蠢"①。而自我透明化的前提是对被禁忌的东西进行主动了解，甚至是对女性神秘性本身的探索，也会帮助女性变得释然。"这种自我透明会吸纳你，减轻你的重负。"② 自我透明化在朱莉娅·克里斯蒂娃看来会产生快乐和美，"看见是快乐，让人看见我的灵魂也是快乐，看见的快乐以及让人看见我的灵魂的欢乐就叫作美"③。被看见的状态解除了女性的神秘感，从而减轻了有所隐藏的心理负担，这种特殊经验，杂糅了男女气质，体现出一种张力性，为打破两性气质间的隔膜做出贡献，在一定程度上实现了两性对话的可能。但是，女作家所具备的女性气质，无论隐匿与否，都会渗透在写作中，而这种书写会不经意传达出一种平衡感，主要体现在女作家对理性态度与感性态度的选取与调和上，也即徘徊在对女性气质和男性气质的偏倚、亲近和疏离的互动关系中。在这种纠结状态下，女作家或许企图掌握自身真实度，并更改对自我进行定义的维度，以扩展和获得更多和更高级别的书写自由，并重塑两性格局。这种纠结性，体现出女作家在文学表现上的怯懦特质，以及她们对自身主体性的主观建构方式进行操控的隐蔽野心。纠结感烘托出书写张力，能够使女作家不自觉而为之地陷入女性气质与男性气质交互与融会的罅隙中，完成了纠正、修正自身带有的现实影响因子，从而对强加于自己的思想负担进行拆除和减免，在追逐自体良好生存体验和女性气质寄寓空间的目的下，或许能够意外创造出弹性化的书写空间感受。譬如女作家以既塑造叛逆女性又批判其的方式来获得一种对书写自由度的把握和占有，诸如塑造疯女人的文学形象，又亲手毁灭她的过程就是如此。这是女性将现实分裂感受带入文学创作实践中

---

① ［法］朱莉娅·克里斯蒂娃：《独自一个女人》，赵靓译，福建教育出版社 2015 年版，第 11 页。

② 同上。

③ ［法］朱莉娅·克里斯蒂娃：《克里斯蒂娃自选集》，赵英晖译，复旦大学出版社 2015 年版，第 23 页。

的具体表达，使女性气质这一造成女性自身分裂的原因反成为有利的遮护物，可继续充当间接在文本中生成的女性书写最重要的渴求物。"当女人写的诗受到称赞时，通常是因为拥有'女性气质'，要么就相反，因为缺乏'女性气质'而受到指责。"① 因此，利用女性气质进行书写与否，会导致迥然相异的结局。

　　总之，可以概括地说，女性气质的存在和其存在方式对于女性写作而言都至关重要，是女性艺术之路中无法绕开的东西。女作家需占据、发挥并保持女性气质的优势，才更有可能获得权威性。事实上，女性气质是女性最可贵的东西，即便遭到父权文化的排斥和否定，它仍是构筑女性权威最不可忽视与越过的东西。背叛和疏离女性气质，往往会令女性产生更为深入的难以适从感，分裂的矛盾感比男性气质与女性气质造成的两难选择障碍本身对女性树立权威的影响更深刻。这就是说，女作家因走向男性化而遭到男性权威的讽刺，或者因背叛自身性别身份而被轻视的先例不胜枚举。男性化或者只能够作为某种思想意识和某种形式的风格而被女性加以运用与借用，对男子气的凭附需以策略意识的存有为依托，它显然不能成为女性权威的精华与核心。但是，男性气质在辅助女性进入象征秩序方面的帮助却不容小觑，无论是弗洛伊德还是拉康，都曾将父亲之名与男性气质间的关系呈现出来，因此，无论是菲勒斯本身还是符号化的菲勒斯都是男性气质的，而女性无疑可借助男性化的方式更有效、便捷和安全地进入象征秩序。"拉康强调并认为是父亲的符号界菲勒斯发挥了积极作用。"② 故而，无论在现实还是在文学中，女性或者都需要首先确保自身安全，而对男子气的借助，不失为获得身心健康的一个途径。对待两性关系，"矫枉

---

　　① ［美］桑德拉·吉尔伯特、［美］苏珊·古芭：《阁楼上的疯女人：女性作家与19世纪文学想象》，杨莉馨译，上海人民出版社2014年版，第688页。
　　② ［美］史蒂夫·Z.莱文：《拉康眼中的艺术》，郭立秋译，重庆大学出版社2016年版，第44页。

过正还使女性将自身异化"①。如前所述，只有重视女性气质的女作家才能因保持自尊而赢得他人的尊敬与认同。不恰当地说，女性在父权文化中的基本生存条件，是有必要使自己看起来"像个女人"。而从"像个女人"到做自己之间，充斥着女性自我奋斗过程中的必经痛苦，从认为生而为女便得到了痛苦的源泉，到感受到做女人的乐趣，愿意成为女人，以此先行进入象征秩序再进行自我定义，则需运用各种策略并变通认知思维才有可能达成。例如，贝蒂·弗里丹在《第二阶段》中便意识到这个问题，她认为自己继续奋斗的动力即"需要让女人感觉做女人真好"，这一观点就是说女性不仅不该拒斥女儿身，还应发自内心地认同自己的性别身份。②

第二节　女性时间性存在与自恋的形成

一　空间对立面的境遇

桑德拉·吉尔伯特与苏珊·古芭认为撒旦（魔鬼）、罪（过错）和夏娃（性欲）三者的关系会在女作家作品的深层空间被暴露出来，它们共同构成女作家黑暗自我的不同侧面，由此映射出的正是女作家对欲望遭禁闭状态所产生的隐忧，是她们对内在罪恶感以及由此衍生出的内疚感的无意识介意，这些隐忧与介意又是共同构成女作家作者身份焦虑的主要因素。对禁忌的敏感及焦虑主体针对这种敏感做出的内在无意识回应，都可能会隐含在女作家文本的深层隐喻性空间中。上节内容认为女性气质、女性化风格等概念皆为社会文化主导和界定的先在结果与印象所铸就，这些概念在文本中被表现出来时，则可能会成为宏观上的能指存在，缺乏具体所指，但却左

---

① 李美皆：《女性主义文学：疯狂的水仙花》，《粤海风》2005 年第 2 期。
② ［美］贝蒂·弗里丹：《第二阶段》，小意译，江苏人民出版社 2007 年版，第 61 页。

右着女作家的情绪。而她们借由男子气来处理女性气质的方式又或恐构成了对那个宏观能指存在的呼应,即女作家会由此自动开启双层叙述模式。桑德拉·吉尔伯特与苏珊·古芭列举了简·奥斯汀、雪莱、狄金森、巴瑞特·勃朗宁等多位 19 世纪女性小说家的现实文学表现来说明此一问题。她们认为这些伟大的作家"经常会从真实与象征的双重层面上涉及疾病的问题,它们仿佛特意告诉我们,通过努力,这些作家已经从失望情绪和碎片化的状态中逃离,而赢得了健康和完整"①。这种叙述模式的运用暴露出女作家对健康状态持续渴求的隐秘心理和其现实反差性的病态处境。从根源上说,这种佯装是为了掩饰病态,也即为掩盖父权文化对女性和女性欲望进行双重禁闭的事实。通过掩盖,将负面情绪与冲动表现在文本隐蔽空间中,这是她们在现实文化中熟悉的地方。与女性现实生存环境对应,女作家在文本禁闭空间氛围内进行创造"邪恶"的工作。这种创作将女性性别身份与夏娃、罪和撒旦联系在一起,使女性的怪物印象停留在静止的虚拟空间中,从此以时间性存在方式开启"堕落"模式②。吉尔伯特与古芭的论述反讽式地颠覆了弗洛伊德的阴茎羡嫉说,将父权文化规范下的"女性堕落"(残缺)概念转换为一种"发现的故事",从而误读了阴茎羡嫉说的真实意义:"女孩吃惊地发现了她是一位女性,因此就是堕落的、不够完整的。"③ 女性的时间性静止状态,一定程度地开启了象征禁欲的生活形态,而这正是女性堕落的开始。弗洛伊德认为女性天然存在阴茎羡嫉心理,处于被剥夺了(菲勒斯)的场域中,这种缺乏与匮乏使女性欲望没办法

① [美]桑德拉·吉尔伯特、[美]苏珊·古芭:《阁楼上的疯女人:女性作家与19世纪文学想象》,杨莉馨译,上海人民出版社 2014 年版,第 75 页。

② 这里的堕落是指女性黑暗自我的隐退,以及对淑女形象的追逐和趋附,也即对现实父权文化下规定的堕落内涵的嘲讽。女性对女性气质的追逐是其欲望堕落的开启,因此从这一角度说,纯洁的即是堕落的。

③ [美]桑德拉·吉尔伯特、[美]苏珊·古芭:《阁楼上的疯女人:女性作家与19世纪文学想象》,杨莉馨译,上海人民出版社 2014 年版,第 299 页。

借助任何虚无来展现，由此将禁欲与堕落联结起来，造就了女性借由空间拓展以完成自我超越与升华的难度，因此她被具体的菲勒斯阻隔在时间中，形成了女性的时间性存在形态。拉康学说将说"不"的权力交给父亲，同样在一定程度上说明了文化定义下母性的空间归属仍相对而言较为空洞，他认为正是父亲角色将母子分离开来，"他有着文化统治任务，即介入母子双方欲望——母亲对孩子的欲望以及孩子对母亲的欲望——并明确对它们说'不行'"①。从这一层面上说，女性和女性气质便很难分开，而当女性气质和女性特征遭到否定时，便意味着女性本身将遭到他者化，在此，可将这种他者境遇概括为女性时间性存在境遇。

同样，在父权文化下，从事艺术创作的女性往往具有被妖魔化为"怪物"的风险。具体来说，女作家会在文本中或显或隐地体现出现实影响的存在，譬如愤怒感的流露，但具体方式及体现力度和强度又因人而异。弗吉尼亚·伍尔夫对此的体察非常敏锐和先觉，她认为"需要有一个非常镇静或者强有力的头脑，来抗拒发泄怒火的诱惑。漫无节制地加诸于从事艺术创作的妇女的那种嘲笑、非难、贬低，非常自然地会引起这样的反应"②。不仅如此，伍尔夫还认为愤怒感的出现同样是件自然而然的事，尽管她一再批判和贬抑这种带有情绪的写作方式。"人们在较为次要的女作家的作品中，一再发现此种端倪——她们对于主题的选择，她们不自然地固执己见，她们别扭地温顺服从，这一切莫不反映出这种情绪。"③ 不自然的感觉常流露在带着极端情绪进行书写的女作家笔端，或可认为她们察觉到"原罪"是基于性别身份而产生的，因此对莫须有的罪名感

① ［美］史蒂夫·Z.莱文：《拉康眼中的艺术》，郭立秋译，重庆大学出版社 2016 年版，第 28 页。

② ［英］弗吉尼亚·伍尔夫：《论小说与小说家》，瞿世镜译，上海译文出版社 2009 年版，第 54 页。

③ 同上。

到无奈和无策，在这种难以改变的情境下，恰需要通过顺从既有认定的方式，来赋予自身残缺和空白状态以充实的内容，即便在极端反叛冲动中靠近"罪""撒旦""地狱"和"夏娃"所代表的黑暗意象，也在所不惜。这种偏离文学主流价值体系与传统的方式，被伍尔夫痛斥为非艺术的和不真诚的，"她们所采取的观点，与权威的见解有所不同。那种艺术想象，不是太男性化就是太女性化了；它丧失了完美的整体性，与此同时，它丧失了作为一件艺术品最为基本的要素"[①]。尽管如此，仍旧存在许多女作家创造怪物形象以应对、对抗自身被异化为怪物的经验。无法忽视内心真实感受的女作家常被指责为艺术不真诚，从而遭到批判，但彻底忽视自身感受同样是种不忠实，在两难处境中女作家便极有可能被排斥在自由书写所预示的光明感之外。桑德拉·吉尔伯特与苏珊·古芭列举亚当与夏娃的故事，来对比二者不同的境遇，夏娃孤独无助时，亚当却因为能够交流而拥有进入象征秩序的可能，这种迥然相异的境遇迫使夏娃激发出内在的黑暗与堕落面，导致其吃下禁果。吉尔伯特与古芭认为禁果就是对"女性想要的东西"[②] 的隐喻，而导致女性堕落的真实原因则是她们对被抛弃后孤独境遇的难以忍受。女性被排斥在正午的、阳光的、社交的空间之外，天性遭到抑制，只能在黑暗中进行欲望的延展与流溢，从象征性地走近"罪""撒旦""地狱"的过程中，得到在男性化空间中无从觊觎、无法获得的东西，即便仅仅是种释放后的快感或神秘感，这些感受也预示着另一种曝光的可能，即由此或可建构出另一维度的女性历史。伍尔夫认为普通女性的生活是鲜为人知的，这是由于"女人世世代代生活在昏暗中，只有极少数几个偶尔露一下

---

① ［英］弗吉尼亚·伍尔夫：《论小说与小说家》，瞿世镜译，上海译文出版社2009年版，第54页。

② ［美］桑德拉·吉尔伯特、［美］苏珊·古芭：《阁楼上的疯女人：女性作家与19世纪文学想象》，杨莉馨译，上海人民出版社2014年版，第305页。

身影"①。因此，对于女性写作具体情形的探索并不在人尽皆知的正史中，"因为它们的答案一直被锁在一些陈旧的抽屉里，尘封在古人留下的那些破旧的日记里，或者只是残存在一些老人模糊的记忆里，而且很快就要被彻底遗忘了。所以，我们要想得到答案，只能返回到历史的幽深之处，到那些昏暗的过道里，在往日平凡乃至卑微的女性生活中寻找"②。在漫长的历史中，女性故事和女性本身惯于存在于昏暗之处，这正是被男性空间排斥与挤兑的结果。也即对女性经验的探索应转向对倾注时间性事件的充分关注上去，譬如对女红的考察就体现了这种研究思路。在历史的角落中停下，于空间外围才能发现女性秘密的存在，由此，可认为女性是属于时间性的存在。这与李小江对女性口述史的研究结果不谋而合，即女性自我言说在步入婚姻后即终止了，她们转换言说方式，通过编织封存时间和自我意识的流动，替代了语言的载体。"我们悉心倾听她们的声音，却难得听到真正属于她们自己的生活，讲出来的，生生死死，总是孩子丈夫、婆婆媳妇，衣食住行，家长里短……我们渴望听到更精彩一些的故事，可她们的故事总是淹没在千篇一律的家务劳作中。"③长久以来，女性生存空间是单一而静止的，因缺乏自己的故事，缺乏成为主角的事件而显得空洞和苍白。桑德拉·吉尔伯特与苏珊·古芭明确描摹了女性对时间的臣服，或者说时间对女性的控制，即"当丈夫陷落于一个永恒超验的世界之中时，妻子却无法逃脱无所不在的时间的掌控"④。因此，女性对时间的个人体味更深刻。例如，李小江由此感叹将研究妇女的重点从"倾听个人故事"转向"挖掘传统文化"。也即空间拓展在女性生存图谱中是收敛的，而她们各自

---

① [英] 弗吉尼亚·伍尔夫：《伍尔夫读书随笔》，刘文荣译，文汇出版社 2006 年版，第 47 页。

② 同上。

③ 李小江：《解读女人》，江苏人民出版社 1999 年版，第 217 页。

④ [美] 桑德拉·吉尔伯特、[美] 苏珊·古芭：《阁楼上的疯女人：女性作家与 19 世纪文学想象》，杨莉馨译，上海人民出版社 2014 年版，第 583 页。

的时间碎片却拥有连缀成女性文化传统的契机与可能。朱莉娅·克里斯蒂娃从个人经验中，将这种追溯女性传统的可能转向对女性与时间关系的思辨上。她认为女性压力是沉重而非典型的，"而这份压力我似乎永远也摆脱不掉，不论我在诸多空间、城市、学科和语言之间怎样迁徙、旅行。是因为一种过度的野心，或者一种女性特有的与时间的关联——这种关联尤其会保有丰饶和慷慨的特性，保有绽放并给予生命的特性——吗？"① 对女性自身时空特性的重新审视于女性力量的获得来说至关重要，至少女性能够察觉到自身文化传统的时间性特征。

女性欲望在时间中被静置，欲望的动态性与时间静止状态能够构成一组冲突关系，易于干扰其身心，更有甚者即"导致疯癫和自杀"。② 但由时间性生成的压抑感在质变和爆发前，在扭曲形态里又使女性欲望具有遭诟病的可能，世俗眼光对待女性欲望的看法普遍来讲是苛刻的。正如桑德拉·吉尔伯特与苏珊·古芭认为："对于一个充满性别焦虑的读者来说，夏娃的身体很可能就像'罪'的身体一样，即便看起来和她丈夫的身体'十分相似'，但却令人讨厌，是人类神圣的形态的一个'邪恶的'，或者下流的版本。"③ 但压抑感达到临界状态时，也即不足以承载女性欲望的蓬勃感时，便会以新的扭曲形式流露出蛛丝马迹。这在情感丰沛的女作家中十分常见，譬如有些女作家将女性形象与带有欲望色彩的东西联结在一起，以获得被剥夺的蓬勃感。以此，女性自觉地与邪恶、阴暗气质相连，象征与欲望的对接。但女作家并非意欲将女性本质定性为邪恶的，这种方式仅意在开掘出另一空间维度，是打破时间性束缚枷锁的尝

---

① ［法］朱莉娅·克里斯蒂娃：《克里斯蒂娃自选集》，赵英晖译，复旦大学出版社2015年版，第3页。

② ［德］奥古斯特·倍倍尔：《妇女与社会主义》，葛斯、朱霞译，中央编译出版社1995年版，第91页。

③ ［美］桑德拉·吉尔伯特、［美］苏珊·古芭：《阁楼上的疯女人：女性作家与19世纪文学想象》，杨莉馨译，上海人民出版社2014年版，第306页。

试，是欲望暴露和延展的新的扭曲形式，而非女性乐意而为并深表认可的。这一点需被读者甄别和理解，因为女作家萌生的策略意识能够造就文学现场的复杂、混乱和颠覆性情况。吉尔伯特与古芭认为女性按照别人的看法将自己看作"怪诞的、卑下的、堕落的造物，第二等的人，以及邪恶物质的化身，即便她们在传统中同时也被定义为超凡出众的精神性的生灵、天使和更好的一半"①。在文学父性传统中，女作家将美德训练术作为毁灭天使自我的手段，制造出反讽效果，即天使女性被自己所最为崇重和珍视的东西毁灭，制造出荒诞感，这正是女性智慧显露和展现的扭曲方式，充满病态意味。"如弗吉尼亚·伍尔夫的评价告诉我们的，没有因她们的文学雄心而道歉的女性会被定义为疯狂和怪诞：她们因'不遵从性别规范'而反复无常，或者因为性别上的'堕落'而反复无常。"② 天使女性的自我意识是薄弱的，尚处幼稚阶段，还未觉醒。女作家总会无意识地想要背叛一息尚存于体内的天使女性的干扰，企图逃脱被内化的道德感的侵犯，于是在病态化表现中，又易于将反复无常状态深藏在文本内，体现出女性对时间性的摒弃冲动和开辟另一维度空间的热望与激情。如果笔是对阴茎的隐喻，那么女作家的出现便是对文学父性特征与传统，以及男性作者权的直接挑战。"但是对于身处父权文化统治之下的女性来说，智力活动总是被认为会导致悲惨的结果。"③ 毫无疑问，女性握笔就是一种典范的智力活动，虽遭遇妖魔化，但女作家的出现又体现了历史必然性，是女性持续遭压抑的自然后果之一，弗吉尼亚·伍尔夫反讽这种因果关系："千百年来，女人一直坐在房间里，到了今天，房间的四壁已经浸透了她们的创造力，实际上，砖石和砂浆都已不堪重负，这股力量必须诉诸笔墨，

① ［美］桑德拉·吉尔伯特、［美］苏珊·古芭：《阁楼上的疯女人：女性作家与19世纪文学想象》，杨莉馨译，上海人民出版社2014年版，第306页。
② 同上书，第82页。
③ 同上书，第72页。

要么耗散在实业或政治中。"① 女性力量被抑制到极限便仍旧会爆发出来，女作家的存在本身正辉映着这种力量的蓬勃与流溢。

　　女性人物在文学和现实中的生存形态，促使其性格气质形成。她们普遍处于封闭的空间中，其生存与发展模式持续因具体的空间隔绝而一再受限。举例来说，简·奥斯汀的不动声色极受弗吉尼亚·伍尔夫褒扬，也即她是位在创作中非常能够自觉抑制愤怒情绪的安静的女作家，"我们看到一位女性，约在一八〇〇年前后，埋头写作，没有仇恨，没有酸楚，没有恐惧，没有说教"②。这种写作状态基本可被视为不带任何杂质的创作，但简·奥斯汀的现实个人命运却仍旧是悲剧式的，难逃生活中病女人的宿命，对此伍尔夫这样解释，"要说环境给简·奥斯汀造成了什么不利，那就是她的生活天地过于狭小"③。这反映出，女性现实中具体生活环境的逼仄的确有可能会为其写作带来一定影响，即便那情境中滋生的忧郁没有沾染文本空间，也仍旧不能说女作家的身心状态是绝对健康的，她们依然可能心存郁结，而这种病女人特质正是现实父权文化对女性气质的主要规范方向。伍尔夫甚至在评价夏洛特·勃朗特的创作时，认为如果勃朗特拥有足够的扩展空间性的生命体验，她就能够更全面地展示出自己的天赋。"她的天赋，如果不仅仅耗费在寂寞地眺望远方的田野上，将会有多么大的收获，只要让她有机会去体验、交往和旅行。"④ 由此可见，女作家无论在写作中曾暴露过反复无常性与否，其实都是病态化的，而女性空间性生存经验的萎缩便是造成这种病态化的最重要和最直接原因。因此，女性的象征性自杀冲动，更有可能来自空间的辖制，即她始终处在掩藏欲望、忍受

---

　　① ［英］吴尔夫：《一间自己的房间》，贾辉丰译，商务印书馆 2012 年版，第 187 页。
　　② 同上书，第 145 页。
　　③ 同上。
　　④ 同上书，第 149 页。

冲动、欲望爆发以及冲动凸显的交替想象中，并在对时间性的依附中完成这种想象。又如，在女性文本中，空间意象也因现实因素的影响而有时呈现封闭性特征，传递沉闷、窒息的压抑感，反映出现实父权文化对女性的相似压抑，并没有因为女性写作而产生不同，它们都与女性生命力的表现方式一致或趋同。即女作家思维受到现实空间形态的影响，在写作中往往会进一步表现出与现实普遍女性相似的诸种特质。譬如文本中主题的散漫特点就与现实文化中女性化的言说——不择重点、非理性的言说方式等特征相契合。这种方式的女性色彩体现出象征秩序对女性的拒斥以及后者对前者的天然陌异，因此女性作为时间性存在的某些特质便得到放大。正如伍尔夫所言："和作为作家的妇女们打交道，最好还是尽可能地富有弹性；很有必要给自己留有充分的余地，以便探讨除了她们的作品之外的其他事情，因为，作品在相当程度上受到与艺术毫不相干的环境条件的影响。"[1]

二 女性自恋与两性关系

女作家在文学中被异化的经验并不能阻断其与普遍女性之间所具有内在同一关系的存续，"非凡的妇女之产生有赖于普通的妇女……只有当我们能够估计普通妇女可能有的生活方式与生活经验之时，我们才能说明，那非凡的妇女，以一位作家而论，究竟是成功还是失败"[2]。女作家的经验是基于女性经验之上的一种特殊经验，正如作者焦虑是基于女性性别焦虑的一种特殊焦虑。因此对女作家创作心理的分析，需要结合现实女性经验来进行辅助说明。在文学空间单一性别精神语境里，女作家作为一个群体，则有可能集体被打上异化的烙印。"男人不管怎样总是男人，女人即使在写作也

---

[1] ［英］弗吉尼亚·伍尔夫：《论小说与小说家》，瞿世镜译，上海译文出版社 2009 年版，第 49 页。

[2] 同上书，第 50 页。

仍然是女人。"① 不公平待遇使女性自我言说变得困难。伍尔夫描述
的伊丽莎白时代握笔的贵妇就是这样一种被父权文化痛斥为怪物的
存在②。但是，在特殊时期，被异化的风险的确是握笔女性需要承受
的。在历史的长河中，女性写作压力与性别身份总是不无关系，而
这种异化甚至可能演变为一种自我厌弃，"一位颇有文学天赋的女
子，却要让自己认定，写书是件可笑的事，甚至有疯癫之嫌，可见
当时的女性写作，承受了何等的压力"③。女性对父权文化规范强加
于自己的时间性也在潜移默化中进行着不自觉体认，当能够意识到
自我被父权文化价值标准同化后，便易于感到绝望。当然，内化并
不等同于真切的认同，而是潜意识中不自觉地被迫接受，认同则是
主动和自觉的。所以，当女性察觉到父权文化悄然控制着自身价值
判断方式与认知模式时，便会对自我控制的时空状态感到失落。如
打破既有囹圄，就意味着需承受被异化的痛苦，而维持现状，便要
忍受一种明确存在的异化感的冲击，后者所代表的情况似乎更普遍。
与此对应，现实中的女性惯于向自我内在世界探寻，除发展了一定
程度的想象力外，她向外在空间探索的机会也会同时遭到剥夺和限
制，甚至有可能产生对外在公共空间及无禁闭感的开放性空间的恐
惧，桑德拉·吉尔伯特与苏珊·古芭认为"受到教育和控制的女性
倾向于过一种处于私人空间的、隐退的、局限于家庭范围之内的生
活，似乎也就是无可避免的事了，她们很有可能会产生对于公共空
间和没有边界的开放空间的病态恐惧"④。因此，女性似乎只能选择
持久的自我凝视、耽溺与关注，受父权文化约束，在欲望内转中转

---

①　［英］弗吉尼亚·伍尔夫：《伍尔夫读书随笔》，刘文荣译，文汇出版社 2006 年
版，第 85 页。

②　［英］吴尔夫：《一间自己的房间》，贾辉丰译，商务印书馆 2012 年版，第
123 页。

③　同上书，第 135 页。

④　［美］桑德拉·吉尔伯特、［美］苏珊·古芭：《阁楼上的疯女人：女性作家与19
世纪文学想象》，杨莉馨译，上海人民出版社 2014 年版，第 70—71 页。

向时间性放纵的畸态过程，自恋得以形成。"女性自恋的荒谬怪诞（monstrosity）就更加体现出微妙的畸形性。"① 自恋是人畸形心理的表现，隐喻女性将无处宣泄的性欲投射到对自身的关注中去，将自己变为自我爱欲的客体。欲望内化处理并非消解了欲望的存在，这一点加重了女性对时间性的依附程度，增加了女性在现实外在空间中获得独立自我的难度。朱莉娅·克里斯蒂娃认为女性是具有自恋倾向的，与此相比，她们是非色情的。② 自恋与色情本身便指向两种迥异的空间，前者因与母性有关而被定义为在女性身体空间内和封闭性家庭空间内的存在，后者因与象征秩序中的其他客体有关而与外在公共空间关系紧密。从本质上说，自恋源于女性对性压抑状态的敏感，以及消解力比多的迫切。自恋心理既包含自我欣赏的孤傲，又囊括了自我失落的无奈和不甘，是负面情绪引发与造成的身心反应。这就是说，女性在这种无法寻找到真实自我的逆向执着中为自己建立起一个虚构身份，以打发时间性束缚造成的空虚感。自恋使女性自我分裂为两半，兼有主体与客体的双重身份，在类似游戏的过程里完成欲望的循环，但这种游戏本质上会阻挠主体真实自我的升华与超越。"爱上自己的倒影这种不可能的爱恋结果就是使自我存在分裂为欲望的主体与客体。"③ 在缺失客体的情况下，造就了主体本我欲望与冲动的流溢，于自体中完成对缺失客体的重建，从而终止本我欲望与冲动的过分外溢，似乎达到了一种短暂的收敛效果，但却不能改变这种行为本身的畸化性质，因此自恋始终是狭隘与危险的，它与疯狂的界限体现在对度的把握上。自恋的病态性体现在行为主体持续反复地将拉康所说脱离能指

---

① ［美］桑德拉·吉尔伯特、［美］苏珊·古芭：《阁楼上的疯女人：女性作家与19世纪文学想象》，杨莉馨译，上海人民出版社2014年版，第307页。

② ［法］朱莉娅·克里斯蒂娃：《独自一个女人》，赵靓译，福建教育出版社2015年版，第48页。

③ ［美］史蒂夫·Z. 莱文：《拉康眼中的艺术》，郭立秋译，重庆大学出版社2016年版，第20页。

链条①中的词语对应在错误的或不恰当的位置上，具体而言，即将客体对象物的找寻范围加以内化处理，这种对应方式产生了偏差，即便这种偏差因产生了新的意义而使主体暂免于焦虑或苦恼，甚至看起来还能够呈现出一种奇异的健康状态，但其实这种偏差具备将病态化质变为精神分裂的巨大可能性，自恋因此而危险。如这种方式被夸张地表现在文学中，就极有可能制造出文本上的荒诞感，甚至是严重的能被直接体会到的病态感。

　　由于父权文化对女性的日常生存形态进行管束，使女性自恋的对象除却自己的身体、容貌便是代表日常生活经验的内务，诸如厨艺、化妆技术、家务能力等，并将这些日常经验误读为类似专业技能的东西，增加女性价值的附加值，混同了社会身份的内涵。父权文化对女性的制约与社会分工有关，这是父权文化社会化的表现之一。桑德拉·吉尔伯特与苏珊·古芭认为简·奥斯汀小说中某些世俗观念的传达，是以"'女性的'自恋、性受虐狂和欺骗为基础的。因此，要她以一种更为异端的挑战姿态，来直面社会对于女性的诸种界定是相当困难的"②。女性的被动行为和思维习惯是父权文化对女性压迫的结果，而其强大的内化功用和稳固的权威性，又使女性以极端方式反抗它很难取得理想效果。从空间上说，这种女性世界无疑是狭隘的和受限的。而这一现实情形造成了女性认知与关注点上的狭隘，体现为一种受限视角的存在。密闭空间生存模式会导致女性人格发展中，关于自我的部分受到限制和发生畸化，衍生出时间性特征，即极度的空间萎缩直接造成的便是时间的绵延。父权文化对女性的定义与规范，始终具有向内的倾向。李小江认为此种内向性影响了女性生活，不仅形成了女性气质，

---

① 拉康认为无意识与语言一样是被结构的，无意识就是由能指元素构成的链条。

② ［美］桑德拉·吉尔伯特、［美］苏珊·古芭：《阁楼上的疯女人：女性作家与19世纪文学想象》，杨莉馨译，上海人民出版社2014年版，第152页。

还形成了一种"集体无意识"。① 父权文化在家务、道德、品质、人格、外形外貌上对女性进行说教、引导、捆绑和限制，层层圈定使女性进行价值标准内化，表现为自觉独自打理家务、严格自我装扮、追求极度的道德克制精神和绝对的人格完美，过度地照顾与服务家人等，以此获得父权道德嘉奖下的内在愉悦。西蒙娜·德·波伏娃认为经过梳妆打扮后，女人的意志被改造而接近"男人的欲望"。② 这就是说，外形外貌上永远像处女、天使般可爱迷人，将自己作为客体化物品献给唯一的男性，也即将自己当作私人物品以实现唯一男性的性欲满足和自我确认，这一切都加重了女性的时间性存在印象。"主体作为独立言说主体使用社会共用的语言的能力日益完善，从而获得了一种象征性力量，用以否定母亲的神秘欲望。"③ 如果父权文化定义下的正常态的人需要以告别母性神秘来维持"正常"，那么狭义的母性，即象征性的女性宿命发展范围就难免被一再框定于时间性的链条中，从而被空间性存在状态所拒斥，这也即象征界与想象界的不同时空属性，这一点可从男性生命经验所具有的空间性上得到确认。在女性对自身空间位置的自觉意识中，她们"进入时间的规定性"。④ 朱莉娅·克里斯蒂娃认为女性是"向心的"，而男性是"离心的"，这个"心"则是对家的隐喻。在女性成为唯一的母亲替代品时，她即被唯一的男性控制，男性却能够通过空间拓展来达到平衡，即"满足于不断地征服，这可能有些贬值，却能够通过它的数量来衡量这之间的质量比，来确保游戏式的平衡"⑤。以家

① 李小江：《解读女人》，江苏人民出版社1999年版，第18页。

② ［法］西蒙娜·德·波伏娃：《第二性》，陶铁柱译，中国书籍出版社2004年版，第186页。

③ ［美］史蒂夫·Z. 莱文：《拉康眼中的艺术》，郭立秋译，重庆大学出版社2016年版，第41页。

④ 刘思谦等：《性别研究：理论背景与文学文化阐释》，南开大学出版社2010年版，第246—247页。

⑤ ［法］朱莉娅·克里斯蒂娃：《独自一个女人》，赵靓译，福建教育出版社2015年版，第48页。

为原点，女性的方向与方式是普遍内收的，而男性的方向与方式是外扩的，方向性的差异反映出女性与个人化空间之间的紧密关系，也即在父权社会中，女性长久地被时间性困囿于某一静止而封闭的空间中，对开放性事物易于产生厌倦和恐惧情绪。"由于她们受到保持沉默的训练，她们害怕文学市场那令人眩晕的开放性"①，空间禁闭使女性的恐惧对象发生质变和扩大化，同样使其焦虑等级可能发生相应的质变，这对于女作家自我超越障碍的形成来说产生了极大影响，也可以说时间性特征会阻挠或中断女性在象征秩序中的自我超越进程。

需要注意的是，女性身体空间的周期性与女性在文化处境中体现出的部分特点彼此相关，产生一定的异质同构效应，即女性被限制在时间的链条中。这也是为什么男性在对自身性别产生困惑感与矛盾感时，极有可能选择转而去借助女性的方式来呈现自身的无力感。相对来说，在父权文化里，男性世界由空间堆砌而成，即文化给予他更多向外发展的机遇，他因此成为一定意义上的空间性存在。男性群体式的存在模式使其易于结成更多的社会关系，这便相对转移和分散了一定程度的道德文化压力。② 但由于空间的频繁更迭与堆砌，男性也可能因此丧失许多向内在自我进行窥探、沟通与求助的机会，有时会对与身体、生活、人生、生死等有关问题的驾驭感到力不从心。由此，男性便有可能在空间变换带来的迷惑感的侵犯和困扰中主动寻找女性救助，借女性的时间性存在方式了解自己的身体、性别，以及与生死有关的其他本质或非本质问题在时间关系中的具体表现。如田汝康的调查显示，科举失意导致中国历史上读书人需要寻求排遣内在精神痛苦的现实路径，而他们鲜少使用直接冒

---

① ［美］桑德拉·吉尔伯特、［美］苏珊·古芭：《阁楼上的疯女人：女性作家与19世纪文学想象》，杨莉馨译，上海人民出版社2014年版，第75页。

② 拙著《文本空间中的女性力量：性别视角下的经典重释》第四章第三节论述了此种观点。

犯他人的方式来进行情绪的抒发，更多的是将这种痛苦情绪内化为一种幽怨的潜在意识，从而"寄托于目睹或倾听别人的痛苦来得到释放"①。田汝康认为明清时期贞妇烈女的自杀现象就是这种极端化的男性焦虑的性别转换畸态所引发的现象，失意读书人由此完成"心灵创伤的弥补"。② 当然，这种求助和回溯与男女在空间形态的原始表现上的差异也有所关联，但李小江认为"所谓'男外女内'的分工，最初，不尽是人为的力量，而是基于原始社会（甚至更早时期）人类自存和存种的生存需求，无所谓高低贵贱"③。也即男主外女主内的固化分工模式，易于造成女性时间性存在与男性空间性存在的雏形，在自然中二者并无好坏之分，是文化赋予了后者主导两性关系的部分权力，使前者失落了本应具备的优势，也即时间性特征在文明发展中逐渐失落并受到贬抑。"'等级'的出现是文化的结果，而非自然本性。"④ 父权文化中女性第二性地位使其所代表的时间性传统成为两性竞争中的弱势方，因此女性对空间性的渴望始终是造成她们痛苦与压抑的一个具体原因，而男性向内找寻母性力量这一特征，同样说明父权文化下两性生存状态都不容乐观。正是人为的文化等级划分，使生活于二元对立的性别机制中的男女双方都是痛苦而残缺的，也即单纯时间性存在或空间性存在方式都是非理想的。

　　女性在性别身份面前的卑怯感源于对文化客体境遇的敏锐感知，虽然在父权文化中，传统女性形象普遍是正面的，甚至是过度神圣化的，但这并不代表女性由于被禁闭在虚假镜像界里，而失去对真实自我处境的敏锐感知力。父权文化定义下的女性道德超我形象，

---

①　田汝康：《男权阴影与贞妇烈女：明清时期伦理观的比较研究》，复旦大学出版社2015年版，第365页。

②　同上。

③　李小江：《解读女人》，江苏人民出版社1999年版，第16—17页。

④　同上书，第17页。

或许并不能带给女性实在的认同感，她们对人为塑造形象的渴望与追逐，更多是被迫而为，正如对延展、表现和张扬自我时所倒向的那种黑暗力量的选择也是被迫而为。以此分析，女性一边追逐父权文化定义下的崇高自我，一边又偏执地走向黑暗自我，这种既渴望被崇高化又期待逆崇高的矛盾心理，体现出女性自我被父权文化胁迫后，极有可能处在分裂中的困窘状态。诸如自恋和焦虑的心理病征不仅源于主体内在自我的分裂，而且可能是由女性对造成自身困境形成原因的探寻缺乏具体结果所致。父权文化对女性的影响和作用方式普遍非常隐蔽而巧妙，难以直接发现造成种种问题的原因究竟何在。正是这种状态，加重了父权文化中女性他者化的程度。弗吉尼亚·伍尔夫早已意识到这个文化怪圈的存在，"因为女性对任何看不出明显动机的事情都疑虑重重，她们惯于掩饰和压抑"[1]，如果说父权文化中的女性普遍处在焦虑中，是带着流血的伤口和创伤性记忆生活的他者，那么她们更是普遍带着问题意识而生活的。女性的追问与思考从未停止，焦虑的过程就是一种证明。在狭小和隔绝的空间中滋生的来自性别身份的女性痛苦，使她们更易缺乏交流和诉苦的可能。诸如中国湖南江永女书就是在这种过度隔绝状态下形成的女性文化遗产，它表征了女性之间渴望获得交流机会的强烈心理需求与实际诉求。1991 年，李小江在加拿大康科迪亚大学西蒙娜·德·波伏娃学院谈及筹建"中国妇女博物馆"[2] 时，提及江永女书时说："这是迄今为止以性别划分文字现象的唯一一例。"[3] 江永女书是女性之间传达秘密的桥梁，是女性的特殊语言，由此屏蔽了男性的在场。这种"发明"的背后，体现出的却仍是女性交流机

---

① ［英］吴尔夫：《一间自己的房间》，贾辉丰译，商务印书馆 2012 年版，第 181 页。

② 即陕西师范大学妇女文化博物馆的前身，现为我国第一座综合性妇女文化博物馆。

③ 李小江：《中国女人：跨文化对话》，江苏人民出版社 2005 年版，第 325 页。

会极度缺乏，而交流欲望又明确存在并无从回避的现实，二者构成强烈冲突时，便产生怨尤与愤怒。"据说女人通常都很平静：但女人的感觉与男人无异；她们也像她们的兄弟一样，需要展露才华，需要有一方奋斗的天地。"① 对愤怒的表达和对得体仪态的维持是相互冲突的，女性需将愤怒感隐蔽地宣泄出来，但在不愿暴露自我的心态驱使下，加之客观现实使女性缺乏体会其他女性疾苦的可能，她们常常失去成为具有悲悯之心的女艺术家的机会。耽溺于一己痛苦，无视他人痛苦的方式，或许只能使自身越发狭隘，自恋而自闭，这对整体女性利益的获取来说毫无益处。将个人快乐与否的问题当作生命核心价值的问题来处置，这种膨胀的自我状态映射的正是生存空间的萎缩，即自恋式的典范。

综上，长久以来的他者境遇，使女性生命体验中需要包含英雄主义色彩，唯其如此，才能获得更好的生存经验。而从时空关系上看，英雄主义的建构需要建立在空间扩展的基础上。这就是说，对自我的过度关注会使女性忘记追寻其他更有价值的生命体验，从而错失建立自我权威和传统的真正契机。痛苦并非人生最终的归宿，任何时候，它只是阶段性的生命体验，女性经由痛苦的体验来获得更加宽广的视野，则需要拥有悲悯心，从而自觉打破自我监禁意识，祛除过分内化的父权文化道德观，逃离绝对的时间性束缚，在空间拓展状态里客观审视和评价自我。这种打开，能够帮助唤醒并迎来姐妹情谊的最终复苏。而拥有体谅、体恤他人的基本意识，也是自我意识觉醒的首要标志。相反，从敌意态度与敌对关系中获得压制性快感，由此形成的自我意识则仍将是不完善的、狭隘的和暂时的。父权文化易于造就脆弱的女性，赋予女性停留在时间长河中的正当权利，即某种"合法性"，从而一定程度地避免女性在

---

① ［英］吴尔夫：《一间自己的房间》，贾辉丰译，商务印书馆 2012 年版，第 147 页。

空间拓展状态中受到伤害。虽然那种脆弱性有时仅是种表象伪饰，但由于"女性脆弱"得到了父权社会的普遍许可，因而又似乎是安全的。以女性脆弱为代表的女性被动气质和自恋倾向同样在女性进入传统婚姻的形式之后，为其自身发展设定限制，并使身心健康有可能受到影响，也为男性伴侣带来相应的生存重负。女性愤怒和忧郁，即便处在一种隐匿的无形状态，也会因其存在本身而体现出虽生犹死之感，有可能传递给男性伴侣负面感受。也即女性时间性存在模式陷入绝对化境地后，不仅不能承载起男性企图向生命本源回溯以求治愈的功用，甚至还会为整个家庭的发展带去困扰，譬如经济压力。即女性痛苦造就的后果，最终也仍需男性伴侣共同承担，这便是父权文化对女性造成迫害的双重后果的显示形态之一。

第三节　家庭空间与婚姻的形式

一　父权制婚姻家庭的形式

女作家对权力的恐惧、冷漠与不自信的心理态度，其实折射并暴露出了社会现实父权文化境遇中女性实际的无权无名状态。在父权制社会中，女性作为弱势群体，长久以来无法碰触与权力有关的领域、内容，她们甚至一定程度地被排除在历史之外，构成人类隐私的重要组成部分。李小江认为女性因性别而被视为异类，成为"私和隐私"本身，无法占据社会空间中的恰当位置，只得归隐家庭，"终生背负着她的性别强加于她的命运"[1]。由此，女性在家庭空间与婚姻形式中试图发展专业技能的尝试也便具有诸多政治隐喻。

法国大革命期间，女性对外在公共政治空间的渴望伴随着一种无形的世俗偏见与默认的文化规范，而这一女性困境心态正是对父

---

①　李小江:《解读女人》，江苏人民出版社 1999 年版，第 5 页。

权社会为两性空间生存形态制造的不成文规定的控诉。林·亨特认为德性将国权分给男人和女人，由此体现出不同命运，"男人的那一份美德，是参与政治的公共领域；女人的那一份美德，则是退回家庭的私人天地"①。父权文化在男女两性的空间生存形态上打下道德烙印，"女人则必须维持宜家宜室的地位本分"②。这种方式，使以家庭为单位的私密空间主导着社会中人的基本生存格局，社会形态因此变得稳定。林·亨特认为家庭即属前政治分类，而亲属关系即社会关系的基石，对其的了解同样可通往对政治权力的洞察。"欧洲历史上的传统主义者长期将家庭视为体验权力的第一关，家庭也是权力运作的场合。"③女性在其中获得的机遇被认为是身份使然的结果，单纯母性与亲情的付出并不能将其全面概括，这种界定方式属于文化作用力范围。"因此，家庭这个单位，依然脆弱；一个新的政治、社会秩序，则在这个脆弱的单位上建立起来。"④不同时期，不同文化语境下，家庭形态纷繁不一，因此它的存在价值从其整体性中进行界定或许才更具意义。林·亨特将这种公共政治空间中的男性特征界定为建立在一种"兄弟爱"⑤基础上的特征，以此女性被分配至主导家居生活的室内空间。很显然，文化的性别特征导致了公共与私密空间中男女两性存在的具体情形，或者某种占有比率。女性在家庭空间中获得家庭主妇的角色定位，而这一角色与社会身份无关，主要是由于家庭主妇的劳动付出没能得到社会认可，这一部分付出未能参与到社会分工中去，长久地被认为不具社会意义，即便妇女的家庭角色与作用对其余家庭成员的发展具有重大意义和价值，家庭妇女也始终没有被赋予普遍的工资收入。但桑德拉·吉

---

① ［美］林·亨特：《法国大革命时期的家庭罗曼史》，郑明萱、陈瑛译，商务印书馆 2008 年版，第 132 页。

② 同上书，第 168 页。

③ 同上书，第 205 页。

④ 同上书，第 165 页。

⑤ 同上书，第 133 页。

尔伯特与苏珊·古芭认为，即便掌控经济的父亲也"事实上都不能保证他们子女的正常生活，无论是以什么样的方式"①。尽管如此，这一经济模式导致被禁闭在家庭空间中的女性与应得的权利和权力常常长久地双双绝缘。弗吉尼亚·伍尔夫对此的描述很具体，即女性在生活上的付出往往是无形的，没有实质性的东西来记录这种付出的历史。"她们所烹饪的食物已经被吃掉了；她们所养育的子女已经跑到外面的世界中去了。"② 传统女性生存环境的私密性导致她们实质上的残缺状态。经济不独立，使女性必须依附于父亲或丈夫为其提供的空间而生存，这一现实情形直观地与女作家在文本中使用书写策略的心理特征产生关联。而经济与女性写作间的关系，已为弗吉尼亚·伍尔夫明确阐述过，"一点儿不错，心灵的自由依赖物质的东西。诗歌依赖心灵的自由"③。伍尔夫认为对经济独立状态的追逐可使女性免于过度的耽想和空想，成为一个彻底融入生活与现实的人，从而把握住自己的命运，如"比较的容易离婚"④，当然，最重要的是获得健康。这正是伍尔夫的动人宣言："去挣钱或拥有一间自己的房间""生活在现实当中"⑤ 的核心内容。她认为结果如何不再重要，重要的是这种追逐过程，"不管你能不能说出自己的感觉，看起来，这都是一种活泼泼的生活"⑥。女性与经济的关系从侧面反映出女性健康与生活空间具有本质关联，前者受后者的直接影响。

---

① ［美］桑德拉·吉尔伯特、［美］苏珊·古芭：《阁楼上的疯女人：女性作家与19世纪文学想象》，杨莉馨译，上海人民出版社2014年版，第176页。

② ［英］弗吉尼亚·伍尔夫：《论小说与小说家》，翟世镜译，上海译文出版社2009年版，第56页。

③ ［英］吴尔夫：《一间自己的房间》，贾辉丰译，商务印书馆2012年版，第233页。

④ 中华全国妇女联合会、妇女运动历史研究室：《五四时期妇女问题文选》，生活·读书·新知三联书店1981年版，第311页。

⑤ ［英］吴尔夫：《一间自己的房间》，贾辉丰译，商务印书馆2012年版，第239页。

⑥ 同上。

而依附关系一旦在家庭中形成，便很难改变，家庭空间的私密性导致了这种关系在两性间特别易于被固化下来，进而造就了家庭中女性角色特征的固化，故而，无论母亲、妻子还是女儿都一样易于具有无形的卑弱感，"不出家门的教育"① 让女人多愁善感。Phyllis Chesler 认为，父权文化意识形态令女性角色构成了处于权威中心地带的男性的一个图像集，母亲、妻子与女儿的角色组成了它。② 林·亨特认为家庭中女人的地位，与文学作品中将"家庭关系感性化"③的状态无关，这就是说女人的家庭地位在现实中并没想象中的高。这种固化的角色定位使女性特殊的卑弱感由内而外地存在并蔓延。而无法解除自身卑弱感，无论时代和社会条件如何变幻和变化，家作为一重针对女性的约束空间以及对女性潜能的实在限制，都将永远存在。李小江曾对此问题感叹，认为时代变换之后，旧时代女性的影像仍旧存在于现时代女性身上，女人"仍然将出嫁和男人当作自己的归宿和靠山，仍然不能走出'家'的局限"④。除此，家务活动也随同固化的角色被确定下来，具有父权文化的鲜明特征，即家务部分地具有藏污纳垢的功用，它偏重于形式化的规范与秩序，对本质内容却较为漠视，后者受前者监管，从而被遮蔽。因此，从家务活动的性质上看，它本身便具有双重性，拥有两套准则。同样，女作家在经济依附状态中进行创作，则很难在书写过程中摒除被禁闭的记忆，这种记忆会直接导致书写中屈从文学父性权威的自觉心态和无意识的意识萌动。譬如，女作家将现实依附感受带入文学中即构成屈从，有时甚至是种必要的态度。即，在特殊时期的特殊语境中，女作家在文学中需要一层象征性的"男性庇护物"，这能辅助

---

① 〔英〕玛丽·沃斯通克拉夫特：《女权辩护》，商务印书馆 2007 年版，第 266 页。

② Phyllis Chesler 在著作 Women and Madness 中表达了这种观点。

③ 〔美〕林·亨特：《法国大革命时期的家庭罗曼史》，郑明萱、陈瑛译，商务印书馆 2008 年版，第 32 页。

④ 李小江：《解读女人》，江苏人民出版社 1999 年版，第 14 页。

她们更快速地建立起自身在文学中的权威感。渴望得到男性庇护的心理与女性现实生存经验相关，正是被父权文化所扭曲的生存经验，滋生了女作家充满分裂感的思维逻辑，其在文学中极易转换为书写策略与意识。在经济依附状态下，握笔举动本身即父权文化定义下的异端行为，女性对这种讽刺性显然并不陌生，这种特殊经验迫使女作家在文学中尝试使用戏拟的手段来完成屈从姿态下的再度颠覆与反叛。

父权文化下，家庭身份概念不具社会属性，从狭义语义上说，它更接近角色的概念所指。家的空间常可用来体验自身的存在感，即"我们所居住的这个结构，是以反身性的方式被这些在每个房间留下痕迹的日常仪式所建构的"①。家作为一个空间，因留有居住主体过多的生活印记而成为可用来观照主体生活甚至主体本身的一个存在，它是居住主体各种角色故事的承载者与记录者。但家庭作为一个特殊的社会单位，它又使生活在其中的主体与外在空间具有某种连通可能，因此成为私生活与公众生活之间的过渡带。"在家这一个案中，内外关系的动摇性还联系到了'公共'（public）与'私人'（private）的概念。"②但这种过渡只是提供了对某种文化界限进行观照的参考可能，并不能真实地为女主人公在家庭中的所有操持和付出进行社会量化，亦不能因女性全身心的投入便使其获得经济层面的支援、认可与保护。但"为了保证全家人的生活，妇女必须担负奇重的工作"③。从象征角度看，这就是说，背叛原生家庭以及与此相关的父权规范的女性，带着对组建完美家庭的迫切期待，进入父权文化中压抑女性个体欲望的另一重空间中去。由于父权社会

---

① ［美］K. 马尔科姆·理查兹：《德里达眼中的艺术》，陈思译，重庆大学出版社2016年版，第110页。

② 同上书，第111页。

③ 刘澄：《〈家庭、私有制和国家的起源〉导读》，天津人民出版社2009年版，第52页。

中的女性普遍缺乏对自我概念的深刻意识，对权力、权利和权威等概念也都相应地冷淡而畏惧，易于自觉疏远并拱手相让，认为这些是女性不应觊觎和染指，并与自身毫无关联的陌异的东西。女作家如将此番心态带入文学创作中，便有可能会体现为对作者权和创作权威性的不自信心理特征。在文本中，她们对家庭与婚姻的调侃也可见出戏拟文学父性特征和父性文学传统的痕迹。如有些女作家在文本空间对父权文化中传统家庭意象的嘲讽，便显示出她们对这一囚禁与压抑女性场所的憎恶。桑德拉·吉尔伯特与苏珊·古芭在评论《简·爱》文本时，认为传统婚姻是"新娘之井"和"监狱"①，并透过文本意象反问："婚姻'市场'的游戏难道不就是一个意在判决女性失去一切的游戏吗？"②

　　在父权社会中，婚姻的形式带给女性身心方面的双重制约，她们经由婚姻陷入被剥夺的境遇，如果说逃离父亲的家，背叛母亲的爱，是为了弥补缺失，那么陷入父权制婚姻的形式、关系中的女性则更加缺失，甚至成为纯粹的客体他者。李小江对父权社会中传统婚姻形式的剖析是深刻的，她认为婚姻能够转换女人的隶属关系，也即"从父亲的女儿变成男人的妻子，她总是'他的'，没有自己的独立身份"③。父权社会里，婚姻与家庭的形式本就带有浓重的父性色彩，既是父权文化的产物，亦是巩固父权文化的基石，甚至与"绝对君主制"④ 等同，它"完全服务于以男性血缘和宗族为主体的嫡子继承制度"⑤。父权社会里，婚姻形式中的女性他者境遇主要与丢失了自身性别文化传统，而用一种在家庭内部空间中被默认的与

① ［美］桑德拉·吉尔伯特、［美］苏珊·古芭：《阁楼上的疯女人：女性作家与19世纪文学想象》，杨莉馨译，上海人民出版社2014年版，第448页。

② 同上。

③ 李小江：《解读女人》，江苏人民出版社1999年版，第153页。

④ ［英］艾伦·麦克法兰：《现代世界的诞生》，清华大学国学研究院主编，上海人民出版社2013年版，第197页。

⑤ 李小江：《解读女人》，江苏人民出版社1999年版，第153页。

从事家务活动有关的传统取而代之这一状况有关。弗吉尼亚·伍尔夫举例说明，在一对普通夫妻之间，家庭传统使其虚度年华，一事无成，"那种传统似乎要使一位天才的妇女把她的时间都用来捉捉臭虫、擦洗锅勺，而不是去著书立说"①。家庭内部的奉献行为在父权社会中，带给女性固化的角色定位与身份，从而使已婚女性群体成为一种特殊存在。兰瑟认为："已婚女性的声音仅仅是对自主性的一场虚构。"② 主体性的抹杀导致女性自杀性的被动状态的出现，这即面对父性权威时所采取的神秘姿态，它加重了女性自我的分裂。这种分裂感在原生家庭关系中，一开始表现为母女关系的疏离，从象征层面上说，母亲对女儿的拒绝体现着她对少女活力的拒绝、回避、恐惧和厌弃，而因过度摒弃本就存在的男性化自我，只会使其更为残缺和分裂。概言之，女性自我分裂感的形成源于对切实存在的欲望和对某种情感倾向的刻意拒斥心理间的冲突。父权文化下的婚姻形式使女性普遍缺少或丧失少女活力，成为刻意扮演或无意抗拒的沉默的客体。女儿的被动性和对自我残缺性的敏感，决定着她同母亲间的关系模式，母亲作为与女儿拥有同一性别身份的家长，却不能为其带来足够的归属自身性别身份的权威与力量，那么，这种自我覆灭式的传导便使女性分裂感具有代际传递的可能。因此，离开母亲的女儿可能会对女性性别身份产生天然的卑怯感、懦弱感和不自信感，在象征秩序中上述感受又会进一步得到加深。

进入父权制婚姻形式中的女性，自身性欲也一并进入名正言顺被隐匿的状态，性生活所象征的女性活力被私人化后，女性在公共空间的个人魅力便具有衰微和减退的趋势，从而退出"性作为议事厅"而决定"我们种族的前途和我们人类全体的真

---

① ［英］弗吉尼亚·伍尔夫：《论小说与小说家》，瞿世镜译，上海译文出版社 2009 年版，第 292 页。

② ［美］兰瑟：《虚构的权威：女性作家与叙述声音》，黄必康译，北京大学出版社 2002 年版，第 172 页。

理的机遇"①，女性由此体会到深切的禁闭感，例如，一夫一妻制所
约束的对象在父权社会里主要是女性性欲。在父权婚姻中，女性性
生活因私有化而构成了女性的弱势处境。兰瑟认为女人发出的声音
不过是一种虚构，对丈夫意志的改变丝毫无用，尤其"妻子则不可
能有自己个人的声音"②。在父权文化下的婚姻家庭中，女性地位低
下，以性生活为代表的个体力量遭到排斥，与之对应，女性沉默和
稳重的状态则与禁闭感的特征十分契合。但"私下的自我缄默成了
公开发言的先决条件"③。以父权婚姻形式为代表，女性想象力因父
权文化而遭到限制，有才情的女性，以女作家为代表的女艺术家一
类，尤其需要承受焦虑感的袭击。父权婚姻的形式是文化建构的结
果，是家庭权威范围中的"私下活动"，④ 所以婚姻幸福代表一种世
俗经验，因此父权社会中的女性将性欲视作邪恶的，并排斥爱情中
表现出的活力等状态，则是能够被理解的。例如，许多女作家通过
描摹与关注女性成长史的方式，揭示父权婚姻和爱情的形式将女性
性欲进行压制的本质过程，那种形式是造成女性痛苦的重要原因。
程文超认为中西方女作家在书写中企图为女性谋取婚姻家庭里，与
男性平等的权利的出发点是不尽相似的，即便形式与内容各异，彼
此的呼声又可被看作女作家发出的共同"痛苦的呼号"⑤。为此，女

---

① 荒林、王光明：《两性对话：20 世纪中国女性与文学》，中国文联出版社 2001 年版，第 91 页。

② ［美］兰瑟：《虚构的权威：女性作家与叙述声音》，黄必康译，北京大学出版社 2002 年版，第 173 页。

③ 同上书，第 176 页。

④ ［法］米歇尔·福柯：《性经验史》（第三卷），佘碧平译，上海人民出版社 2016 年版，第 73 页。

⑤ 程文超在《南方文坛》中指出："在西方，白人欺负黑人，黑人欺负老婆是家常便饭，而在中国农村，你到处可以听到类似于乡绅打农民、农民有气则回家打老婆的故事。因而女人要争得与男人平等的权利，总要夺得在家庭婚姻中的自主地位，这是女人作为自主的人的重要组成部分，也是中西女作家关于家庭婚姻问题作品中的重要呼号，它是痛苦的呼号。"具体请参见程文超发表在《南方文坛》1988 年第 4 期的《痛苦的文学幽灵——中西女作家小说创作比较谈之一》中第 33 页的内容。

作家试图反映父权婚姻和恋爱的形式正是父权文化刻意制造的用来压制和限定女性的工具。父权家庭与婚姻的形式，以赋予女性生育正当权利的名义，从表象上提供给女性一个庇护所，使她远离象征界的诸多风险。"她因为生育而归属于家庭和养家（也养她）的家长，群体性地退出了'风雨'社会。"① 但这种规避风险的方式，也或多或少会使女性丧失在外部公共空间生存的合法性与竞争力。现实中，女性的单身状态，常代表一种虚弱和衰弱感，指向自我隐退和束缚。女性似乎必须在适当的年纪进入恋爱、婚姻的形式才算符合父权文化标准，方能从被异化的梦魇逃脱，完成自我的文化祛魅。福柯认为由于"性就处于人口这一政治、经济问题的中心"②，因此分析单身生活带来的后果同样必要，避免这个过程发生的前提是女性自身观念亟须变化。李小江认为女性观念难以改变，她们内心"仍然深藏着寻找'男子汉'、寻找'另一半'的神话，它使得我们的人生观在起点上就残缺不全"③。但有时这种进入也是必要的，如果观念很难变化，不为女性所控的话，那么"进入"婚姻和"结束"单身的方式则最好能够成为女性实现自我控制的一种途径。

简·爱的婚恋模式对于女性来说具有一定的借鉴意义与价值。它显示出，保持单身状态或进入婚姻恋爱模式，对于女性解放来说皆非最重要的环节。即当女性拥有了完整、成熟和独立的自我后，无论保持单身状态，还是进入某种与异性的亲密关系中，带给她们的压力与焦虑都会因自我权威性的存在而被弱化。相反，如不能拥有理想的自我，无论处在哪种状态，都将感到力量的荒芜，唯有维系客体化的他者身份。因此，对于女性解放而言，建构自我终将是其核心要旨。处于自我中心位置对于女性而言，意味着对外在空间

---

① 李小江：《解读女人》，江苏人民出版社 1999 年版，第 38 页。
② ［法］米歇尔·福柯：《性经验史》，佘碧平译，上海人民出版社 2009 年版，第 17 页。
③ 李小江：《解读女人》，江苏人民出版社 1999 年版，第 162 页。

位置的自觉摒弃,陷入自恋和唯我境地,其实是种自我消磨,并不能构筑自我权威。从少女时代的自恋唯我到以自我隐退为代表的自恋和唯我,都是不可取的,从象征层面上说,无法体会他者境地与经验感受对于女性而言,便不能获得完整、成熟和独立的自我,痛苦的他者化与客体化过程亦可看作构筑女性真实自我权威的必经阶段。不恰当地说,进入婚姻的形式,使女性获得了一个感受他者经验的契机。传统婚姻的形式代表父权文化对女性进行身心约束,"父权社会的建立和男性中心文化的作用,不仅将'嫁''娶'① 颠倒了位置,更在自然的性行为之上附加了特定的社会形式:婚姻"②。父权婚姻的形式反映了文明发展的程度,它对女性的禁锢一定程度地代表了文明对自然属性的否认和排斥。女性走入父权式婚姻的过程与历程,象征了自然归顺文明的步骤,父权式婚姻作为客观有形载体,是文明与自然发生冲突的有形场域,女性就是冲突的体现者及牺牲者。婚姻作为一种形式或空间,是父权社会的一个缩影,亦是文学领域的一个缩影,婚姻建构家庭,家庭连通时空。父权文化家庭的痕迹长久存在,它反而"成为联系昨天和今天的纽带"③。社会结构以这种形式被稳定在时间性链条中,也即婚姻形式的存在与社会结构的稳定在父权文化中具有同一关系,因此单身行为象征地被视作异化现象,单身生存方式隐喻性地解构了如上的同一关系。婚姻使社会中诸多关系得到巩固,产生了看似微小却极富象征性的场域,易于顺势固化男女角色定位,因此"婚姻涉及到的是整个社会,而不只是直系的亲属与父母"④。由是,婚姻形式的存在是具有宏大和实在的社会现实意义的。

---

① 早期人类学家认为女性是生育主体,而由此衍生的社会婚嫁形式应该是女性"娶"而非"嫁"。

② 李小江:《解读女人》,江苏人民出版社 1999 年版,第 40 页。

③ 同上书,第 58 页。

④ [美]达瑞安·里德尔:《拉康》,李新雨译,当代中国出版社 2013 年版,第 71 页。

二 家庭内务与职业技能

父权式婚姻是男性力量集中存在的空间，女性以弱势身份存在其中，"男权婚姻实际上把女性肉体当作私人财产"①。此占有方式体现出婚姻中的女性处在绝对客体化地位的情形，这亦是历史长期发展的结果。女性的文本表现也普遍体现出对男性的失望之情，且"这种情绪执着且强烈，并在作品中具有一种弥漫的性质"②，在不同情节安排中，诸如母爱施予、女性独立，或在家务中的特殊付出等，均能发掘出这种痕迹。一夫一妻家庭"是历史的产物"③。因此，父权婚姻中的女性需寻求恰当的策略以生存。在传统父权婚姻中，两性关系是其核心内容，男性的空间性存在状态并不因此而改变，但女性的生存空间则被极大地缩减为更加私密、狭隘、幽闭。通过父权婚姻的形式，女性再次经历禁锢和剥夺，表象的充实恰恰反讽着内在身心疾苦。"但无论幸或不幸的婚姻，女人的生活中其实罕见快乐。"④ 女性在父权式婚姻中需以"谄媚"姿态自保，这与女性内在本我冲动、欲望的存在相违背，不仅如此，与社会的脱节状态还造就了女性"缺少精神层面的成就感、价值感，出现心理障碍、社交能力弱等问题"⑤ 的出现。因此女性在父权家庭婚姻中的病态化表现是可被理解的。朱莉娅·克里斯蒂娃认为在一个不够民主的社会中，如果政治拒斥女性，她们自身的权力欲未能获得满足，那么"权力欲就哽咽在'后院'之争中，她们转而控制孩子，或爆发

---

① ［美］兰瑟：《虚构的权威：女性作家与叙述声音》，黄必康译，北京大学出版社2002年版，第39页。

② 赵玫：《父亲、图腾及幻灭》，《文艺评论》1986年第3期。

③ 刘澄：《〈家庭、私有制和国家的起源〉导读》，天津人民出版社2009年版，第37页。

④ 李小江：《解读女人》，江苏人民出版社1999年版，第11页。

⑤ 陈培永：《女性的星空：恩格斯〈家庭、私有制和国家的起源〉如是读》，广东人民出版社2016年版，第55页。

歇斯底里症、或表现为其他身心病变：抑郁或者偏执狂"①。这就是说，女性需使天然存在的权力欲获得某种实际的满足，将情感外移，但现实父权文化中的女性却往往缺少转移情绪的形式载体，特别缺乏与外部公共政治空间对接的机遇。而广义上女艺术家类型的女性（拥有专业技能和职业权威、经济独立、人格独立的女性），则相对而言拥有宣泄的自有方式和经验。由于社会发展程度不一，婚姻里的女艺术家在旧时鲜少，在家庭空间中，不具有社会化的烹饪厨艺也实在并非一项真实艺术，长久以来，并未能成为构筑、介入、连通女性权威的现实有效方式。

在对父权文化下女性道德超我标准的观照中，能够慢慢生成并抽象出类似公共空间的作为某种专业、职业技能而存在的女性特殊技能的定义，但其习得与运用的场所事实上也总是私密的，其中最受公认的两项便是桑德拉·吉尔伯特与苏珊·古芭所说的烹饪术与化妆术，即厨艺和自我装扮的能力。这些技能的外在受认可程度，正反映出女性家庭角色遭固化的过程是日常而漫长的。兰瑟举启蒙运动的例子说明男性中心主义的顽固，认为即便在启蒙运动时期，"对性别关系的严格划分以及对女性家庭角色的固化从来就没有停止过"②。不仅男性根据上述两项技能的娴熟程度，将女性分为三六九等，而且女性自身亦在其上象征性地进行才艺展示与比拼。这两项技能最受父权文化道德观的崇重，女性对此自觉认同并不难以理解。父权社会中，烹饪术象征打理家务的能力，是为家人，尤其为男性服务的，代表了女性贤良淑德的美好品质。女性权力在母系社会的上限也与烹饪术相关，但社会发展的局限造成了每一阶段中的偏重点和重任是有差异的。"母系氏族社会中妇女的'权力'至多意味

① ［法］朱莉娅·克里斯蒂娃：《独自一个女人》，赵靓译，福建教育出版社 2015 年版，第 9 页。

② ［美］兰瑟：《虚构的权威：女性作家与叙述声音》，黄必康译，北京大学出版社 2002 年版，第 73 页。

着，她必须努力收集食物并决定有限的食物如何分配给每一个人。"① 这表明烹饪术和女性的捆绑关系一开始的确是自然的，但文化使其绝对化和单一化。另外，化妆术自诞生起便象征着女性取悦男性的能力，隐喻洁身自好的高贵品格。在父权社会中，两项技艺将女性与外界空间的联系一定程度地阻断，象征性地将她们禁闭在家庭空间进行美德训练。具体而言，化妆术对于女性来说，在悦人功用的基础上，还具有其他作用，也或者能够成为女性力量的另类表现方式和途径，即利用力比多释放带来的力量接近自我控制状态。朱莉娅·克里斯蒂娃如是调侃了女性化妆术，"至于女人们，秘诀就更加彻底：化妆，尽最大可能地化妆，不然这些脆弱的动物就会立刻濒临泪水和绝望的深渊"②。作为治愈自己的催眠药，化妆术在不同社会时期女性中的普及状态，显示出现实中女性"病态"的深重，象征她们用代表"无"的装饰来"暗示失去的'物'的所在"。③ 不过，化妆术对于女性的意义，亦如打破家庭空间沉闷感的"趣味"，通过习得，女性在无力抗拒的沉闷感中滋生出有趣的方式和部分，完成从悦人到悦己的转变，治愈了自身忧愁。朱莉娅·克里斯蒂娃赞美那些能在工作中体会趣味的女性，也赞美那些伴随好奇心而"嫁给家庭趣味的"④ 女人，这种将压力转变为乐趣的本领正是女性力量的曲折体现与显现。朱莉娅·克里斯蒂娃对家庭趣味的强调，在暗讽中又见出一种女性无奈，以及一种达观的心态，她如是诠释好奇心，"这是热忱（enthousiasme）最哀婉迷人的形式。这也是宗

---

① 刘澄：《〈家庭、私有制和国家的起源〉导读》，天津人民出版社 2009 年版，第52 页。

② ［法］朱莉娅·克里斯蒂娃：《独自一个女人》，赵靓译，福建教育出版社 2015 年版，第 37 页。

③ ［日］福原泰平：《拉康：镜像阶段》，王小峰、李濯凡译，河北教育出版社 2001年版，第 232 页。

④ ［法］朱莉娅·克里斯蒂娃：《独自一个女人》，赵靓译，福建教育出版社 2015 年版，第 36 页。

教界所谓精神（l'Esprit）的世俗变体"①。这就是说，某些时刻，女性将压力变为家庭趣味的方式的确是非自觉的。从通俗经验层面来看，化妆的女人以虚假面目示人，而真实性正存在于其后，如克洛德·列维·斯特劳斯在《一个土著部落及其社会风格》中所探寻到的某种"真相"一样，女人用化妆表达出的是构筑文明的"整个社会集体的幻梦"②，那些各异的、复杂的图形与图案所描摹的是所谓"黄金时代"的美梦，以及她们对此的礼赞，她们如此为之的原因正在于自身的匮乏与被剥夺的处境，即"她们没有其他符号系统足以负起表达的任务，这个黄金时代的秘密在她们赤身裸体的时候即表露无遗"③。因此，过度修饰正暴露出过度匮乏的存在。又如中国少数民族妇女服饰上的花纹与图案记录了她们本民族的历史一样④，妇女服饰在承载记录历史的特殊功能外，亦显示出女性主体及其印记的某种匮乏。构成真实性的如果是对生命和生活的热情，体现了女性在性欲压抑过程中的智慧与乐观的话，那么这仍不失为一种女性哀婉的世俗哲学遗产。

除此，如果自恋与力比多压抑有关，那么传统女性进行装扮、化妆的目的在于取悦他人，亦暗含自恋的隐喻，是对自我缺失的另类补偿，这同样能够用拉康理论解释，即女性为弥补受制于阉割的无奈，便需"戴上女性化的伪装，充当想象界菲勒斯的客体，引发男性欲望"⑤。这种方式凸显了女性化特征，她们将其转变为象征界

---

① ［法］朱莉娅·克里斯蒂娃：《独自一个女人》，赵靓译，福建教育出版社 2015 年版，第 39 页。

② ［法］克洛德·列维·施特劳斯：《忧郁的热带》，王志明译，中国人民大学出版社 2009 年版，第 236 页。

③ 同上。

④ 李小江在 1991 年于加拿大康科迪亚大学西蒙娜·德·波伏娃学院发言介绍筹建中国妇女文化博物馆初期的准备工作时，提及少数民族妇女调查情形，谈及如是观点。具体请参见江苏人民出版社出版的《中国女人：跨文化对话》2005 年版第 325 页的内容。

⑤ ［美］史蒂夫·Z. 莱文：《拉康眼中的艺术》，郭立秋译，重庆大学出版社 2016 年版，第 151 页。

的补偿性客体，因而也是珍贵的。在父权婚姻中，对于"天使型女性"来说，悦人的对象是单一和绝对的，即男性伴侣。她在化妆过程中体会到自恋带来的力比多释放的快感，也即自恋式的化妆与力比多不满足的情况有关。"自我的异化，尽管痛苦，却为自身谋到了一种微妙的距离，引起了一种自我能够想象和考虑的反常快感。"①这就是说，早期化妆术是种女性自我异化的方式，她们以此替换被他人异化的痛苦，将矛盾与冲突转移到自身，在感受痛苦的基础上获得快感，即便这种快感与痛苦杂糅，是自我陌生化的最终结果。但这仍旧是种危险游戏，因为它或可引发主体针对自身的仇恨，这种痛苦的内在爆发即朱莉娅·克里斯蒂娃所解析的严重抑郁症的根源。② 自我愉悦的试验被自我异化带来的终极异化感所超越，自身升华与超越便无从发生。对自我异化或说自我陌生化价值的重估，对于女性自我救赎而言，具有正面意义。朱莉娅·克里斯蒂娃提供了这样一种观点，即陌生性应是女性"教养和文化的动力"③。

　　但从本质上说，父权社会中女性主掌的烹饪与化妆都在于对结果的展示，过程往往被自觉隐去，而过程正体现出建立主体崇高感的方式是扭曲和畸化的，与父权道德文化下的女性规范发生直接联系。美味的食物和精致的妆容作为成果得到展示，即女性带着假面展示缺少过程性的精美菜品，惯于为厨艺不精而内疚，一如惯于为未能青春永驻的面容，以及未能修饰得十足美妙的妆容而致歉。在美味背后，可能包含着不登大雅之堂的杂乱，亦如美貌后存有的粗糙与瑕疵。父权社会中，厨房和闺房两重空间，均属女性私生活领域，它们象征性地与世隔绝，身在其中的女性无须与任何人发生交集，则相对能够不由自主地向内发掘自身存在的价值与意义，易于

① ［法］朱莉娅·克里斯蒂娃：《独自一个女人》，赵靓译，福建教育出版社2015年版，第41页。
② 同上书，第40页。
③ 同上书，第42页。

形成耽于思考的习惯，进而间接地培养出保持沉默的能力。这就是说，女性将与自身有关的全部故事情节与内容都静置在向内发展的无形思维洞穴中，便意味着向内延伸至退避到纯粹而绝对化的想象界里。这两种空间，不仅限制了女性的生存格局，且更改和决定了女性人格与行为的发展倾向和迹象。"日常生活中的衣食住行、柴米油盐、琐碎家事，时时刻刻点点滴滴地剥夺了女人自我发展的空间。"① 厨房与闺房中的空间性延展，使女性于外部空间求生存的可能性相对被缩减和削弱。这里，需将社会化艺术与个人化技艺加以区别。现实中亦存在女性通过烹饪寻求自我满足感的诸种情形，或被认为是兴趣所致，但于父权式家庭内部在此方面的发展的确并不能助其成为真正的艺术家，或者说概率非常小，它们被露西·伊利格瑞称作"次要艺术"（minor art—form）②。在父权制家庭内部，对烹饪水准的过度自我苛求，更多带有服务性质，是以满足家人的食物需求为基本目的的，这种钻研不明确地指向个人化技艺，干扰和阻抑了它滋生艺术性的可能与生成经济价值的可能，因此，将女性限定在对烹饪技能的钻研中，是父权文化约束女性想象力的一个有效的隐形方式。在父权文化里，烹饪和化妆技能，在特定时刻，都是令女性保持沉默的方式，长期被女性占据，正如文学空间长期被男性所垄断一样，成为文化造就的非自然的自然形态。

当然，随着时代进步和历史发展，女性拥有更多机会外出求学和求职，拥有更多通往构筑自我权威的可能、机会和路径，但不可否认，只要男权思想痕迹尚存，女性便仍会受到婚姻形式的隐在侵害。例如，有女作家将传统父权文化中的婚姻形式描述为"美德的坟墓"，是指在婚姻中充斥着对女性的道德说教，道德被视为婚内女

① 李小江：《解读女人》，江苏人民出版社1999年版，第156页。
② ［法］露丝·依利格瑞：《性别差异》，载张京媛主编《当代女性主义文学批评》，北京大学出版社1995年版，第374页。

性需独自遵守的第一要义，在某种程度上，父权式婚姻成为女性道德履行程度的一个检验场。从这一角度看，父权婚姻的形式更是作为父权文化的发明物而出现和存在的，其运作方式隐晦不明，两性间的文化道德认同原则替换了性别压迫机制，即"妇女受压迫的根本原因，不在于作为丈夫的男子个人的德性，而在于受法律和国家制度支持和保护的性别压迫机制"①。在父权式家庭与婚姻的形式中，性别压迫机制被转换为夫家对女性进行全方位监管的堂而皇之的方式，隐蔽地压制了女性自由。譬如来自父权文化的肯定与赞美，与社会外在的认可与嘉奖混同，便有可能促使女性在家庭空间中继续寻求无望的自我实现与徒劳的自我救赎方式，这种褒奖构成了女性自我空间缩减这一事实的覆盖物。父权文化造成了女性绝对化的静默式教养，培养了极致淑女的类型。在特殊历史时期和社会背景下，家庭主妇的无业状态和淑女式自由，也似乎容易造成一种世俗幸福的表象，在这种自由中，女性可在完成以家务为代表的内务之余，做自己喜欢做的事情，似乎距离真实自我建构的目的并不十分遥远。但李小江指出，看似和谐与美满的印象，正是构筑女性不快活的根本原因，而"所有那些可供家人享受的'实惠'和可供外人欣赏的'景观'，需要女人成年累月无偿劳作、默默奉献"②。世俗幸福的虚像掩盖了一些真实而具体的情况，压抑感仍是不可避免的。女性在其中的自我发展格局仍因与公共空间的隔绝而显得有些狭小，自我实现的首要标志是与现实公共空间产生交集。女性对世俗幸福的满足造成了她们在实现自我过程中的自觉止步和退避，在女性解放的历史进程中未能享有阶段性成果，也并没为最终目的的实现而贡献和发挥出能够为之的个体力量，因此停留在家庭中的某些选择，或者被认为并非女性完成自我权威构筑和解放的最佳和最理想方式，

① 刘澄：《〈家庭、私有制和国家的起源〉导读》，天津人民出版社2009年版，第60页。

② 李小江：《解读女人》，江苏人民出版社1999年版，第150页。

它仍是被奴役状态中的较高形式，只是因带有自由感、宽松度和享受的性质，其中的禁闭感被相应忽视了。在特殊环境中，由于缺乏现实实际出路，女性内在的空洞与荒芜感将持续存在，这本质上或许仍旧由于付出与尝试都未能进行社会量化，并缺少实在的有效记录方式。"墙上没有标记，标明女人的精确高度。没有尺码，均整地刻画下每一英寸，用来衡量母亲的慈爱，女儿的孝敬，姊妹的缠绵，或主妇的才干。"① 这种感受难免会不经意间频仍地出现，丈夫和父亲都是父权文化中男性身份的拥有者，同样享有文化对这一性别身份给予的其他权利，这一定程度地由于菲勒斯在象征界秩序的隐喻对原生家庭成员进行了定位所致，"而且，父亲的介入把阳具定位成了某种丧失的、永远无法触及的东西"②。女性在被拒绝的同时，被剥夺感就已形成，企图通过绝对的男性之爱获得满足也许并不现实。"女孩子则可能会怀念这个丢失的阳具，或是寄希望于将来从一个男人那里获得它。"③ 女性的被剥夺状态在无意识中生成，同时另一企图通过其他方式使自身完满的欲望也潜在着，即寻找菲勒斯替代物，这造成了女性进行伪装的某些必要，正是拉康所说菲勒斯对于女性而言是"是"（being），而非"有"（having）的原因④。从女性口述史中可以发现，她们的历史始终发生在家庭空间之内，无非是"生生死死，总是孩子丈夫、婆婆媳妇，衣食住行，家长里短……我们渴望听到更精彩一些的故事，可她们的故事总是淹没在千篇一律的家务劳作中"⑤。身份问题是造成女性各种问题的首要原因，而由此

---

① ［英］吴尔夫：《一间自己的房间》，贾辉丰译，商务印书馆 2012 年版，第183 页。

② ［美］达瑞安·里德尔：《拉康》，李新雨译，当代中国出版社 2013 年版，第88 页。

③ 同上书，第 93 页。

④ 拉康认为阳具对于两性而言都是缺失的，两性都具有放弃成为母亲阳具的欲望的心理经验。这里的 being 与 having 的讨论维度并非是对于父亲的名义与母子关系讨论的维度，前者更强调身体经验。

⑤ 李小江：《解读女人》，江苏人民出版社 1999 年版，第 217 页。

产生的困境也正是父权文化带给女性的性别麻烦所致，作者身份焦虑问题正由这些历史问题以及文化问题经过重重演变而来。

父权式婚姻中的女性被要求做到尽善尽美的良善、娴雅、稳重、贞洁、得体，这些女子的美好才能共同拼凑起妇道的概念，同时也为女性构筑了森严的道德壁垒和饱受监视的严苛环境。在特殊历史时期，女性对男性在婚姻中的崇拜可以是无条件的，没有明确所指，两性间的不平等情感状态是确保父权式婚姻稳固的基石。这种不平等，正是婚姻的形式代替文化本身作用的结果。从象征角度上说，男性企图通过控制女性身体而达到对女性心灵的控制，这正是对身心关系的利用。对女性心理的控制难以直接进行，但可通过对身体的控制而间接实现。在对女性身体的控制手段中，禁闭感的制造或许被认为是最直接的方式，父权婚姻作为一种形式可承载起这一功能。在父权社会，女性需要履行的诸种女德任务中，首当其冲地包含生养义务。因此女性身体的周期性影响了它的主体完整性，父权文化使这种影响稳固存在。女性内在空虚状态因现实被奴役状态而慢慢得到复苏，并最终侵犯其健康。如前所述，对女性身体的空间性压抑，而非女性身体作为一个空间对自身形成的压抑，是造成女性种种焦虑的重要原因。伊莱恩·肖瓦尔特认为，女性精神病的高发率是她们所处的社会环境及分配了她们角色定位的家庭环境造成的，著名心理学医生 Napier 坦言，他病人中的不同阶层的妇女都抱怨过相似的与婚姻有关的问题，并表达了对此的焦虑。①

女性力量的崛起被认为能够对父权文化的统治构成一定威胁，因此女性力量有被视作父权文化中危险物的可能。在以父权式婚姻为单位的虚拟社会空间中，以个体形式存在的女性力量渐渐被禁锢起来，以约束性生活作为基本象征方式加以完成。女性在性生活中的被动性使父权家庭和婚姻的形式得到双重有效稳固，也即社会中

---

① 伊莱恩·肖瓦尔特在著作 the Female Malady 中表达了此观点。

父权文化的权威性和统治地位一并被稳固下来，对这种以个体形式存在的两性关系的严格控制，固化了社会空间中的男女两性关系模式，女性的文化弱势境遇就此同被定位。在父权式婚姻中，女性力量不仅被男性削弱，亦能够被女性间的相处模式所削弱。姐妹情谊易于被父权文化造成过分及绝对化的"女德追逐"破坏，取而代之的是敌对关系模式的形成。这些都是造成女性整体力量不能构筑和承载起女性权威的关键原因。因此，许多女作家在文本中都不约而同地对男性在性问题上的过失进行过发声和谴责。在父权文化中，与性有关的话题、知识，甚至字眼，于女性来说，是不能公开谈论的东西，属禁忌话语。女性既被迫与性话题分离，即文化否认了女性与性之间的联系，同时她们又被迫与性密切地合而为一，成为符号化的性本身，即文化想象力造就了女性与性之间的同一关系，因此性与女性的关系本身就是矛盾的存在。但性对于男性而言却恰恰相反，在父权思想中，性代表了男性力量，对于性的讨论，成为男性这一性别身份群体存在的证明和标志，也是男性进行自我确认时的重要衡量变量。因此，性对男性相对而言总是开放的。性对男女双方的不同态度和标准，使不能剥离与性的矛盾关系的女性经验与传统，在父权家庭与婚姻空间中的建立是困难的。不恰当地说，女性对平行的两性模式的渴求，需借助暂时规避与性有关方向的方式，通过首先的精神对话来实现。父权婚姻的形式无疑会将性关系稳定在特殊的时空关系中，也即将性关系私人化，在这种关系私人化和固化的过程中，女性自我被剥夺的风险变大。因此，女性对父权婚姻形式的恐惧，从本质上说，象征着对稳定的私人化性关系的恐惧，亦是对被禁闭状态的恐惧。

综上，传统父权式婚姻带给女性的空虚状态，易于赋予女性虚妄的感受。女性普遍能够经由婚姻的形式体会到一定程度的他者感受。有时，女作家会凭借敏感与不能言说就会疯掉的现实诉求借由书写来缓释那种压抑的情绪①，例如，"中国女小说家的成功大多在成年和不同层次的婚姻之后"②，父权文化抛给女性的现实人际相处模式，是二元对立的，充斥着压制关系和敌意态度，因此更现实的方式是，主体形成对应的抗力，学会运用策略。具体而言，既需保有柔软的一面，同时又要具有刚性的一面，两种特性在"韧性"这一特征上共存和发展。毋庸置疑，家务的过分缠绕，使女性主体易于缺乏精力、心力与体力去做其他能够获得创造乐趣和快感的事情，从而与某些职业性的权威感隔阂深重，相距遥远。照顾家庭的责任与实现自我的行为所代表的两种类别的体验在某些境遇中彼此冲突，难以兼顾。女性需对这两类事物拥有清晰的态度，首先要明确或许靠近灵魂的艺术实践活动才是真实自我建构的必要环节和过程。其次，对分裂感的弥合与融合，需具备偏重的意识，而非对完全的绝对化的均分与无意义的兼顾理念的秉持。然而，这种分配并没有严格的实际要求和规则。家庭空间与婚姻的形式作为女性长久生活与存在的有形空间和无形空间，对它们的研究和对其中细节之处的发掘，是揭开女性主体神秘面纱，探寻女性经验的必要和有效程式，"寻找女性'集体无意识'的主题和生成，难免首先要涉及到婚姻家庭，以及由此而生的爱情观和人生观。"③

---

① 如陈染与荒林对此的探讨，就显示出写作之于女性是避免疯掉的一种方式这一现实倾向。"荒林：写作是自己与自己说话，是自我释放的一条路子。陈染：但是我当时并不明确。只是心里自我完善的一种方式，或者说是一种使自己不发疯的方式。"具体请参见江苏人民出版社出版的《文学、艺术与性别》2002 年版第 98 页的内容。

② 赵玫：《父亲、图腾及幻灭》，《文艺评论》1986 年第 3 期。

③ 李小江：《解读女人》，江苏人民出版社 1999 年版，第 147 页。

第 四 章

作者身份焦虑与女作家思想精神空间

第一节 女作家思想变化空间图示

一 主体思想的空间性

如从空间上将作者、社会化性别和自然的性这三个概念并置来看的话，它们分属三重空间。详细来说，作者属于文学空间的概念，社会化性别属于现实文化空间的概念，自然的性则属于女性身体空间的概念。这三重空间对女性自由都有所限制和限定，它们之间的关系是层级递进的。女性身体是造就女性文化命运的第一重空间，即西蒙娜·德·波伏娃所说"物种选择"。第二重空间，即社会现实文化（本书特指父权文化）空间，它能够在某些特殊境遇中利用第一重身体空间，借助文化力量将女性禁闭在身体经验中，加重女性被束缚的程度。在女作家所处的文学空间中，她们思想精神受限的程度，有可能是前两种空间对女性自由进行限制程度的非严格意义下的叠加，女作家既能感受到针对性欲的束缚，又能感受到性别社会化过程中诸多规范的干扰，也即性欲所代表的本我冲动受到的压抑度是相当强的。社会化性别的定义与道德超我形象的内涵一致，力比多和性别身份的现实压抑使女作家在写作中普遍体会过被愤怒情绪与琐碎记忆侵犯的感觉，文本即情绪的承接载体，有效的文本分析会提供相应的论据支持。受压抑的情绪如果参与到书写的过程中，即指向对心理焦虑防御机制中张扬态度（另一极为收敛的倾向）的选取，而文本作为艺术创作的有形载体，不能仅仅充当情绪的宣泄物，因此女作家首先需要面对和处理的仍是自己作为女性从现实中带入文学中去的诸多复杂的负面情绪，故而对女作家思想精神空间中多重情形做以探究和猜想是十分必要的。

女作家除承受上述两种空间感受（身体的与文化的）之外，还有其他一些新的压力会继续加重其焦虑的程度，譬如发觉文学与现实相似境遇后所产生的失意、失落情绪，以及对文学父性特征在文本写作中的具体表现的反感和恐惧等，对此的论述将着重在下一小节进行。总之，因思想精神空间中的外在影响和内在不良暗示的过度积存，女作家心理焦虑和精神压抑程度是较重的。在女作家思想精神空间中，情绪的处理方式几乎决定着她们是否能够作为真正艺术家存在。对女作家精神、思想、心理焦虑的强调和重视，对于女性整体理想化生存经验的探讨而言又是必要的。如将现实父权文化和身体因素看作女作家创作的两重影响要素，那么这些焦虑从本质上说就是在女作家思想精神空间中得以形成和变化的，也即想象力空间成为不良情绪铺展、变形和蔓延的良导体。哈罗德·布鲁姆对此有明确见解，他认为所有文学影响都好似迷宫，迟来的诗人在其中停留以探索出口，但唯有能够成为强者诗人的人，也即"他们中间强悍的那群会意识到蜿蜒的迷宫通道其实就在他们的内心"①。这就是说，出口其实就在作家自己内心之中，困境的形成与主体的个人空想与夸大不无关联。

在女性文学中，与疯女人有关的文学传统的形成可证明对女作家思想精神空间感受的考察是必要的。在现实生活中，很多女作家的个人情感经历都是不幸的，且会经由书写外化为某种相似甚至相同的意象，从而被读者感知和捕获。"研究女作家的心理状态则变成了一个认识她们的作品的前提。"② 可想而知，女作家在处理负面情绪以获得常态的过程中必然存在着复杂性、困难性和反复性，故而，

---

① ［美］哈罗德·布鲁姆：《影响的剖析：文学作为生活方式》，金雯译，译林出版社2016年版，第36页。

② 赵玫：《父亲、图腾及幻灭》，《文艺评论》1986年第3期。

女作家思想精神空间的变动情况是难以窥及和抽象的。张细珍认为艺术家个性的敏感与情感的细腻，使他们在处理内在与外在关系时表现出困难，因此总呈现出一种"跳来跳去"① 的感觉，但由于个体差异等现实原因的存在，艺术家经由这种不安稳状态是可产生两种结局的，其一是她们能够从中"获取精神体验方面的滋养"，其二则只能"虚耗生命的能量"。② 弗吉尼亚·伍尔夫对上述第二种结局的在意和提醒是众所周知的。而之所以用此来类比女艺术家思想状态与情绪中的动荡不安，是因为艺术家敏感与细腻的个性特征与女性气质不谋而合。因此经过归纳，可通过描摹空间图示的方法来进行相应分析。首先，空间图示能够体现出女作家创作过程中意识的不自觉流动性，主要通过空间变换的方式被体现出来，从而使女性思维的流动具有空间感，整个过程循序渐进，可倒错重叠，揭示出成为真正女艺术家的女性（在本书中具体指成为理想型女作家的女性类别，特指某种理想型的女作家）思想精神变化中的艰难转换历程。其中，在每一重具体空间中，都有女性停留下来，而唯有成为理想型女作家的女性需不断完成空间变换，也即完成一种无形的精神逃亡。思维因艰苦的特性而变得高级，高级思维却"不是懒惰"③。同时，这一精神变化图示还应具有相应的现实意义。有一点需要说明，即被划分为不同身份类型的、安置于不同空间中的女性④，是受父权文化道德约束并被异性恋性别模式范畴框定在内的女性，也即处在道德对立面和异性恋性别模式之外的女性类型暂未能

---

① 张细珍认为"跳来跳去""隐喻了一种在理想与现实、飞扬与安稳间跳来跳去的、不知所归的人生态度与存在境遇"。参见张细珍 2013 年的博士学位论文《中国当代小说中的艺术家形象研究（1978—2012）》。

② 具体两种结局是："有些艺术家能在这来往行中，获取精神体验方面的滋养，化为艺术创作的灵悟；有些则于艺术与俗常间'跳来跳去'，虚耗生命的能量。"因此可以认为，适当挣扎、纠结和痛苦的情绪对于艺术创造而言是必要的，但过分挣扎、纠结和痛苦，也即过分跳跃，则不能创造出真实的艺术品，在始终缺乏安稳环境的状态下，生命力的萎缩似乎比艺术创作出现得更快。参见张细珍 2013 年的博士学位论文《中国当代小说中的艺术家形象研究（1978—2012）》第 78 页的内容。

③ ［英］柯林武德：《形而上学论》，宫睿译，北京大学出版社 2007 年版，第 29 页。

④ 具体女性类型的划分和对其的描述见本节的相关内容。

进入本次研究所提及的女性类型之列。这种分类方式是为了照顾对普遍女性共同理想化生存经验的探讨这一现实目的，同时考虑到这一过程中策略运用的价值，论点指向对父权文化所做出的暂时和具有价值意义的屈从姿态的讨论，因故而为。

首先，成为理想型女作家的女性需从象征性的父亲的客厅①中出走，这一客厅代表现实父权文化对女性身体与思想的双重辖制和宰制，多牵涉为父权文化直接监管的实际空间中的女性生存感受。停留其中的女性可被命名为女管家②、家庭天使③、厨娘等。这些类型的女性因对父权文化完全屈从（至少在形式上具有绝对性）而易于

---

① 父亲的客厅是父权中心社会建筑物的象征，这一命名来源于桑德拉·吉尔伯特与苏珊·古芭对 19 世纪英美女作家文本中隐蔽欲望的揭示与描述，即"众多 19 世纪的女性醉心于写作之中，经常沉入到（从隐喻意义上说）被我们叫做'迷狂'的状态之中，她们写出了自己被禁闭在'女性化的'角色、被禁闭在父权中心的屋子之中的种种感受，还写出了她们试图逃离那些角色或者屋子的强烈的欲望"。父亲的客厅更多地指涉父权文化中心的社会中女性的一种现实体验。

② 女管家指女性家长，在中西文学中往往以说教型的"主母""寡母""姑母"等形象存在，属于病态人格的文学典范。

③ 家庭天使的女性形象在维多利亚时代非常典型而普遍，她完全符合父权文化对女性的规范，具体表现或者可为：热爱生活，温柔恭顺，纯洁天真，朴素贞洁，她代表了美德的刻度并象征着女性美德本身。这一形象也来自弗吉尼亚·伍尔夫对写作时出现在自己内心中幽灵的称呼——"屋里的安琪儿"。伍尔夫在《妇女与写作》中这样描述"屋里的安琪儿"（屋中天使）对她造就的精神干扰："在写作时，她总来往于我的躯体与纸张之间。是她来打扰我，延宕我的时光，百般折磨我。最后，我杀死了她……我将立刻描述她。她楚楚迷人，毫不自私，极富同情心，在高难度的家庭生活艺术的疆域里出类拔萃。如果吃鸡，她拣鸡肋吃，如果屋子漏风，她站在漏风口顶着。简言之，她的言行举止表明她从未有自己的意愿或心计，却总是百叠回肠般地同情别人，温柔地顺从别人，最重要的是，她纯洁。纯洁被视为她的美之所在……在那样的年代——维多利亚末世——每个屋子里都有安琪儿。"具体请参见湖南文艺出版社出版的，玛丽·伊格尔顿主编的《女权主义文学理论》1989 年版第89 页《妇女的职业》一文中的内容。很多批评家认为伍尔夫的文学批评缺少理论支持，更注重对现实经验的把握。但是，通过李小江对伍尔夫语言艺术的高度肯定，我们能够发现伍尔夫语言艺术的精髓即她将女性特殊的身体经验带入批评实践中去。李小江在《有一间屋，又当如何？》中说："这就是伍尔夫的艺术：她将艺术的价值与人生的价值紧密联系在一起，没有大而不当的抽象论说，总在面对生活的真相实话实说，不仅质疑社会搁置在两性之间的双重标准，也对因此产生的文学批评标准不以为然。"具体请参见江苏人民出版社出版的《女人读书——女性/性别研究代表作导读》2005 年版第 157 页的内容。

得到父权文化的道德嘉奖与庇护，从而由于占据某种为父权文化所默认的道德优势地位而处在相对的安全状态。后续逃亡中的女性的状态皆是变动不居的，也即在象征性地完成自我超越的过程中会遭遇不同精神障碍的侵扰。其次，离开父亲的客厅的女性普遍性地会进入象征的父亲的阁楼①中，阁楼代表自我精神奴役和自我惩戒的虚拟状态，也即哈罗德·布鲁姆所说作家的"内心的迷宫"，暂时逃脱父权文化的直接监管，女性需在阁楼象征的空间中与自我的孤独、情绪和幻觉进行象征性对抗，疯女人形象便可认为是此阶段的文学产物。罗伯特·伯顿谈论人的愤怒时，指出这种情绪能够"为忧郁乃至疯癫敞开大门"②。因此为避免成为真正的疯女人，意图成为理想型女作家的女性便需要正视并完成对愤怒的有效把控和处置。再次，在阁楼空间之外还存在另一重虚构空间——"小妖出没的峡谷"③，也即自然乐园，精神逃亡中的女性具有徘徊在阁楼空间与自然乐园之过渡带中的双重可能性，甚或逃逸到两个极端，但这两重空间作为女作家思想精神变化中的停滞之处可同时存在。自然乐园与阁楼相似而又具有本质的不同。女性可通过在自然乐园中的停靠

---

① 阁楼一词的命名是来自《阁楼上的疯女人：女作家与 19 世纪文学想象》一书中将 attic 译作阁楼的缘故。具体来说，《简·爱》中的疯女人伯莎·梅森被囚禁在桑菲尔德庄园的"三层楼"上，桑德拉·吉尔伯特与苏珊·古芭称："第三层楼是桑菲尔德大厦中显然最具特征的地方……在这里……简第一次听到了疯狂的伯莎'清晰、拘谨、悲哀'的笑声……更重要的是，桑菲尔德府的阁楼很快成了一个复杂的焦点，简的理性（从坦普尔小姐处学来的）和非理性（她的'饥饿、叛逆和愤怒'）在此处短兵相接。"在本书的此章节中，将阁楼空间作为女作家思想变换空间图示中的一个阶段来描述，正是借由阁楼的"复杂性"而为。除此，伊莱恩·肖瓦尔特在《她们自己的文学》中说："勃朗特的顶楼（attic）将头脑中的欲望理性化了……"此书的译者韩敏中在第 119 页脚注中说"attic"指屋顶层，有点像个棚子，堆放工具杂物。本处的阁楼特指父权中心社会中的建筑里最为隐蔽的空间，是女性欲望释放与流溢的场所。
② ［英］罗伯特·伯顿：《忧郁的解剖》，冯环译，金城出版社 2012 年版，第 69 页。
③ 小妖出没的峡谷这一词组出现在《阁楼上的疯女人：女性作家与 19 世纪文学想象》一书中，两位作者在对《妖怪市场》作文本分析时指出："最终，小妖出没的峡谷在某种层面上成了女性性欲的象征，同时，越来越清楚的是，从其他同样重要的层面上来看，它代表了头脑中的裂口……"这里提到的头脑中的裂口主要指精神上的裂口。

来获得一定程度的修整与感官愉悦，从而复原创造力水准，增强奋斗信念，这一阶段可看作滋生与自我愤怒情绪对抗的过渡性策略的阶段，即用快感来平衡焦虑的阶段，是自我防御的心理体现之处。在自然乐园中，女性虚幻地、短暂地完成了欲望的张扬、宣泄和满足，体会到极大的世俗幸福感，能够获得暂时的实在安全与安全感。在自然乐园中停留的女性，可被命名为少女、处女等。弗吉尼亚·伍尔夫认为寻求自然力量的女作家是因为她们感悟到此种方式更便于表达炽烈的情感，即通过更强有力的象征来获得激情，"它比语言或行动更能表达人类天性中巨大的、潜伏的种种激情"①。这种象征更贴近人的自然属性和需求，对之的偏倚与借用象征了女性对本我冲动无法克制的灵魂纠结与挣扎。因此，自然属性亦是构成完整自我的一部分。"欲望的主体与缺失的客体之间的这种新的链接，是艺术作品塑造出来的重要成果，这一心理活动被弗洛伊德称为升华。"② 新的链接即主体本我欲望需与自身客体性、他性地位进行融合，在客观现实境遇中进行欲望的节制，以避免遁入疯狂境地，影响自我的现实超越与升华。阁楼中的女性与自然乐园中的女性，或者说徘徊于二者之间的女性都具有被放逐至虚空的可能，因为此两重空间皆是种绝对化的虚构。所以，通往艺术创作之路的女作家既需离开阁楼，又要放弃乐园，即既需克制愤怒又要节制快感，用理性精神和男子气将自己带离出绝对化和过度纯粹的虚拟空间。最后，离开阁楼和自然乐园的女性，在平和冲淡的状态下，自觉重返父亲的屋子，这一空间更现实，也即最终成为真实艺术家的女性需有意识地重返为理性所主宰的象征秩序，从而结束自身形式上与精神上的双重逃亡，以开始在安静状态中进行真实的成熟的艺术创作（写

---

① ［英］弗吉尼亚·伍尔夫：《论小说与小说家》，瞿世镜译，上海译文出版社2009年版，第32页。

② ［美］史蒂夫·Z.莱文：《拉康眼中的艺术》，郭立秋译，重庆大学出版社2016年版，第19页。

作）。以上是对女作家思想精神变化图示（一种主体思想精神变化的猜想）的概括说明，后续将逐一对其中的超越障碍进行分析与假设。成为女艺术家类别女性的过程辉映着主体精神逃亡的历程，这是她们区别于其他类型的女性之处，理想型的女性类别不会因压抑而变得"麻木和迟钝"，而恰能够始终在逃亡中保持清醒，并通过唤醒爱的能力而终止诸种形式的逃亡，可认为她们是"期待上升和超越的女性"，因此，"从来没有停止过努力"。①

二　女作家的超越障碍

对基于女性性别身份的女作家作者焦虑的分析，也即对作者身份焦虑的理解，最重要的就是对主体思想精神空间变化状况的分析，也即鲁萌所说，健康平等意识需以精神的方式在精神领域建立②。反之，对不平等的两性意识的分析也同样需要通过探索精神领域中精神方式的具体表达来完成。通过猜想与分析，女作家作者身份焦虑的表现形式具有鲜明的空间性。而对女作家书写策略的研究，正是建立在这种分析基础之上的，是对重返父亲屋子的女作家书写中的诸种表现方式所进行的研究。女作家在思想精神空间中的逃亡，是象征层面的分析，虽具现实意义，但不能与现实情况一一对应。对此的分析和猜想将按照上述空间图示中的顺序开展，这一顺序本着概括与论述的便捷和清晰性目的而为，不具绝对意义。对女性思想精神空间变化特征的分析与猜想，源于对人身心同一关系的假定与认可，以及对父权文化之于女性身心双重空间造成影响的考虑。如前所述，女性身体属性与父权文化的冲突，可理解为自然与文明的冲突，这或许在特殊境遇里能够引发女性产生对身体的本能性厌恶感，从而，激发不能自我接纳的一

---

① 周乐诗：《换装：在边缘和中心之间——女性写作传统和女性主义文学批评策略》，《文艺争鸣》1993 年第 5 期。

② 萌萌：《后现代主义与女性问题》，载叶舒宪主编《性别诗学》，社会科学文献出版社 1999 年版，第 54 页。

些焦虑。父权文化不仅能够控制女性身体，而且会将控制方式内化在女性个体的思想精神中，也即道德的绝对内化，女性由此则易于产生自我否定和自我隐退的倾向，形成抑郁的病态特征。朱迪斯·巴特勒认为性别认同上的抑郁是某种道德内化指令作用的结果，"而这个指令的结构和能量得自一个外在强加的禁忌"①。父权文化作为外在禁忌对女性道德内化的形成，及由此出现的精神心理抑郁状态起到直接影响。

父权文化中，女性周遭普遍充斥着无所不在的虚无或有形的窥镜，每一面窥镜都为女性提供一种作为假象而存在的自我评价与衡量标准，传递父权文化的意指与规范。现实中，女性经由窥镜看到自己应成为的样子，而非原本或想要成为的样子，是失真的个体。女性形象在窥镜中被放大或缩小，历经失真化体验，而继续效仿失真形象的目的即避免陷入被异化和扭曲的文化怪圈和宿命中去。对自身形象的不满反映出女性在父权文化中过分苛求的自我要求，造就了病态化心理经验的出现。总而言之，许多心理疾病的发生都与现实文化对身体影响的程度有关，而心理问题的出现将成为再次暴露身份问题的一个原因。简言之，文化过度约束身体的外在状态和行为方式，便会导致主体出现不同程度的心理障碍，心理问题又会反向导致身体器质性病变或性能与状态的更改，使身心关系处于相互影响的恶性循环中。李小江认为女性生活会为思想主体带来灵肉统一的观念，这也即一种女性经验，"灵与肉的完美结合，一定是建立在精神对身体的尊重和全面认同的基础上。精神是重要的，但它不能脱离健康的肉身而孤立存活。我相信没有健康的身心，精神也难免是萎靡委琐的"②。身体对于女性存在的意义是独特的，它与女性性属和女性命运紧密相连。这种关系使身体于女性而言又构成一种局限，且很难改变。即便女性走出身体的局限，"却仍然没有走出

---

① ［美］朱迪斯·巴特勒：《性别麻烦：女性主义与身份的颠覆》，宋素凤译，上海三联书店 2009 年版，第 86 页。

② 李小江：《解读女人》，江苏人民出版社 1999 年版，第 118 页。

历史遗留的长长阴影"①。接受自己的身体，对于女性而言至关重要和困难。女性亚健康的身心状态易于被带入文学创作心理中去，与父权文化下女作家的文学亚文化处境产生高度的精神契合，二者共铸女作家焦灼的文学生存体验与文学发生土壤。这种特殊情形与艺术本质的两面性有关，即艺术不仅具有使人获得"精神的安宁"②的可能，同时，"艺术也可能是生命能量的催化与耗散，因为艺术创作是身心聚合、高度集中的精神劳动"③。需要说明的是，握笔女性由于采取了象征意义上的反父权现实行动而更有可能被界定为已出逃的女性，接下来的分析与猜想基本摒除了对女性现实中逃离家庭的具体过程的关注和分析，直接进入对女作家创作过程中思想精神变化的探索和猜想中去。

从修辞角度看，根据哈罗德·布鲁姆影响焦虑理论中六个修正比各自的意蕴，可认为女性从父亲的客厅逃走，构成了一种讽喻，这是女性带着原始本我冲动所做的叛逆选择。而在阁楼中，女性必须完成有意的收缩与收敛，在这一阶段停留的时间相对较长，象征着女性内心的纠结与挣扎的程度较强。在阁楼中，女性自主地感知父权文化内化作用的侵犯，遭受自我精神折磨之后的止步不前，即提喻的发生，暗示苔瑟拉阶段的到来。即哈罗德·布鲁姆所言幽秘高塔作为一种限制，象征放置作家隐蔽欲望的空间，"这幽闭之塔是艺术活动中的自我否定因素"④。整个收敛或释放的关系，或说限制与表现的关系，体现的都是后来诗人与自己的纠结和抗争。尤其当后来诗人自我与前驱自我混同在一起时，这种成为自己敌人的感觉

---

① 李小江：《解读女人》，江苏人民出版社1999年版，第119页。

② 具体请参见重庆大学出版社出版的《艺术中的精神·序言》2011年版第28页的内容。

③ 张细珍：《中国当代小说中的艺术家形象研究（1978—2012）》，博士学位论文，首都师范大学，2013年，第118页。

④ ［美］哈罗德·布鲁姆：《误读图示》，朱立元、陈克明译，天津人民出版社2005年版，第18页。

就更强烈，即后来诗人察觉到自己独处幽秘高塔后，便发觉他"面对着教导场景里作为对手的他自己，而且总是针对着前驱们复合的形式来估量自己"①。这个阶段对应在女性思想变化空间图示中，即阁楼阶段。艺术活动的发展方向总归是朝前行进的，而作为艺术活动发展中的否定性因素，它的存在可能会造成整个艺术活动向前推进速度的降低和进程的减缓。哈罗德·布鲁姆不否认幽秘高塔隐喻性质造就的限制的存在，并认为这些限制"意味着对所有内部/外部透视图景的盲视"②。因此自我精神奴役是陷入某个盲区的结果，是非理性的。但从整体上看，这种减缓并不阻碍它向前发展的总体进程，同时，暂时停滞与倒退还会使向前发展的过程更加冷静理性、稳健踏实和完全彻底。幽秘高塔是替代原则中作为防御的限制的象征，指经过欲望延展过程的自我意识膨胀，诗人在高塔中冷静凝视和分析了自身处境，以思考和预谋下一步的策略。阁楼阶段之后提喻被转喻所取代，也即被凯诺西斯手段所取代，因此从阁楼中出逃的女性需打破自身心理恐惧，告别感官愉悦，主动而自觉地重返父亲的客厅。重返之后发生在策略层面的重建会帮助女性构筑一个真正的自我，即女作家在凯诺西斯作用下，重新开始进行带有策略的书写，这被认为是艺术创作的必备条件。翟世镜认为弗吉尼亚·伍尔夫在一些经典论文③中，"都指出了艺术家需要安静舒适的环境与扎实的教育"④。重返父亲的屋子的女作家，就能够主动告别逃亡的不定感和漂泊感，在平和的环境（尤指内在的安定）中开始进行必要的"伪装"，而艾斯凯西斯阶段中的净化，恰是去伪装的过程，对应着女作家重返后的现实情形，即以伪装方式完成去伪装的过程，以内在真实来进行自我正名。

---

① ［美］哈罗德·布鲁姆：《误读图示》，朱立元、陈克明译，天津人民出版社2005年版，第18页。

② 同上书，第12页。

③ 《论妇女与小说》和《斜塔》等论文。

④ ［英］弗吉尼亚·伍尔夫：《论小说与小说家》，翟世镜译，上海译文出版社2009年版，第346页。

而女作家在思想精神空间中逃亡行为发生的原因与现实文化因素和身体因素又皆有所关联。如前所述，子宫带有禁闭功能，是孕育生命的最初和唯一载体，因此含有多重隐喻。其中最根本的，即子宫是人类回溯本源时的一个必要对象，于是在身体层面，女性自然属性得到凸显，女性因此被文化建构出来。同时产生一种假象，即女性是处于停滞中的，而男性是不断进取的，女性是保守而怯懦的，男性是开放而勇敢的，女性属于初始点，男性始终在接近未知的过程中漂浮和游荡。文学创造力从本质上说，是动态的和无限的，因此与文化假象中的女性印象相左。这也是哈罗德·布鲁姆在修饰诗人时，对于"优秀的"与"强者的"两词进行刻意区分的原由，从中彰显出描摹与拿捏上的精准度和敏感性。由于压制的存在，也即文学传统连续性所造成的禁闭感的存在，后来诗人的反叛必然会发生。如前所述，现实影响对于女作家来说亦是非常重要的干扰因素，由此，逃跑冲动就必然发生在父权文化布下的罗网中。

接下来，再次对女性逃亡中思想变化空间图示的具体内容加以描述。首先，即走出父亲的客厅这一集中象征父性权威的文明区域，在这里父权文化礼节的形式与内涵皆被呈现出来，父权文化"制造"出的各色人物也会集中在此亮相。女性以女儿、妻子等身份出现，女性文化身份和相应的责任义务，都在此一空间中被要求履行并受到父权文化的严苛监督。这一区域处在相对公开化的明亮处，因此女性欲望中的黑暗自我或恐因惧怕公开和光明的本质特性而不得不伺机出逃。在客厅里，缺乏必要的覆盖物来遮挡女性欲望，正常的欲望只能被隐匿起来，持续萎缩，或通过靠近其他虚假权力的方式来转化与分化，"外在的压迫和内在的干扰使她们的写作空间分外狭窄"①。在父权社会中，有一部分女性会永久停留在父亲的客厅中，

① 周乐诗：《换装：在边缘和中心之间——女性写作传统和女性主义文学批评策略》，《文艺争鸣》1993 年第 5 期。

无论是出于自觉还是无奈，都将持续扮演女管家、家庭天使（西方文学中的"死亡天使"形象）或厨娘（女巫）的角色，用一定程度的屈从姿态和掩埋、否认自我欲望的方式生存，双重人格特征较为显著。其中女管家对父权的享有和占有是较明显和直接的，而家庭天使类别的女性则表现得更为驯顺、淑女和阴柔，受女管家的管制，但二者却又同为父权文化所标榜和赏识的女性类别。家庭天使的克制态度最为明显，而过度克制便造成了她们的病态化存在印象，"要把一个人训练得完全能自我克制，几乎无异于将他/她训练成病态"①。这就是说，其虽生犹死状态与风格最为显著，普遍地符号化为父权文化的道德典范，是典型的镜像人物，不能直接而主动地参与生活，具有强迫症的某些特征。强迫症患者会发出对"我活着还是死了"的疑问，从而耽于等待而缺乏实际的行动，"由于各种仪式、习惯与规则，他的生活是克制的，犹如苦行一般"②。强迫症患者的内心想法也正一定程度地辉映着家庭天使女性的内心独白。而在极度镜像化的过程中，自恋倾向会越发明显，从而有可能导致自我厌弃的发生。桑德拉·吉尔伯特与苏珊·古芭认为在女性习得如何成为美丽客体的过程中，自我厌弃感的出现是很自然的。③ 这种客体化的焦虑感受同样会存在于走向男性化的女管家身上。这一空间状态中的女性结局，指向对奴役状态的无法摆脱，世俗幸福的假象便掩盖了其内在真实，因此她们就显得美好而虚假，生命经验即体现为一种悲剧式的苦行，"装死意味着一种活着的苦行"④。家庭天

① ［美］桑德拉·吉尔伯特、［美］苏珊·古芭：《阁楼上的疯女人：女性作家与19世纪文学想象》，杨莉馨译，上海人民出版社2014年版，第70页。

② ［美］达瑞安·里德尔：《拉康》，李新雨译，当代中国出版社2013年版，第66页。

③ ［美］桑德拉·吉尔伯特、［美］苏珊·古芭：《阁楼上的疯女人：女性作家与19世纪文学想象》，杨莉馨译，上海人民出版社2014年版，第70页。

④ ［美］达瑞安·里德尔：《拉康》，李新雨译，当代中国出版社2013年版，第67页。

使、厨娘类别的女性作为与女管家同样停留在父亲客厅中的重要女性人物类别，她们的存在状态却是悖论性的，即生也意味着死，因此天使外表下遮盖着死亡的阴影，譬如厨娘的厨艺便是对巫术的某种隐喻。

走出父亲客厅的女性，虽在形式上规避了父权文化的直接监管，但仍难以在内在精神性中排除父权文化的阴影，她们很有可能只从父亲的客厅走入了其上的阁楼，从真实遁入虚空。从本质上说，阁楼与客厅一样处在父权文化管制范围中。但对于女性而言，这次出逃却极具意义，她至少为自己争取到一个不直接受监管的虚构空间，能够进行暂时性躲避与修整，以继续寻求二次出逃的机会，积攒下次出逃的动力。从象征层面上说，女性欲望中的黑暗自我能够在阁楼得到充分释放，可暂时摆脱父权文化身份的钳制，暂时地顺其本性而存在。于是将阁楼想象为充斥着哥特式风格的女性空间，亦是合理的，阁楼被女性力量占据，兼具禁闭及发展自我的双重功用，或恐令男性感到畏惧。阁楼因此更应被看作女性的庇护所，而非葬身地。当然，阁楼中的女性，也因各种情况，具有生成两种结局的可能，这与疯狂的双重隐喻是一致的。首先，阁楼中的女性易成为疯女人的化身，裹挟复仇冲动，类似"以毒攻毒"的策略①，"倘若不对它加以适当的控制，它也会导致进攻性甚至毁灭性的行为"②，也即阁楼中的女性更易被超越自我的障碍困囿，从而寻找不到步入父亲的名义所指向的真实世界的路径，而并非陷入菲勒斯缺失的莫名恐惧中。困于

---

① 周静在论文《"疯女人"：女性创作与文本的阴性隐喻》第34页中说："……女作家反抗或逃离菲勒斯男权中心的欲念得以释怀，能够些许浇熄烧在女作家心中的忿忿不平的怒火，使身心得到安稳的平衡，但也有些作家用疯狂去浇筑疯狂，'以毒攻毒'的策略使她们的生命之花过早地凋谢了。"周静用身为女性的立场在惋惜"疯女人"宿命的同时，提出了积极而现实的关乎女性解放形式的建议。"但身为女性的我，无不为这些先驱者的遭遇所扼腕叹息，余叹过后，更多的是以更加清醒、现实的态度去面对新时期女性所面临的新问题、新使命，我想，这可能是唯一积极的面对方式了。"

② 吕洪灵：《走出"愤怒"的困扰——从情感的角度看伍尔夫的妇女写作观》，《外国文学研究》2004年第3期。

阁楼中的女性正是困于想象界中孩子的缩影，需重新将婴孩时期的自我超越过程，也即与母亲所代表的想象界告别的过程重新上演，才能走出象征想象界的阁楼。如果那部分无意识记忆是首先缺失的，也即婴孩时期对于什么是超越自我的东西的界定并不清晰或者根本没有，则自我超越将变得更加困难。阁楼中的女性，即便具有独立进行艺术创作的可能，也仍旧无法制造出真正成熟的和受认可的作品。根据弗洛伊德的超越快乐原则，阁楼所象征的女性欲望肆意流溢之所正是指一块与快乐产生联结的黑暗大陆，"弗洛伊德所说的'超越快乐原则'乃是任何心理活动中的一块黑暗区域"①。那么，超越障碍主要体现在无法抵消的欲望无节状态中，因此疯女人总是失语的，由此不具艺术创作的可能。弗吉尼亚·伍尔夫对 16 世纪天赋过人的女子必然发疯的论定就可看作此种情况存在的一个证明。即天赋异禀的女子创作诗歌，除却外在因素的阻碍，"自己心中歧出的本能也来折磨她，撕扯她，最终，必然落个身心交病的结局"。伍尔夫甚至预言即便此女活下来，也会因精神病态而导致她的文字产生畸变。② 虽然伍尔夫论述的是一时社会对握笔女性的宽松度与女性身心病态化之间的关系，但忽略具体女性焦虑形成因素之后，仍可看出，在巨大精神压力之下握笔的女性不仅不能很好地进行创作，甚至还会使自身病态感持续加重。因此，应避免带着愤怒情绪的写作行为发生。伍尔夫对夏洛特·勃朗特的点评就充斥着对写作者愤怒情绪的贬抑之情，认为勃朗特笔下的突兀和激愤处影响了她天赋的全面发挥，具体来说即"本该写得冷静时，却写得激动，本该写得机智时，却写得呆板，本该描述她的人物时，却描述了她自己"③。伍尔夫将这些扭曲的文字看作勃朗特与自身命运抗争的产

---

① ［美］哈罗德·布鲁姆：《影响的焦虑》，徐文博译，江苏教育出版社 2005 年版，第 81 页。

② ［英］吴尔夫：《一间自己的房间》，贾辉丰译，商务印书馆 2012 年版，第 105 页。

③ 同上书，第 149 页。

物，从而认为愤怒只会为写作者招致禁闭感与挫败感，并为勃朗特英年早逝而遗憾。除针对文本的客观评价外，伍尔夫甚至直指这种情绪损坏了女作家本人健康的神经，与她的死亡也不无关系。她暗示与命运抗争的方式不仅不能被直白地暴露在文本空间中，生活中也最好对此方面的冲动进行掩藏或克制，具体来说，即需要找到一种男子气的"腾跃"，以使自己逃脱种种超越障碍。伍尔夫形象地提示道："如果停下来咒骂，你会输掉，我对她说；当然，如果停下来痴笑，下场也一样。犹疑或动摇，你都输定了。只能想如何纵马腾跃，我恳求她，好像我把全部身家都压在了她身上；她像鸟儿一样凌空掠过。但前面还有障碍，再前面还有障碍。"① 伍尔夫已意识到女性在超越自我时所遇到的障碍皆源自性别身份，因此她能透过文本看到女作家在写作中的内心纯净度，她断言，被愤怒缠绕的女作家是不能完成借由写作行为而达到的自我超越的目的的。而现实问题是，在自我超越过程中，这种心理障碍比比皆是，它们持续影响女性写作，使女性文本呈现出隐晦而繁复的诸多特点，暴露出女作家思想精神变化中各个阶段反复交替出现的情况。

女性逃出阁楼的前提即需要具有克制精神，并客观、冷静地从停留在父亲客厅中的女性生存经验中汲取教训。克制态度需与女作家企望改变现实、修正文化自我的冲动相结合。伍尔夫认为虚荣心导致的精神苦痛感与愤怒感，可能会成为作家修正某些负面情绪和状态的冲动，但她仍旧无奈地用伍尔夫式的腔调说："这个任务也超出了我们力所能及的范围。"② 虽然伍尔夫的讽刺有主观夸大之嫌，但对于现实情况的理智评估的确能够缩减主体的主观臆想度，从而减轻焦虑，为理智的获得作准备，放任的臆想只会放大自身缺点并肆意扩大施压源的强大。哈罗德·布鲁姆认为刻意的忘记不能使后

---

① ［英］吴尔夫：《一间自己的房间》，贾辉丰译，商务印书馆 2012 年版，第 201 页。

② ［英］弗吉尼亚·伍尔夫：《论小说与小说家》，翟世镜译，上海译文出版社 2009 年版，第 22 页。

来诗人获得自我解放，这是由于"每一位被遗忘的前驱者都变成了想象中的一位巨人"①。故而，试图用幻觉麻痹自己以求解脱的方式是不可取的。处在思想阁楼中被精神束缚的女性，需在克制与释放间找到新的平衡，为接下来逃出父权文化大厦，以及重返象征界做好心理准备和前期铺垫。从理论上说，阁楼中的女性，都具有成为艺术家的可能，也即都有超越自我的可能，她们象征性地完成了首次出逃，并拥有了独立空间，且因艺术创作本身对个人精力投入便有某种心照不宣的现实诉求，即孤独、封闭和神经质状态对于艺术创造而言亦可成为难得甚或必要的元素。哈罗德·布鲁姆认为艺术家最费心思的事即制造东西的愿望，即便"真正发生变化的是他的媒介，他对口语和书面语的态度，他感兴趣或有能力感知的事物，他想要与之交流的观众"②。于是，把握"制造东西的愿望"这个常量，并不意味着阁楼中的女性都能成为真正的艺术家，她必须使创造物与一时一地的具体情境、人、物连通起来，在把握时间性之后完成对时间性的超越，步入空间状态，完成对艺术品与生活的连接，才有可能使艺术品及艺术创作具有价值和意义。"升华就是强烈的个人欲望转化为有公共价值的文化表达过程。"③ 升华的概念是弗洛伊德与拉康学说中共有的一个关键性概念，个人欲望与公共价值间的连接使欲望主体能够完成对自身的超越，从疯狂险境逃离，继而成为真正的艺术家，反之则不得。

除此，阁楼亦被朱莉娅·克里斯蒂娃命名为"危险边界"，她认为诸如弗吉尼亚·伍尔夫或茨维塔耶娃等代表的先锋女性经验，有可能会引导我们步入一个"忧郁乃至自杀的交叉路口，指出了一个

---

① ［美］哈罗德·布鲁姆：《影响的焦虑》，徐文博译，江苏教育出版社 2005 年版，第 109 页。

② ［美］哈罗德·布鲁姆：《读诗的艺术》，王敖译，南京大学出版社 2010 年版，第 126 页。

③ ［美］史蒂夫·Z. 莱文：《拉康眼中的艺术》，郭立秋译，重庆大学出版社 2016 年版，第 19 页。

女人穿越法则和身份时所面临的所有危险边界"①。而这种危险性因女性性别身份而得以凸显，这也是由她们所处的父权文化环境所决定的，即危机成为暴力之后，生成女性病态化的存在经验。朱莉娅·克里斯蒂娃简明地说："总是能感受到他人的敌意，只能说明自己活在恨意之中。就像一个被丈夫抛弃的女人，她自怨自艾，实际却是丈夫的帮凶。"② 自我愤怒感加重并夸大了滋生愤怒感的原因，便使原始情境失真，就被囚禁在幻想的牢笼中。艺术家除具有私自制造东西的热情，还需在公众空间中进行某种兴趣的交流与分享，这显然是隔绝于阁楼中的女性无法企及和完成的。哈罗德·布鲁姆认为没有制造东西兴趣的人，或者说缺乏专业技能的人的确不能成为艺术家，但他更意在说明"对交流没有兴趣的人也不会成为艺术家，他们成为神秘主义或者疯子"③。因此阁楼中的女性即是对疯女人的现实隐喻。她们由于无力完成自我超越与升华，而走向了思维中另一处更为严谨和纯粹的秩序，以脱离象征界的管辖。布鲁姆认为："私人的世界是迷人的，但也是会被耗尽的。"④ 正如诗人若缺乏社会中的安全位置以及与听众的交流，超越将变得困难。疯女人与艺术家之间仅差超越自我的一步，与具体现实境遇的联结是完成超越的基本条件，是活化艺术品的必备环节，也即艺术创造物需要在象征秩序中引起一定的效应，产生价值，并使得主体拥有话语权，从现实角度说，拥有话语权的第一步即以言说为载体和媒介进行人际沟通。"通过这张示意图⑤，拉康其实是告诉我们，只有通过主体间性和流动的言说载体（即语言文字），精神分析治疗或者艺术创作

---

① ［法］朱莉娅·克里斯蒂娃：《独自一个女人》，赵靓译，福建教育出版社2015年版，第118—119页。

② 同上书，第40页。

③ ［美］哈罗德·布鲁姆：《读诗的艺术》，王敖译，南京大学出版社2010年版，第125页。

④ 同上书，第131页。

⑤ 即拉康L图示。

才有可能帮助患者或画家及时充分释放出自我的潜能。"① 艺术与现实的对接通过对象征性言说载体的凭附得以完成，对于艺术创作主体而言这种形式亦是种治愈或救赎，能够赋予艺术品更多的隐含意义，使其激发出更大的能量。运用载体寻找他者，也许与艺术天赋的原初意图轨迹相左，但"只有通过这种人与人之间的语言交流或是与大他者的艺术交流，我们才能找回自己感觉已经失去的些许生命能量的碎片"②。这种偏离，无论对于艺术创作主体还是艺术客体而言，都是断然所需的，而最终内外能量的释放和附着都只在交流更为可能的情况下才会发生。史蒂夫·Z.莱文在点评达·芬奇的个性与艺术创作情形时说："列奥纳多·达·芬奇的一生，至少在部分上也是带有这种因父性不足，母性占支配而产生的焦虑。"③ 艺术成为艺术家救赎自我的工具，并非意味着艺术品价值的贬抑，反而能够完成对其的价值附加，使主体内在分裂状态再度由艺术创作而得到弥合。

象征想象界的阁楼，是母性欲望和秘密存在的空间，过度停留其中会阻碍女性统一自我的建构。"现世界的肉体存在、想象界的爱、符号界的认知，这三者对应着我、母亲、父亲。所以，我们每人都实为三人一体。"④ 这种统一是必需的，正如艺术品需要被附加上象征界的意义一样，主体思想精神空间的存在始终只能铸就各种形式的虚像。困囿在阁楼中的女性，自我超越难度主要体现在如何面对想象界中父性的缺失，对这种空洞的恐惧感在走出阁楼行为发生的瞬间便会产生，因为走出阁楼步入现实本就象征着自我超越的发生，而疯女人的状态却如同"在最初接触到后来将成为自己母语的语言时，婴儿是有多么

① ［美］史蒂夫·Z.莱文：《拉康眼中的艺术》，郭立秋译，重庆大学出版社2016年版，第39—40页。
② 同上书，第40页。
③ 同上书，第42页。
④ 同上。

的无助"①。这就是说，在本该超越的时刻疯女人便开始倒退。"导致精神病发作的催化剂是遇到了某种让主体唤起父性观念的情境。"②达瑞安·里德尔认为这些情境诸如女人成为母亲，男人成为父亲，也包括晋升等机遇，或位置的突然变动等，总之都是超越自我的重大与迫切时刻。而"所有这些情境都会向象征性的父性辖域发出召唤，但是如果那里什么都没有，主体便面对着一个空洞、一个缺口。因此，便产生了在精神病早期阶段中常见的'世界末日'感"③。由此，阁楼内外，对应着女性思想精神空间中的两种状态。"一个精神病人的妄想，就是试图在那个由父亲名义的缺位所开启的空洞上来填补这个正好缺失的意指。"④停留在阁楼中的女性，所采取的填补方式可能被认为是不当的，这一点在书稿前述章节对女性疯狂与一般神经症内涵的界定中已略有提及。质言之，阁楼中的主体尚无法接受成人世界个体需要承受的生命之重和人生之苦，原始享乐机制还如同婴儿肌肉的原始反射⑤一般并未及时消失，这造成了婴儿期的象征性无限绵延，作为一种类型的巨婴，阁楼中的女性是畸化的。成熟的人应具有调节享乐的机制，用以控制身体原始享乐的状态，即帮助主体摆脱多余的兴奋和刺激，"随着我们逐渐长大，享乐便从身体中流失了：由于断奶、教育以及人类社会的各种规则与制度"⑥。应对能力建立在对现实境遇真实情形的清晰及清醒认知上，也即阁楼中的女人既要克制自我的欲望，同时也要区分和辨识艺术创作所需的灵感与刺激同畸态的欲望类型的关系，前者同样建立在主体的克制态度之上。

---

① ［美］达瑞安·里德尔：《拉康》，李新雨译，当代中国出版社2013年版，第106页。

② 同上。

③ 同上。

④ 同上书，第107页。

⑤ 现代医学认为肌张力异常的婴儿，原始肌肉反射消失得缓慢而不完全，这可能是脑瘫儿的某种早期表现。

⑥ ［美］达瑞安·里德尔：《拉康》，李新雨译，当代中国出版社2013年版，第106页。

　　走出阁楼的女性有可能在克制边缘跌入另一重虚构的净土王国，即与前性生活时代心理状态有所契合的地方——以"小妖出没的峡谷"为象征的自然乐园。在这个虚幻乐园中，欲望释放，主体能够获得创造性的自由感受，至少享受放松和自在的感官愉悦。但需要注意的是，这仍旧如同从文明中逃离到自然状态一样，实际上同样是性欲无法得到满足的一种表现。桑德拉·吉尔伯特与苏珊·古芭所言"小妖出没的峡谷"象征了女性欲望存在与释放的空间，这一空间既非现实中父亲的客厅，亦非阁楼，它代表了一种与前性生活时代心理状态相匹配的空间，但又不完全是，因为它是女性性生活与力比多受抑后，通过幻想返回的空间，显然并非一方绝对的处女地，但身在其中的女性却一定程度地能够具有或保有少女式的张扬，这一重虚拟空间因而具有存在的复合性。更恰当地说，"小妖出没的峡谷"是女性性欲觉醒后，进行精神放松和自我确认的空间，象征主体休憩与能量补给之所。在这里女性能够对自我想象力的水准进行重估，从而坚定并增强她们成为真正女艺术家的信念。但自然乐园充其量只是幻想中的女性王国，女性快感的获得和欲望的释放都将是暂时的。如果说文化中的塔象征着男性性征的菲勒斯，代表对女性欲望和超验力量的震慑与镇压，那么"峡谷"所代表的自然乐园即象征着女性欲望和生殖器官本身。塔是文明发展过程中的人造物，与之相对，"峡谷"作为自然界存在物，象征女性力量的凝会之所。"女人的阴道/口唇器官是阉割的阻碍物"①，这一重空间因此具有更多隐喻性，在文学中，女作家也须经过欲望膨胀阶段，保持对自身想象力的肯定和认可的态度与信念，才能创造出真正的艺术品。所以"峡谷"也象征着成为真正女艺术家的必经之所。这一空间的象征性意味，正在于它象征了女艺术家灵感的具象化对应物。女作

---

　　①　[法] 米歇丽·蒙特雷：《女性本质的研究》，载张京媛主编《当代女性主义文学批评》，北京大学出版社 1995 年版，第 423 页。

家能够在此与自身的本我欲望相遇，暂时性地完成对象征界虚假面具的告别和疏远。同时，"峡谷"也象征着人类文明的起点，女作家对起源性时空的追溯也或可通过抵达自身内心的"峡谷"而完成，即在此处营造起的快感中重建其历史坐标。艺术创造，从现实功利性角度说，也正为了获得主体性欲满足的真实快感。这里还需区分"峡谷"中女性的单纯感官愉悦带来的快感与追逐男性之爱所获得的快感的不同内涵。前者是想象力充分释放的女性自体性性欲快感，后者指向世俗幸福经验，在其中，女性性欲快感的实现或多或少需要寄托在异性身上，单纯凭借这种经验，并不能将女性带出所谓被剥夺的境遇。相较之下，女性在"峡谷"中获得的感官愉悦虽带来的是虚构快感，但更为独立和明确，似伊·巴丹特尔所说得不到爱情时靠近的"'自己的床'的温热"①。在历史长河中，女性自我解放道路便充斥着一场又一场出逃，如果说女性是以为自己争取空间的方式来建构自我，也是合乎情理的。她们从父亲的客厅，逃到父亲的阁楼，再到自然乐园，整个象征性的精神逃亡过程，代表了女性思想一步步回归自然空间和状态的历程，女性思想靠近自体性的空间，以渐渐生成与父性权威建构的文明空间相对抗的空间维度。逃离之路，必然是在冷静的心态驱使与客观条件的具备下完成的，是有所节制的，因此，整个过程其实应该能够体现出男性思想和女性心灵的完美结合。二者共同驱使和辅助女性一再逃离，而不在其中任何一个空间作过久停留，正是类似男子气的东西在发挥作用，这必将体现出所谓的策略意识。但是，正如在阁楼中的女性有着被愤怒倾覆的可能一样，自然乐园中的女性也有停留在峡谷快感的虚无中走向深度放逐的可能。女性不能成为愤怒的化身，亦不能成为快感的奴隶，其主体性所具有的自我意识，永远需要主导愤怒和快

---

① ［法］伊·巴丹特尔：《男女论》，陈伏保等译，湖南文艺出版社 1988 年版，第260 页。

感的程度，同时主导创作过程的具体情形，以及作品的最终样貌，不能为其中任何一环所反控制。因此，峡谷象征的女性"快感天堂"仍旧只是狭隘而虚无的一重小天地，是主体欲望泛滥的结果。即女性主体性所应该具有的自我意识易在放逐中走向消亡，从而丧失前期所有积淀。因此，走向理想型女作家类别的女性需要继续完成出走与回归，她们肩负解放女性、唤醒女性力量的历史使命和创造女性文学传统、美学传统与权威地位的诸种重任。

就像缪斯所带来的灵感总归强烈而短促，不能铸就永恒的安乐所一样，固然没有永恒之快感。男性的缪斯为其构筑了诗人的身份，但如同他们"绝不会为了爱情放弃自己的人生追求"① 一样，男作家权威性的获得也只能够体现在对缪斯灵感的借用上，而绝非长久的占据。女性的快感天堂也不能仅以灵感裹挟的方式将女性书写权威拱手相呈。她们必须认识到，沉溺在个体感官愉悦层面止步不前，亦是种唯我中心主义式的表现。即留在"峡谷"中的女性，会再度遭受焦虑感的侵袭甚至倾覆，感受到无足轻重状态所产生的精神折磨。真正的女艺术家，也即其狭义概念中理想型女作家的生存空间应属公共性质。从象征性的出逃经历上，我们能够看出，女艺术家的成长过程充满磨难与不平，身心都需要经过苦难的侵扰与洗礼，才能够通往最终的无私和豁达之境，即必须经过苦难的磨砺，才能逃脱世俗所给予的诸多限定。也正因艺术对灵感的需求是持续的，艺术生命需要用痛苦感受来创造灵感。因此，女艺术家一旦安逸下来，艺术便有可能相对丧失活力，罗素认为，痛苦对于一个有活力的人而言，可能会是"有价值的推动力"。② 不恰当地说，女性的他者身份，也正是成就女艺术家身份的基础平台和牢靠资本。桑德拉·吉尔伯特与苏珊·古芭认为："对女诗人来说，只有放弃，甚至

① 李小江：《解读女人》，江苏人民出版社1999年版，第172页。
② ［英］伯特兰·罗素：《婚姻与道德》，谢显宁译，贵州人民出版社1988年版，第203页。

痛苦，才是诗歌的合适源泉。罗塞蒂眼中基督般的诗人备受伤害与折磨，喝下自我放弃的苦酒，然后唱起了歌。罗塞蒂暗示说，世俗'快乐之地'的纯粹甜蜜只是'连篇的谎言'。女性艺术家只能通过苦甜参半的痛药获得'生存'的力量。"① 女艺术家须具有一定的使命感，以恰当放弃个体快感。对使命感的享有和秉持，是女艺术家灵感生生不竭的动力。对灵感的需求，造成了她们必须接受苦难的宿命，但这并不意味着剥夺女艺术家享受快感的基本权利，快感与痛苦对于女艺术家的生命力而言缺一不可。没有生命健康，灵感和艺术活力也便无从谈起，保持身心健康是创造的基本前提和保证。女艺术家既是敢吃禁果的夏娃，又应是敢于抛弃世俗快乐的典范代表者，对现实快感的占有与适当适时的抛弃，正体现了女艺术家的精神自觉与自为，是一种崇高。桑德拉·吉尔伯特与苏珊·古芭指出"快乐的美学被苛刻的道德观转化成了痛苦的美学"②。这喻指女艺术家经历"峡谷"快感后，需要重返父权文化直接管辖的现实领地。她们需要拥有一套为现实文化所认可和接受的面具，重返现实是以艺术家身份进行家庭角色的覆盖，不再具有女管家、家庭天使竭力扮演艺术家身份时可能流露出的不恰当的"窘迫感"。重返后的女艺术家创作的目的性会更强，能够将更真实的部分留给艺术创作。重返正是为了给艺术创作提供一个恰当而适宜的氛围，以及安宁、稳定、淡然、理性的心理状态。弗吉尼亚·伍尔夫论及简·奥斯汀的创作时，表达过对女作家拥有那种物质的、精神的双重适宜氛围对于写作所具有的非凡意义，她认为那种氛围能够让作家更成功，即"事物终于能够按照她所喜欢的方式呈现出来"③。这就是说，为

---

① ［美］桑德拉·吉尔伯特、［美］苏珊·古芭：《阁楼上的疯女人：女性作家与19世纪文学想象》，杨莉馨译，上海人民出版社2014年版，第719页。

② 同上书，第720页。

③ ［英］弗吉尼亚·伍尔夫：《论小说与小说家》，翟世镜译，上海译文出版社2009年版，第19页。

了这个目标的实现，作家必须占有某种氛围，"在这种氛围之中，她自己的天才方能结出硕果"①。当然，伍尔夫认为这种必要性是在写作空间中享有作者权威的普遍条件，并不独针对女作家而言。走出阁楼和自然乐园的女性打破了虚拟和实际的自我监禁牢笼，以便能够身体力行地进行艺术创造，走入与现实连接的地方，把握展现主动性的真实机会。但同时，这类女性在靠近自我权威时，并不会也不该完全否认情感的存在和浮现，还需适当地将真实感情流露和撒播于文本中，将作者身份、作者权威和作品三者间的关系用真实情感加以联结和贯穿，给作家制造获得文学权威的稳固信心，这显然唯有运用技巧、策略方能办到。朱莉娅·克里斯蒂娃认为这种双重策略体现的正是一种特别的女性韧性，"这假定了一种消退和脆弱的可能性，乃至一种牢靠性"②。即女性艺术是刚柔相济的艺术，是种"承担这种与抑郁和死亡并肩而舞的风险"③ 并 "满足对智慧的需要"④ 的游戏，至少它需要女性变得更加 "诡计多端"。对应在文学中，女作家或许应恰当地以角色扮演的形式来规避父权文化的苛责与监视，以便将真实力量集中在文本创作过程中。在新一轮节制中，女作家消除了蓬勃而充沛的张扬欲，为作品的深邃内涵和充沛艺术活力而付出精力并感到满足，正是这种自足抵消了虚妄的张扬欲，造成了对现实更多和更深的关注，从而也更具价值意义。

综上，女艺术家最极致的痛苦，其实并非物质的和身体的，而是精神奴役状态下的痛苦。精神折磨使她们走在疯狂边缘，这种方式残忍、屈辱而又隐蔽。对于女性思想精神空间变化轨迹的表现和所遇障碍的研究不可缺少，因为精神痛苦是种广义的身体疾苦，决

---

① ［英］弗吉尼亚·伍尔夫：《论小说与小说家》，瞿世镜译，上海译文出版社 2009 年版，第 19 页。

② ［法］朱莉娅·克里斯蒂娃：《独自一个女人》，赵靓译，福建教育出版社 2015 年版，第 121 页。

③ 同上。

④ 同上。

定着女性健康状况，保全女性身体健康是研究女性精神痛苦体现方式的目的和意义。事实上，无须贬低身体以赞美灵魂，"健康身体，是健康生活的重要组成部分"①。如从象征层面上说，从父亲的客厅走到阁楼，更多的是在身体对压抑的感知驱动下而为之的行为，是对父权文化对女性身心压制机制的一种背弃。走入阁楼的女性，更多的是被自我的愤怒攻击并进行了自我精神与形式的囚禁。这种自我精神奴役对女性来说实质上极为屈辱，是种不能言说的和没有具体所指的恐惧与焦虑，恐惧与焦虑的对象从本质上说就是父权文化的规范。这种被伤害的记忆，将父权文化运行机制的蛛网模式与特征暴露出，正是蛛网式的弥散性运作，致使父权文化能够处于无处不在和无所不包的状态中，在没有任何人在场、言说、宣判与制裁时，主体主动行使父权文化进行自我管理与惩戒。这种无奈及不可控性正是逼迫阁楼中"疯女人"出现的最直接原因。但最终成为女艺术家的女性，还应在谅解与宽恕他人的同时，兼顾与叛逆自我的和解。这即桑德拉·吉尔伯特与苏珊·古芭所说，"被咬伤的人只有不那么脆弱敏感才足以继续生存下来"②。重返父亲客厅的女性，所处的理想状态被弗吉尼亚·伍尔夫描述为"不能有窒碍，不能有未燃尽的杂质"③。重返后的女作家此时的头脑是明净的，也即拥有伍尔夫称为最适合创作的那种精神状态。

通过分析可知，走向真实女艺术家状态的女性思想变化的象征性空间图示中，阁楼阶段充斥着最严重的自我超越障碍。想象中的自虐与自囚，正是想象力肆意流溢的一个结果。朱莉娅·克里斯蒂娃认为女人似乎需要一个"低下空间""世界的边缘"以及一种

---

① 李小江：《解读女人》，江苏人民出版社1999年版，第119页。

② ［美］桑德拉·吉尔伯特、［美］苏珊·古芭：《阁楼上的疯女人：女性作家与19世纪文学想象》，杨莉馨译，上海人民出版社2014年版，第484页。

③ ［英］吴尔夫：《一间自己的房间》，贾辉丰译，商务印书馆2012年版，第119页。

"爆发"来完成灵魂和身体的舞蹈。"在等待施虐—受虐般的人生谋划时，不时有趣地眨眨眼，表现出应有的愤怒和贪婪。"①　与象征界的疏远和隔绝，常常使女性舞蹈变成一种无法被认可的怪诞"出丑"，即便它潜在地标识着女性创造力的巅峰形态，却仍无法释然面对主流艺术评估，因此这种方式是回避现实的，是与母体纠结不清的一种倒错，"每个人，不论男女，都要独自经历这个分离过程，并迈向共同的终点——死亡"②。拉康认为在人的一生中必然需要经历与母亲的分离，而父亲在这个分离中象征性地扮演了重要角色，他对母子间难以分离的欲望说"不"，由此清晰地标识出想象界与符号界的边界，这样有利于欲望主体，特指婴儿在成长过程中更易找到完整的自我统一感，其精神便不易被撕裂，这就是父亲符号界菲勒斯的作用③。停留在阁楼中的女性，正如被囚禁在子宫与母亲怀抱中的婴儿，失去了与符号界沟通的可能，这既对舞蹈主体没有任何益处，也对女性艺术缺乏现实贡献。所以，女性应珍视克制性力量所具有的意义，以保全自身的理性状态。但这种精神奴役，又是女艺术家获得成就的前期积淀的一部分，亦是她们必须走的路。

综上所述，女作家还应打破认识的误区，以辨识出对父权文化的过度敬畏一部分是由过度幻想所致，这使文学父性特征被过度夸大，从而持续着文学女性自觉边缘化的状态。因此，女作家能够创造出真正的艺术品并获得权威身份的关键，还在于她们对现实客观呈现与基本还原的能力究竟如何。克制情绪，最重要的是要具备勇敢的品格，以及认清现实的智慧，即分辨现实与虚妄

---

① ［法］朱莉娅·克里斯蒂娃：《独自一个女人》，赵靓译，福建教育出版社2015年版，第44页。

② ［美］史蒂夫·Z. 莱文：《拉康眼中的艺术》，郭立秋译，重庆大学出版社2016年版，第45页。

③ 同上书，第44页。

的能力。女艺术家的生命感受，与艺术创作本身具有高度一致性。不仅体现在受抑制和禁闭时期的感受层面，还体现在女艺术家重返后采取策略以进行应对与充实的时刻。女性艺术美学与男性艺术家所建立的美学内在机制相迥异，男性艺术普遍信奉狂喜与冒险的精神，作家以此进行彼此超越和自我超越，声言为艺术创造可将冲动和欲望发挥到"发狂"与"濒死"的极致，进行无止境地屈从与降服也在所不惜，愿意无条件成为静穆而孤独的他者和客体。但女性艺术也更易洞悉到那些无底线、无条件的冲动所付出的具体的、实际的代价究竟何指，因为她们不是活在对那种境地的想象中，而恰是从他者之境一路逃亡，劫后余生而来，因此她们不必幻想那种境地带来的感受，凭借真实体验便能够进行对其的把握，疯狂和毁灭也正是曾经摆在她们面前的实际超越障碍和命运选择。即李小江所说，"不同于男性思想家，走过女性生活道路，再不会回到所谓'灵'与'肉'的二元对抗中：相对于灵魂，肉体同样高贵"[1]。如不远离卑微之境，不学习并接受桑德拉·吉尔伯特与苏珊·古芭所说的"痛苦美学"，女艺术家的真实称谓便不会存在。女艺术家在艺术中所采用的"受挫面具"，与她在现实中的逃跑心理之特征一样，是繁多的，这正是压抑力过度沉重所致。这种天赋，或说能力，决定了女艺术家在文本、艺术创造中的表现会同样精彩、深刻并富于感染力。在女艺术家的才智和自我意识面前，她们将永远不会真正陷入任何形式的奴役与被奴役的关系中去。尽管女艺术家还是可能会感受到爱的缺乏，或禁闭感的叨扰，也即仍旧会出现恐惧中的精神逃离，以及想要留下的冲动，或者逃亡与停滞的感觉交替出现，但最终主体幽闭恐惧症[2]

---

① 李小江：《解读女人》，江苏人民出版社 1999 年版，第 118 页。

② 幽闭恐惧症（claustrophobia），与陌生环境恐惧症相对，桑德拉·吉尔伯特与苏珊·古芭声言 19 世纪女性写作会一再碰触这种病症。具体请参见上海人民出版社 2014 年出版的《阁楼上的疯女人：女性作家与 19 世纪文学想象》第 76 页的内容。

还总是应该能够战胜陌生环境恐惧症①，这也是她历经逃亡又重回原点的重要原因。现实中，有些女性通过绝对地将精神寄托于宗教信仰的方式，来换取内心的安稳，这在一定程度上也体现了自我隐退的某些特征，而唯有处在活生生的人际关系中的表现，或许才是非自我隐退式的。但这个前提是，女性需要更为理性和勇敢地应对现实困境中的难题，以经由曲折繁复的过程来完成最终的重返。行动力永远是女艺术家身上，除却勇敢、智慧外的另一个值得嘉奖的品格。她们经由体验男性性别经验的方式来追逐和感受自由，这也是用以打破禁闭感的一种有效和必要方式，对于女性精神独立性的建构而言至关重要。

第二节　疯女人的隐喻及其策略价值

一　疯女人的双重隐喻

如前所述，女性创造力和想象力在理性化过程中极有可能会遇到现实父权文化的影响。这就是说，在象征层面上，女性从事写作，便需要努力恢复想象力和创造力的原本水准，但理性化过程中出现的问题，仍旧需要用理性的方式去解决，这几乎是唯一的办法。然而，非理性的方式却极为可能为女性所运用。譬如李银河认为"有许多事是不能用理性来解释的"②。在象征层面，阁楼中的女性，其想象力和创造力从表象上说是被混乱的精神状况所限和所囿，于是疯女人形象以及与疯狂有关的意象便在极度禁闭状态下得以被创造出来，隐蔽地体现着女作家的愤怒、欲望和冲动，展现着她们的

---

① 桑德拉·吉尔伯特与苏珊·古芭认为有许多文学女性以各自不同的方式患上了"陌生环境恐惧症"，而其原因在于"她们受到保持沉默的训练"，因此文学市场的开放性令其感到眩晕。具体请参见上海人民出版社 2014 年出版的《阁楼上的疯女人：女性作家与 19 世纪文学想象》第 75 页的内容。

② 李银河：《虐恋亚文化》，中国友谊出版社 2002 年版，第 3 页。

"替身（double）策略"，使女作家作者身份焦虑一同得到曝光。疯女人不仅成为女作家欲望的特殊象征符号，还是她们焦虑感受的实在隐喻，映射着女性病态，但这种焦虑感受也具有再转化而为艺术创作力的可能性，即"这种痛苦情绪，作为一种精神原汁对她们的创作起了发酵作用"①，譬如中国文学史中的"病妇"形象即具有相对连贯的谱系性，病与愁之关系体现在女性书写中，病是愁的产物。"女作家笔下的'病'也总与愁相连，写病痛之苦其实是在强调愁之凝重。"② 焦虑在艺术心理学中本就能够化为艺术创作的内驱力。③又如，中国古代妇女的创作普遍具有感伤特质，从某些角度看，这主要是女性作者生理、心理方面的病态所导致的，"因忧而瘦、而病，瘦、病复亦更增其忧，这是许多女作者所共有的心理—生理过程"④。因此，对疯女人隐喻的剖析对于阐释女作家作者身份焦虑的表现来说极为重要。

在西方文学史中，疯女人形象与女作家性别身份之间的关系，直到夏洛特·勃朗特在《简·爱》里明确塑造了一个情欲充沛的复仇的疯女人之后，才逐渐得到应有的关注与研究。《简·爱》将女作家普遍存在的作者身份焦虑和愤怒感受抽象而为实在具体的疯女人原型。弗吉尼亚·伍尔夫认为疯女人形象会导致读者注意到作者的愤怒、尖刻、痛苦和仇怨，"这些作品，尽管都很出色，但仇怨带来的阵痛却迫得它们不能舒卷自如"⑤。实际上，疯女人并非最早出现在《简·爱》的文本中，但《简·爱》中的疯女人是在女作家性别身

---

① 罗田：《女作家的精神痛苦与小说的"病态美"》，《文艺评论》1989 年第 4 期。
② 乔以钢等：《性别视角下的中国文学与文化》，经济科学出版社 2017 年版，第 24 页。
③ 张细珍认为焦虑可将生命能量转化为艺术创造力。参见张细珍的博士学位论文《中国当代小说中的艺术家形象研究（1978—2012）》第 79 页的内容。
④ 乔以钢等：《性别视角下的中国文学与文化》，经济科学出版社 2017 年版，第 24 页。
⑤ ［英］吴尔夫：《一间自己的房间》，贾辉丰译，商务印书馆 2012 年版，第 157 页。

份引发的作者身份焦虑和愤怒感之下的创造物，因此本书关于疯女人的界定特指与女作家愤怒情绪有关的文学人物原型，而非其他所指。伍尔夫在评论夏洛特·勃朗特的书写心理时，认为她的书写是情感冲动的产物，体现了女作家个人"流血的伤口"的疼痛，不仅不能解决人生问题，而且并无问题意识，这种空白与情绪的满溢折损了写作者应有的力量，甚至更改了力量运作的方向，"她所有的一切力量，由于受到压抑而变得更加强烈，全部倾注到这个断然的'我爱'，'我恨'，'我痛苦'"①。这种内心呼声被哈罗德·布鲁姆称为"恶魔的声音"，他接纳了伍尔夫的提示性描述，同时认为唯有摒弃恶魔的声音，听到"我爱"时，才能够真正获得内心安宁，从而完成阅读和教人阅读的工作。但即便对此具有清晰而理智的觉知，布鲁姆也仍然认为"恶魔的声音"无从避免。"她②本人有很多建议给其读者，而我在本书③中从头至尾都欣然接纳这些建议……我无法阻止我的恶魔出生，但无论如何，在这本书中，只有当他低语'我爱'时我才会聆听他。"④ 显然，布鲁姆是选择用理智与爱相结合的方式去处理可能存在的疯癫威胁，因为布鲁姆一再强调诗歌并非为克服写作主体的焦虑和愤怒而出现和存在，即写作者不可能在写作过程中保持彻底而完满的健康，也即"诗歌本身就是一种压抑"⑤。因此，转移情感的方向或许是解决此问题的一个有效方式。正是由于哈罗德·布鲁姆、弗吉尼亚·伍尔夫都对自身内在爱恨情感的存在极为敏感，才使他们能够发现他人文本中相似情感的存在。卡尔·曼海姆认为，只有这

---

① ［英］弗吉尼亚·伍尔夫：《论小说与小说家》，瞿世镜译，上海译文出版社2009年版，第31页。

② 指弗吉尼亚·伍尔夫。

③ 指哈罗德·布鲁姆《如何读，为什么读》一书。

④ ［美］哈罗德·布鲁姆：《如何读，为什么读》，黄灿然译，译林出版社2015年版，第4页。

⑤ ［美］哈罗德·布鲁姆：《影响的焦虑》，徐文博译，江苏教育出版社2005年版，第101页。

样的人"才能看到被爱或者被恨的对象身上的某些特征"①。

塑造疯女人文学形象和与疯狂相关意象的整个过程其实都带有鲜明的仪式感,而仪式感对于找寻并恢复女性原始创造力来说又非常重要。具体而言,将一类文学人物形象自觉妖魔化至疯狂的程度,这一方式类似复原原始创造力的某种仪式,在仪式化过程中,女作家不仅修复了自身被抑制、否定和扭曲的创造力,还为自己制造了一个新的状态,引申出成功对抗性别身份焦虑的另类方式。因此,非理性的方式似乎又并非绝无益处,尤其对艺术创作来讲,它本就具有一定的合理性②。从拉康的艺术创作原则上看,人的欲望是以转嫁在他人欲望的基础上而流露出的,因此人的欲望从本质上讲便处在压抑状态,疯狂颠覆了这种状态。"我们所面临的窘境是婴幼儿时期欲望的虚幻世界从一开始就错误地构建于他人欲望的神秘踪迹,这个他者或许是母亲,因此我们根本就从未自己表达欲望。"③ 如继续按照拉康的艺术原则来观照的话,便可认为艺术创造本身为个人欲望的暴露提供了契机,让欲望回归到主体身上,只有这样才能完成真正的升华,而嵌入艺术中的疯狂则应不失为对这个升华过程的助力方式,当然,如果它能在不影响主体健康的情况下以艺术策略的方式存在则更加完美。但布鲁姆已极为现实地提醒过我们,从仪式感的建立到这种意识本身的确能够起到对抗或抵消焦虑的作用,这一想象过程成为具体实践是颇具难度的。"在非原始社会状态下,这种返回混沌的情况是非常罕见的。"④ 布鲁姆认为对于后来诗人而

---

① [德]卡尔·曼海姆:《意识形态与乌托邦》,李步楼等译,商务印书馆 2017 年版,第 209 页。

② 例如,德兰苏认为个人负面情绪的影响在创作中能够被转换成纯粹的能量。具体请参见 Transue, Palema. *Virginia Woolf and the politics of style.* New York: State University of New York, 1986 年版,第 5 页的内容。

③ [美]史蒂夫·Z. 莱文:《拉康眼中的艺术》,郭立秋译,重庆大学出版社 2016 年版,第 53 页。

④ [美]哈罗德·布鲁姆:《影响的焦虑》,徐文博译,江苏教育出版社 2005 年版,第 60 页。

言，在肯定自我创造力的同时，必然会遭遇"影响的焦虑"所带来的
精神折磨。的确，文学作品创作本就是种需要将主观性发挥到极致的
行为，在此过程里，作家不得不将主观想法融入其中，女作家尤惯于
将个人私经历和主观想法带入写作中。影响的焦虑会困住作家的思维
意识，缠绕、牵绊、削弱其创造力，因"影响"而发生的"焦虑"是
名副其实的主观性焦虑，这种负面情绪会在作家创作力经由主观意志
表现出来时，极大地迸发出来，攫住写作主体敏感而亢奋的神经。诚
如布鲁姆所说，"诗人感到自己是出于对预言力的渴望才爱上了缪斯，
而且这种爱将能保证他有充分的时间来满足他对预言力的渴望"①。
在影响焦虑理论中，缪斯象征预言力，即象征着诗人的才华和灵感，
是对诗人创作力肯定的隐喻。因缪斯带有肯定、积极与正面的印象，
使她与诗人幻想中的母亲化身相等同，与前驱诗人所象征的后来诗
人对父亲的想象也相对应，这种完满性令人不得不质疑缪斯存在的
真实性。事实上，缪斯不过是诗人为消除、排遣"影响的焦虑"所
采取的一种策略。缪斯象征性地作为一种愉悦感的催化剂和活跃剂
存在，代表诗人对自己原生禀赋与才能的体认和肯定。正是缪斯的
存在，缓释了后来诗人紧张的神经，抵消了他们部分的消极情绪。
对于女作家来说，思想精神空间图示中前性生活时期的女性所停留
的空间便是一个缪斯式的空间，象征调剂女作家精神痛苦的原始母
性天堂。寻找这种空间感受，对缓解作者身份焦虑而言具有重要意
义。同时性欲解放的空间也是诗意诞生的裂隙，即伍尔夫一边苛刻
地认为堆砌文字的技巧与方式对成为职业作家而言大有裨益，同时
又极为赏识那种作家的内在真实性。"我们阅读她②的作品，是为了

---

① 　［美］哈罗德·布鲁姆：《影响的焦虑》，徐文博译，江苏教育出版社2005年版，
第61页。
② 　弗吉尼亚·伍尔夫在《〈简·爱〉与〈呼啸山庄〉》中，将夏洛特·勃朗特的观
点定义为"乡村牧师女儿的见解"。但在伍尔夫通篇的论述言辞中，又体现出鲜明的、不
经意间地对于文学作品中诗意的珍视和偏重。她指夏洛特·勃朗特。

它的诗意。"① 伍尔夫也认为有部分作家着实没有办法摆脱自身激昂的言说个性,正是这一认识为哈罗德·布鲁姆沿袭下来。这种矛盾性表明疯女人的黑暗力量也并非完全不可取,而恰应被适当地兼顾和运用。甚至对于疯女人黑暗力量的价值重估也有助于女作家在书写中完成对文学父性特征的消解,朱莉娅·克里斯蒂娃的解释便很直白:"如果说每个人都无意识地害怕阉割,那么一个女人只会在精神病症里感受这个认同的灾难,男人则永远受到这种威胁。"② 疯女人的疯狂取消了阉割焦虑,从而否认了阳具中心主义式的升华机制,带来母性激情内涵中超越机制生发的可能,凸显出女性力量与女性气质的重要性与现实价值。鲁萌认为女性亦是一种暴力力量,"女人的褊狭嫉妒在自由名义下的释放中采取对立姿态,就是一个历史的报应"③。而以母性激情为主导的自我超越机制,由于双重性④导致其本身便具有被文化攻击和影响的契机,这一点会使其中的自我超越机制丧失优点,被弱化为不具竞争力的方式,从而使女性原本可凭借的自有机制的价值受到贬抑。朱莉娅·克里斯蒂娃主张女性通过母性来完成升华或许要更适宜,但这种升华仍有缺乏的风险,尤其当这种方式在"应对泼妇的炫耀卖弄、或与阳具的竞争无力时,这种升华经常受到忧郁的威胁"⑤,女性的自虐式报复便具有发生可能。因此,女性病态化正是文化与具体环境等多重影响因素共同作用的后果,它们使原本可借由母性激情而更加真实和丰沛的两性,

---

① [英]弗吉尼亚·伍尔夫:《论小说与小说家》,翟世镜译,上海译文出版社 2009 年版,第 32 页。

② [法]朱莉娅·克里斯蒂娃:《独自一个女人》,赵靓译,福建教育出版社 2015 年版,第 183 页。

③ 萌萌:《后现代主义与女性问题》,载叶舒宪主编《性别诗学》,社会科学文献出版社 1999 年版,第 53 页。

④ 关于母性激情以及其双重性的概念请参见本书第二章第一节女性身体空间部分的内容。

⑤ [法]朱莉娅·克里斯蒂娃:《独自一个女人》,赵靓译,福建教育出版社 2015 年版,第 184 页。

不得不用阉割焦虑来拘束和困囿自己，成为父权文化规范下的一个克制、理性的存在。这种交换代价出现的原因指向两种可能，其一是女性阵营中姐妹情谊的破裂，其二则是象征秩序中女性地位的低下。由此可见，女性抑郁与疯狂的确与父权文化规范下的女性真实生存状态有关。而疯女人的复仇方式和生存形态正指向一种原本为父权文化规范下的男性气质所垄断的方式，这种报复的形成原因本就与父权文化有关，因此对父权文化机制进行效仿后的疯女人象征性复仇便是可被且应被谅解的。男作家需找到自己的母亲，女作家亦尤其是。弗洛伊德认为，人在成长过程中，有报偿父母的宏阔愿望和强烈欲望，于是，他企图成为自己的父亲，以便创造一个新的自己，并将新的自己献给母亲，而同时，创造新自己这种反叛行为也是为击败父性权威而被精心设计出来的。女作家最终的目的也是为了完成对自己的重新定义，反叛性鲜明。这就是布鲁姆对弗洛伊德家庭罗曼史理论的变形创造和运用。从象征角度说，女作家往往在陷入疯狂和毁灭的危险境遇与走入虚拟母性天堂之间体会到困境感。她们或许深知疯狂可作为一种力量可直接碰触并改变权力的运作方向。朱莉娅·克里斯蒂娃将歇斯底里症的功能置于革命性经验层面进行肯定[1]，认为它是一种"意义积极的革命性症候的方式"[2]。这既是说，疯女人的经验在恰当的时候，也可被理解为一种革命的，而非改良的方式，但对其绝对化的选择预示着女作家对理性精神的丢弃。

哈罗德·布鲁姆认为后来诗人的任务即在编织的布匹中萃取自我，并"在布匹已被编就的地方，我们会继续走下去把它重新拆开"[3]。女作家同样需要具有打破文学中某种连续性的企图和欲望，

---

[1]　［法］朱莉娅·克里斯蒂娃：《独自一个女人》，赵靓译，福建教育出版社2015年版，第102页。

[2]　同上。

[3]　［美］哈罗德·布鲁姆：《影响的焦虑》，徐文博译，江苏教育出版社2005年版，第65页。

以及执着的实际追求。而对打破连续性传统方式的譬喻，最恰当的便是进行持续的带有理性精神并无关情绪的"编织"，也即在不为外界干扰的状态中进行持续言说与书写。同时，她们还需拆解已织就的部分，即背叛既有父权文化规范。对于女作家而言，编织实比拆解更重要，是更为可靠和实在的自我建构方式，拆解则相对形成了虚拟效果，甚至影响或颠覆了编织行为理应产生的效果。巧合的是，这种行为依然带有浓重的仪式感。不可否认，过度的仪式化往往具有一种生硬的形式感，或者说带有人工技巧的某种程序性痕迹，因此，当将仪式感与追逐真实自我的目的并置时，似会形成一种对立的不和谐感。但不可否认的是，诗人创作中的种种"对抗"焦虑的方式，如沾染对"仪式化"感觉的抵触情绪，便会丧失它本身的力量，从而沦为一种功利性过强的策略，这大约是诗人最不愿看到，而又不能回避的情况。需要说明的是，疯女人意象本身不具有任何仪式感，不仅如此，缪斯式的母性天堂、自然乐园本身也并未体现出任何仪式化色彩。尤当女作家因自身选择，而非文学创作策略上的选择遭到精神放逐的宿命圈定时，对仪式感的探讨则是尤其多余和不必的。只有从塑造某一类型的文学人物或某一种文学意象的策略性角度去评定时，才能说疯女人和疯狂意象，与自然、神话有关的意象等是带有仪式感的，因为塑造主体的意志始终需要保持清晰与理性。所以，女作家不仅应具备营造仪式感的能力，还需进行情绪的克制和必要的隐忍。但这并不代表对理性精神的偏执和崇重，也并不代表对女性疯狂和力比多快感的任何否定，而是说女作家需要拥有和保持解决理性化过程中所出现问题的理性思维意识，具备在象征秩序中言说的能力，这是重塑自我的前提。即女作家需在僵硬的仪式和肆意的疯癫中找到平衡，创造张力性书写的方式，在冷淡的仪式感的理性外衣下，将疯狂与快感所代表的火热浪漫与热情的非理性情绪所具有的力量适当掩埋，以进行更深幽的酝酿与释放。也可说，拒绝仪式化，则不能将所谓的黑暗力量很好地释放出。但是，仅带有仪式感的僵硬模式又会打断诗人自身的生命连续性，使其生命中的精神轨迹呈现出碎片化倾向，与真实自我距离重又变得遥远。因此，仪式化编织自我的行为所具有的残缺性，需用呈现女性爆发力的另一仪式化过程来进行救援和弥补，使诗人的真实自我不致因过分克制而处在永久的隐匿状态中。对单一化的编织行为，哈罗德·布鲁姆有过否定性的论断。"这其实仅仅是一种循环探索，它的唯一目的，它唯一能争取到的光荣乃是——而且必然是——失败。"① 也即，单纯地进行普罗米修斯式的苦行和探索，或恐是要迎来失败的结局。在此情况下，以误读之名存在的"疯女人"便能够继续披着仪式化的外衣彰显出存在的必要。如果误读作为一种隐喻，那么逆崇高所代表的修辞便会使疯女人的疯狂被当作一种现实策略进行表达与展现，她即是"叛逆的作家本身"。②

从误读角度说，写作标准如何衡量，以及由谁衡量？对此类问题的思考，后来诗人大约还是共同趋向于将前驱诗人的标准默认为自己的。同样，在父权文化中，女性也常将男性化的书写原则奉为某种最高标准。这是作家意欲反驳却又不得不最终体认和屈从的现实，也同是将文化因素内化后的作家内心经验的写照与写实，甚至可被看作某种精神（压迫或自觉）遗产的一部分，绝对地将之作为消极内容而摒弃并非理想化的颠覆方式，绝对的放弃本身也不会出现，原因即："因为，诗人父亲已经被吸收进了'本我'，而不是被吸收进'超我'。"③ 误读作为一种重复，对于某一特定时期的女作家而言，即需不断误读文学父性特征。而误读字面镜像界秩序的前提即首先完成对父性特征的认同，只有这样才能完成最终的自我呈

---

① ［美］哈罗德·布鲁姆：《影响的焦虑》，徐文博译，江苏教育出版社2005年版，第79页。

② 乔以钢：《中国女性与文学：乔以钢自选集》，南开大学出版社2004年版，第355页。

③ ［美］哈罗德·布鲁姆：《影响的焦虑》，徐文博译，江苏教育出版社2005年版，第80页。

现与超越。撇开矛盾性不论，最重要的是如何界定"创造性地重复"及"再创造地位的那种重复"等概念。这是将枯燥重复提升至一个发挥写作者主观能动性的层面，使他们勉强认可并维护自己的创作价值与"颜面"，同时，一定程度地避开"抄袭"的难堪，从而克服"影响的焦虑"，这里，哈罗德·布鲁姆强调的即积极的重复概念。布鲁姆认为弗洛伊德揭示了一种超自然行动的内涵，即"欲望成为人性的时刻正是孩子降生到语言中的时候"①。对语言秩序的默认构成了人性的组成部分，这几乎是主体无法自决的，但主体仍旧不能打破既有连续性，也不能仅进行简单重复，必须始终预备着在此过程中体现出一定的新意。其实这对于女性文学写作而言，是具有某种优势的。"向前的"代表创新与个性，"回忆"则是在连续性的范围中进行。因此，"回忆"代表了屈从既有规范，而"向前"则意为开创自我独特性，也即记忆未来的东西，这看似矛盾，其实代表了一种更高质量的和谐。态度超然，意味着写作主体拥有逃离连续性和回忆轨迹的可能，而忠诚的态度，又意味着向连续性和回忆轨迹进行回归的可能，这是种矛盾和张力性共存的新型关系，"经过了野蛮阶段和错误再现阶段，强大的想象力诞生了，痛苦地诞生了"②。收回与分离使来自前驱诗人的影响作用被无形缩减，从而释放出后来诗人（强者诗人）的禁忌，在更为宽松的创作环境里进行非连续性的创作实践，这被哈罗德·布鲁姆称为弗洛伊德为新人创造的公式，即以"新人"概念代替"自我"概念，以"前驱"概念代替"本我"概念。③布鲁姆依弗洛伊德理论，认为新人虽懂得逃避与回避危险，但他们仍旧无法忽视危险的存在，从而也不能避免这种自身限制所造成的对前驱诗人的歪曲的发生。女作家也存有类

① ［美］哈罗德·布鲁姆：《影响的焦虑》，徐文博译，江苏教育出版社 2005 年版，第 81 页。
② 同上书，第 86 页。
③ 同上书，第 89 页。

似的危机，从而不可避免地形成了对文学父性特征的恐惧、歪曲和误读。而克服内在危机感，是人自我成熟的一个重要标志，转换思维，我们发现，在某一特殊阶段女作家需要做的即在两种相反相成的方向中，对父性权威进行一定程度的"贬抑"，疯女人文学形象本身就具有这种张力性。从这一层面上说，疯女人形象与诗歌的自有张力性亦具相似性，即它们始终不能太健康，又不能完全不健康，疯女人形象正以其病态化的特征体现出毁灭性和具有爆发力的某种特殊力量。不去评论这种难以掌控的非理性之力的优劣好坏，仅从它所提供的特殊生存经验的角度看，疯女人形象的存在便具有极强的现实意义。这一点可从朱莉娅·克里斯蒂娃《性别战争与和平》中的一个例子上得到佐证，她认为除却母亲形象，欲望被驯服的女巫形象也具有不可遏制的控制欲，她们"虽然没有被授予权威，但具备权力，也具有虽无政治表达但具有想象力的影响，她们补正了由全部人类发明的精神分裂性的调整"①。这里所说的女巫即疯女人类属。对于精神分裂的治疗方式，或可从女性经验中去寻找，譬如对母性激情中的自我超越与升华倾向的研究就是如此。当然，疯女人形象的典型特征并非仅为女性所独有，对其的研究对于两性各自生存经验的优化都有帮助。从象征层面看，疯女人是不孕不育的，疯癫致其逃脱了物种繁衍过程中的女性痛苦，成为背离父权道德文化规范的典型反面人物，为父权文化所鄙夷和拒斥。但疯女人原型所具有的母性激情却能够显示出人类本质的另一面，是文明进程中不可彻底丢弃却又不得不成为他者而应当被隐匿起来的东西。

二 女性疯狂的策略价值

非理性疯狂的价值尚存，只是我们需要转变它的表现形式，用

---

① ［法］朱莉娅·克里斯蒂娃：《独自一个女人》，赵靓译，福建教育出版社2015年版，第172—273页。

理性或技巧性的方式去解决一些问题。即谢琼认为疯女人与生活和解的出路有二，其一是"自杀"或"他杀"，其二是"靠另一种超出理性的非理性力量的牵引"。① 雅克·德里达在谈及福柯对于疯狂与沉默的关注时，表达了对沉默作为一种用于解决与疯狂有关问题的方式和手段的肯定。"治疯狂本身的历史因而是治沉默的考古学。"② 沉默作为一种方式，与用理性和技巧作为解决问题的方式是一致的。隐含在这层意思之下的，正是对疯狂作为一种言说方式的否定。而张扬作为创作的必需条件，在它所代表的进攻之力的辅佐下，主体才有可能获得相对的优先权，但这即便仅是种幻想，也依然在某种程度上成就了创作的原动力。这种力量不仅作为创作灵感存在，同时它也必须作为人的本我性欲冲动而存在。"人们的心里充满着可怕的、混杂的、难以控制的情感。"③ 在肯定了性欲存在后，象征性的女巫的舞蹈对于真正艺术品的创造来说又必不可少，因为它象征性地替换了男性对缪斯的渴求。正如德里达对无作品艺术的艺术性的肯定一样，他认为身份的获得正是通过无作品艺术的演绎而得来，即"作品总是死亡之作，没有作品的艺术，舞蹈或残酷戏剧，将是生命本身的艺术"④。对作者身份的获得，或对自身命运的拯救，对弱势地位的弃置等都应依托去功利的心境状态，而以疯狂之名所进行的张扬正不恰当地贴合了这种状态。例如，女作家面对被虚构的文学镜像女性形象时，在缺乏恰当表现方式的情况下，只能任由本我冲动肆意流溢，从而进行孤注一掷的"打破"，即弗吉尼

---

① 谢琼：《"疯女人"之病——论徐訏〈精神病患者的悲歌〉中的"疯癫"形象》，《温州大学学报》（社会科学版）2013 年第 3 期。

② ［法］雅克·德里达：《书写与差异》，张宁译，生活·读书·新知三联书店 2001年版，第 58 页。

③ ［英］弗吉尼亚·伍尔夫：《论小说与小说家》，瞿世镜译，上海译文出版社 2009年版，第 316 页。

④ ［法］雅克·德里达：《书写与差异》，张宁译，生活·读书·新知三联书店 2001年版，第 332 页。

亚·伍尔夫所说的为抢救小说生命而为之的"打破窗子"行为，以此解放被传统压抑的人物。① 对压抑的无法排遣极有可能造就女作家急于表白自我的现实情况，以塑造疯女人相关意象为表达方式的写作模式便可以且应该被理解，疯癫成为一种可资利用的工具和力量，能够帮助女性甩除一定的父权文化限制。② 真实艺术品的获得，需要在不祈求艺术品纯粹度的创作环境中被成就。女巫的舞蹈不能产生艺术品，但却是获得艺术品的重要环节。主体对其他诗篇的反应，表征着文学创作的纯粹性。而诗歌本身所具有的压抑属性，则说明文学创作自然地具有一种向内的倾向。张扬与内倾的分裂，即疯女人隐喻之内涵所在。而这种分裂又被认为是种元结构，"分裂正是历史本身"③。因此，疯狂便在此前提下成为合理的存在，它与理性间的分歧即历史本身，我们所需做的便是在二者间找到平衡与折中的方式，而对此目标的规划便体现了对策略的呼唤。"境遇中的疯狂就属于这种'摆脱'④ 和'逃离'过程中的一种策略。"⑤

在哈罗德·布鲁姆对六重修正比的论述中，我们发现以自我魔鬼化手段达到逆崇高目的，会使前驱诗人的力量相对变得弱小，体现出一定的策略意义和价值。从修正手段运用层面上说，女作家笔下的疯女人形象，其实更接近魔鬼化的修正类型，疯女人用自身形象生成魔鬼化的力量，也即女性将自身形象进行妖魔化处理，这个

---

① ［英］弗吉尼亚·伍尔夫：《论小说与小说家》，瞿世镜译，上海译文出版社 2009 年版，第 356 页。

② 拙著《文本空间中的女性力量：性别视角下的经典重释》第四章第三节中有对此观点的论述。

③ ［法］雅克·德里达：《书写与差异》，张宁译，生活·读书·新知三联书店 2001 年版，第 69 页。

④ 这里所说摆脱与逃离的对象是弗洛伊德精神分析理论中诸如"性本能缺失引起欲望得不到满足"以及"如何补偿这种缺失"的观点。具体可参见拙著《文本空间中的女性力量：性别视角下的经典重释》第二章第三节内容。

⑤ 沈潇：《文本空间中的女性力量：性别视角下的经典重释》，陕西人民出版社 2017 年版，第 162 页。

过程有别于男作家对女性人物塑造时所采取的"非天使即魔鬼"定律中的魔鬼塑造过程。经女作家妖魔化的疯女人形象正体现出女性写作者特有的误读方式,她们以此凸显作者身份焦虑,并象征地由此打破男性主导的文学写作格局,调侃了文学父性特征,完成了对其的"逆崇高"化。对于女作家而言,祛否定之路固然是压抑的,但受压抑便有可能达到"逆崇高",这种假设形成了诗人隐忍压抑的内驱力。因此,女作家或者应该学习利用疯女人的愤怒之火,来体现焦虑可能存在的正面力量,而不是负能量。从这个角度说,疯女人正是对女作家作者身份焦虑的隐喻。哈罗德·布鲁姆认为"魔鬼化"看似增强了前驱诗人的力量,"但从实用的角度看,却使得儿子更为魔鬼化而前驱更为凡人化"[①]。在影响焦虑理论中,有关修正比的正统论述,即认为魔鬼化过程是将前驱诗人进行凡人化的贬抑,这正是修正的目的。同样,女作家也通过将带有超验性的女性人物形象带入文学中的方式来解构父性传统。如果遗忘是另一种形式的还原,那么前驱诗人正因被遗忘而被重塑,他们恰以此种方式始终被铭记。这种解构(结构)手段,反映出了人的天性——半自然半文明,既不全然被文化定义,因而始终被来自道德层面的力量约束,又不全然被来自本能的自然属性裹挟,而是始终趋于两种方向。无论是男作家对他人的重写,还是女作家对自身的重写,其实都是一种皈依,而皈依应是徘徊在美学现象之外的,所以重写也许并未遵循任何诗歌美学原则,这种行为未能坚守诗歌的美学底线,从这个层面上说,诗人的目的或恐不能达成。"魔鬼化"使诗人失去人性,获得神秘性,是"一种退离自我而获得的个性化行为"[②]。修正手段中的"魔鬼化"在于对自我盲目状态所进行的延展,即幻想之力作用的结果,从而将前驱诗人的创作力削弱至平庸。但如果女作家没

---

① [美]哈罗德·布鲁姆:《影响的焦虑》,徐文博译,江苏教育出版社 2005 年版,第 108 页。

② 同上书,第 111 页。

有站在策略运用的角度去架构和控制，未在直抒胸臆的行为方式运作过程中刻意制造各种来自解读方面的麻烦，则很可能会折损文本内蕴力量的积攒，从而面临随时失控的文学窘境，不能将真实自我言说行为带入叙述中去。"魔鬼化"的公式是"在我的诗的父亲之'我'曾经存在的地方就应该有我之'我'"①，"魔鬼化"修正方式，能将后来诗人的幻想能力与前驱诗人的创造力从源头上捆绑在一起，具体来说，即产生一种不确定的迷狂状态。这就是说，女作家或多或少都会处在一定程度的迷狂中，但这种结果往往被认为是反抗力度不够所致，不如上升到策略层面所呈现出的力度与印象深刻。后来诗人的"魔鬼化"手段，不仅事关"平衡"能力，亦是自卫机制被调用起来的结果，这种后来诗人的"迷狂"状态正是功利性策略的显现方式。"迷狂"状态在"疯女人"形象上体现得非常明显，也可认为这是女作家对改变两性写作不平等局面的一个有效策略，即通过塑造"疯女人"文学形象的方法来投射内心的作者身份焦虑、隐忧和苦痛。事实上，抵制焦虑的手段，有时也是种破坏自我的方式。有目的地通过塑造"疯女人"形象来表达、投射和发泄，其实也是对自身写作能力与创作力的双重阻抑和破坏，这被认为干扰了艺术创作的纯粹性，或可说，从焦虑感出现开始，创作心态上的纯粹性已趋向于消失殆尽，抵制与否都不影响业已产生在女作家心态中并被固定下来的干扰因素的存在，以及它们对文本内容的控制局面的存在，所以只从压抑/对抗的二元关系着眼，本着获得简单的正面效果的目的来思考，修正手段的运用便是可行的和必需的。于是，塑造疯女人以及与之相关的意象，在一定时段内和一定模式中是极具价值的，疯女人必须且只能在成为一种策略被使用时或者才更具意义。

谈到冷静与克制的精神或心态，就必须说到对焦虑的控制力的

① ［美］哈罗德·布鲁姆：《影响的焦虑》，徐文博译，江苏教育出版社2005年版，第112页。

情形。后来诗人越是迫切地想要完成与前驱诗人的"对话",就越会体现出一种针对自身独创性的隐忧,即他担心不能以诗歌创作核心地带之外的力量去完成与前驱的"平等对话"。他越想逆向修改"影响的关系"的作用力方向,就越会加深并暴露出"影响的焦虑"的存在。既然强者诗人的"影响焦虑"无从避免,必将显现,则他与前驱诗人间的较量,便是种对自身"影响的焦虑"的掩盖过程,不免使冒着风险千辛万苦的较量多少显得有些滑稽与荒谬。所以,强者诗人最后的劲敌最有可能就是他自己,他需与代表"焦虑"的幽灵博弈,实际上整个诗歌影响史主要是一场属于强力诗人自己的心灵搏斗史。哈罗德·布鲁姆"误读理论"中存在一个预设场,即迟来诗人处在被淹没状态,但当事人主体似对此并无强烈意识,甚或有可能否定"被淹没状态"的存在。而布鲁姆作为文学理论家和文学批评家,他认为自己正通过阐释这种理论来提醒强者诗人去自知。而对"被淹没状态"的感知,"只有在少男儿通过前辈们所创造的或所接受的每一个情境来寻找火、寻求燃烧之时,它们才得以出现"①。布鲁姆用来阐释"影响焦虑"理论的修正比概念,表述的恰是程度问题。修正程度较高的话,源自后来诗人的"影响",也即"逆崇高"便更明显,诗人自身的焦虑感受也就更强烈,即布鲁姆所说后来诗人寻找"火"和"燃烧"时刻的复现,同时,在巨大焦虑感簇拥和裹挟而成的"灼热感"中,后来诗人至少拥有了"强者诗人"的桂冠,这也是诗人"强力"的体现时刻,恰是强者诗人区别于普通意义上的后来诗人,或"少男儿"的地方。反观不具强力的后来诗人,或者说相对更有可能永远处在"少男儿"海洋中的诗人,其修正比的运用程度普遍比较低而不当,他发起的"影响"并不强烈和生动,前驱诗人亦不因此而具备"复活"迹象,后来诗人与前

———————

① [美]哈罗德·布鲁姆:《误读图示》,朱立元、陈克明译,天津人民出版社 2005年版,第16页。

驱诗人之间的"平等对话"没有太多的达成可能，"影响的历史"中缺少他们的位置，即便以诗歌创作影响要素中的非核心方式参与到影响历史的抒写过程中去，他们也极有可能永远与理想诗人的身份绝缘，简言之，强者诗人必须经历被激怒的过程才能成其为诗人中的强者。女作家对男性写作者的影响进行"修正"，或者说对既有自我进行修正的冲动，以及对写作声望、创造力认定方面的欲望如达到某个特定程度，疯女人以及与疯狂相关的意象、情节便有可能被塑造出来。对于其个体而言，这或者会产生正负两方面的影响。其一是作者身份焦虑被体现和暴露出，成为显性表现。其二是女作家以外缘性的方式确认了自身的写作地位，变得更为有力，正式告别了默默无闻的死寂状态。因此对性别身份焦虑、作者身份焦虑的体现，以及对体现途径或方式的找寻，都能够成为女性文学写作策略上需要重视的关键性问题。总之，疯女人在文学中的出现，的确对女性文学传统的构建有所贡献，它能够引发人们包括作家自己对女性愤怒所带来的毁灭性力量的关注、重视与重估。至此，对疯女人概念的界定或可完成，即她是一种明确的女作家作者身份焦虑的"体现途径"或"体现方式"。

在一定程度上，文学传统诞生在思想冲突中，强者诗人可在诗歌创作的非核心区域找到与前驱诗人较量和匹敌的方式。疯女人文学形象所具有的力量也在象征层面能够形成与男性权威对抗的力量，而女作家如不能在策略层面控制愤怒流溢的程度，便会影响作者权威性或权威感的形成。首先，模仿是文学的传统，是从当下延伸至过去的一种逆时间性的影响。出现艺术的地方，便应该有竞争关系的存在，后来者们不仅具有撺掇的可能，还完全可能具有逆袭与"弑父"的表现。艺术的诞生场域与竞争、背叛等行为均有关，以此象征对传统"传承关系"的打断。"教谕"传递作为诗歌起源的最初形态与模式，一直以来都是能够得到认可的。如缺少"教谕"的传递，便不会产生诗歌，这是哈罗德·布鲁姆强调再三的内容。布鲁姆提出"艺术的原始场景"这一空间概念，在其中教谕的传递却是时间性概念，从前至后，"影响"的延伸是反其道而行的时间概念，与"教谕的传递"方向相悖。这两种关系集中出现在"艺术的原始场景"这一空间中，共同促成艺术的诞生。教谕传递是一个先决条件，"影响的延伸"是必然会发生的一个结果性条件，二者缺一不可。这就是说，"艺术的原始场景"一经搭建，便极有可能形成文学传统。无论是"教谕的传递"，还是"影响的延伸"，都以一种"精神的形式"，或者说意识形态的形式存在于后来诗人的思想中，即福柯所说"陈述有自己的位置"①，这一来一去搭建起的空间概念在后来诗人头脑中生成时，就意味着文学传统开始得以建构。这一点对于女作家来说同样适用，她们在精神空间中象征性地徘徊在阁楼与自然乐园间，感受父权文化压抑下的愤怒与自我感官愉悦快感间的冲突，形成再次出逃于两种感受的冲动时，艺术创作也因此具有了生发的可能，艺术传统也具有被建构出来的契机，可以说，艺术正诞生于不同思想的冲突与碰撞中。再如，从客厅逃到阁楼，也是由于女作家感受到父权文化规范与内在本我欲望间冲突的存在，而做出的举动。因此与其说艺术诞生在女作家精神逃亡的过程中，毋宁说艺术诞生在她们的思想冲突中。在影响焦虑理论中，"教导场景"是先在的，几乎不能由人去决定。后来诗人天然地面对"教导场景"的存在，就如同儿子天然地面对父亲权威的存在，单一的反叛不利于后来诗人，唯有认同与和解才能带来最后的超越可能。这是方法论的问题，指向具体的实践操作。"教导场景"作为一个类似"起源"的先在存在，是成为拥有闭锁倾向与沉闷连续性传统的起点，"影响"的生成还需另一部分，即从时间性上的后来者到前驱的逆向修正过程，当迟来者带着修正意图出现在充满竞争意味的"教

① ［法］米歇尔·福柯：《知识考古学》，谢强、马月译，生活·读书·新知三联书店 2003 年版，第 108 页。

导场景"中，象征性地成为连续性传统的终点时，整个"影响"的
结构都被构成并激活了。即影响焦虑理论中，是后来者带着修正比
重返了教导场景并激活了连续性关系。在女作家作者身份焦虑中，
她们象征性地最终重返了父亲的屋子，以非形式的逃离来定义永恒
逃离的概念，终结了现实的逃亡形式，这也即布鲁姆"影响的焦虑"
说的精髓所在。弗洛伊德学说中的两个原始场景，便也类似于布鲁
姆所说起源性的"教导场景"，是他们二者各自理论得以成立的先在
条件，类似精神分析学说的"预设场域"。弗洛伊德的"预设场域"
被认为具有"恋母情结"和"弑父倾向"，而针对女性，也可认为
那一"预设场域"等同于"阴茎羡嫉"心理所形成的先在条件。
德里达所言"若无压抑，写作是不可思议的"，将作家负面情绪与
写作的可能性进行关联，更加佐证了"影响焦虑"说内涵得以成
立的可能。而布鲁姆认为压抑与写作的关联，是将写作与魔鬼化、
夸张等修辞或者说"策略"进行了联结的结果，这使女性作家作
者身份焦虑通过"疯女人"文学形象得以表达和呈现，具有一定
的理论支撑，也即女作家因具有性别身份所导致的作者权威感缺
失后的特殊焦虑，而极有可能在文本中创造出疯女人的文学形象，
二者的关联更加深了疯女人策略性地位的印象。

　　在追求成为强者诗人的过程里，后来诗人总要经历由爱慕转为
仇恨的心路历程，并且，这种转换带有时间上的延迟性。布鲁姆发
问："强劲诗人之追求诗的不朽（那是相关的唯一永恒的幸福），如
何见于时间上姗姗来迟的冲突之中？"[1] 就是说如何在冲突和仇恨情
绪下表达普遍意义上的诗人对强者诗人的敬仰与崇拜之情，这个看
似矛盾的关系，或者说，后来诗人对前驱诗人的正面性崇拜，所体
现出的正是对诗歌创作和诗歌本身，或诗人身份所持的虔诚态度，

---

　　① ［美］哈罗德·布鲁姆：《误读图示》，朱立元、陈克明译，天津人民出版社2005
年版，第56页。

这种纯洁而高尚的态度是怎样被充满复仇意味的愤怒感所覆盖并再度被传达出的,这本身便是件令人焦虑的事情。因为这种对抗或者说冲突,其实是两种不同类型情感之间的冲突,其一是高洁、虔敬无杂念的情感,其二则是愤怒、世俗功利而小气的情感,两种情感共存于同一灵魂中,这看似矛盾和纠结的现象,形成了诗人潜在的焦虑根源。前驱诗人的光辉造就了他们不可挑衅的阶段,与可容许被后来诗人通过重返教导场景去挑衅的阶段之间,存在一个由延迟的、静止的时段所构筑的类似真空的罅隙。在其中,后来诗人会重复和堆砌对前驱诗人的爱慕,以此寄托和表达对诗歌和诗人身份的敬仰,这构成了前驱诗人表面的光辉与权威,构成了“原始压抑”的存在,在此,一切情境都毋庸置疑。与之相似,在女作家作者身份焦虑形成之前,也必然存在一个真空罅隙,其中大约充满女作家潜在的重复性爱慕与虔敬,这些构成了她的愤怒情绪最终有的放矢时的目标,即使愤怒有所指,而进入文学创作领域的感激与虔敬等高尚情感元素,与负面情绪之间构成二元对立关系,由此,女作家形成了原初压抑,也即她自身的焦虑源。基于后来者的重复能够对稳固的前驱形象产生助力作用,后来诗人便相对在时间性上处于劣势地位,须接受原始压抑和焦虑源,或者说“教导场景”的存在,这意味着他在将自己对诗歌本身和诗人身份的崇敬之情转变为带有仇恨与愤怒的挑战行为的过程中,迫切需要为整个行为附加意义,以增添挑衅行为的价值附加值,因为他们挑战的对象——前驱诗人是极富光辉的,他被静滞在某段只允许和只接受崇拜的真空罅隙,这恰证明对这一空间特征进行挑衅是具有一定的价值高度的,便由此延长了后来诗人对诗歌本身和诗人身份的虔敬感所维持的时效性。同样,向女作家文本纵深处发掘的方式,象征着对口语传统的回归,以摆脱写作所代表的次生性,转向原始欲望本身。一味地或过分地强调文字力量,无疑是牵强和徒劳的,这样做只会使写作主体的自身价值大打折扣。人是写作主体,而思维是流动的,故而,创作心理是动态的，所以看似以静态方式呈现出的沉默的文字、文本是"现象的"，因而朝它的纵深处发掘应当会有意想不到的收获。文学文本断然不会绝对纯粹，它是人的意志运作下的产物，无论是有意识还是无意识写作，都必然与意识的流动性而非意识本身有关。

　　从本源上说，对危险的恐惧或假想，促成了人各种形式的焦虑。对于诗人象征的写作者而言，他们发现自身神性，或说光彩和创作天分时，就必然产生欲望，当然极为私密的写作或许除外。一旦进入公共写作领域，便难以避免功利欲望的干扰，譬如对自身作品的价值期待，对读者群体定位的想象，对作品受欢迎度的期待等，写作主体不自觉地想要证明自身写作能力与创作天赋的水准，在欲望裹挟下，必然会开始对周遭环境进行"有必要的"警觉环视，从而使光辉的"教导场景"进入自身视域，主体防卫系统便被激活。女作家作者身份焦虑，以及女作家心理防御系统，或说早于防御系统被激活前就应被已然激活的自我意识，以及对自身写作能力的肯定，这些与主体意识相关的意识的激活都能够使女作家感到某种危机的存在，从而形成自卫机制以及推翻和反叛的冲动。疯女人的文学形象正是这样一种修正手段，是女作家表达愤怒情绪的一种直白方式。这使女作家的欲望同自己的影子不断亲近又远离，自我永远相对地处在变动中。而自我的影子，即疯女人形象同样缺少固定的位置可以停留，处在被女作家的欲望无限拉近与背叛的无休止循环中。疯女人起初作为女作家的一个自我发展目标而存在，但最终不能停留在"超我"位置上，也不会彻底陷入自身欲望的同一维度中，她就始终在两种位置所设定的中间地带摇摆。疯女人作为一种逃逸方式和策略的象征，必然趋向于超我式的存在，对本我应保有天然的疏离态度。当疯女人文学形象被过度演绎时，女作家便有可能会感到本我或被扯牵到极度虚拟和失真的境地，失却她原本对现实身份与现实压抑因素的报偿能力，模糊了自身与现实文化压抑因素间的关系，即主体的自我被淹没在想象空间当中，与符号界隔绝，以异端的形式再次被压抑或消解，这是主体最不能容忍的情况。应当说，女作家的自我须从想象空间中适时抽离，同时，她们须逃出思想精神空间中的愤怒阁楼，摆脱疯狂的逆向侵犯，成为真正的驾驭主体。布鲁姆举例说，罗兰心中的幽秘高塔处于其探索自我理想状态的过程中，而作家正通过与幽灵本我的纠缠，来确立先时的自我，这些都是自保意识作用的结果。① 作为防御的限制，其实是种以退为进的方式。作家一直想通过书写来确立自我，无论是在"影响的焦虑"还是基于性别身份焦虑的作者身份焦虑中皆如此。写作主体或恐在混同感中产生丧失自我的挫败感，生发对回归虚弱自我的想法。对于女作家而言，重返本我状态，则意味着对曾遭现实因素挤兑过的状态的妥协，以退为进并孤注一掷地找到能让自己获得暂时安宁与宣泄的自我存在，经由失意与弱势地位再次靠近既真实又唯一的自己。正由于防御限制的存在，女作家采取以屈从姿态掩盖真实自我行径的方式策略进行书写。这意味着，在将欲望冲动进行收敛后，作家才能更好地完成创作，于是，疯女人的疯狂在女性艺术创作中更贴近现实手段时，才更具现实意义。

哈罗德·布鲁姆在《误读图示》中用"幽秘高塔"来形容诗人的隐蔽欲望，这种欲望与对身份的追寻和自我的确立有关。"幽秘高塔"是个形象的比喻，幽秘形容诗人将欲望潜藏起来的感觉，这是建构独立自我的前提，而高塔则是诗人选择进入诗歌创造领域时内心暗含的终极向往，它代表对"强者诗人"身份的渴求，亦是建立独立自我的必备条件。两重含义使处于创作中的诗人始终被两种情感左右，以遵循修正比运用过程中至关重要的替代原则。对诗人渴求身份心理的描述，完全可以绕过功利性的语言来进行表述，而最

---

① ［美］哈罗德·布鲁姆：《误读图示》，朱立元、陈克明译，天津人民出版社 2005年版，第 105 页。

为简洁的一种即是"诗人自己"的语言，诗人希望能够成为"诗人自己"，这是对他所渴求身份的最高评定。因此，在他的追求过程中，必然会存在因"自我"而生的脆弱与敏感。同样，可假定女作家内心也存在一座"幽秘高塔"。在欲望被严格束缚后，女作家在现实生活中就会因"第二性"身份而感到自身处于受父权社会压制的状态。高塔代表成为作家后对"成为自己"的目标的追求，如她不能在欲望延展中找到属于自己的身份，则高塔又象征着对她已被释放出的欲望的收敛和囚禁。正如拉康认为的强迫症、歇斯底里症或精神错乱症等都是神经过敏者成功"管理那些不容于世的欲望"[1]的方式。欲望受抑制状态及在其中无法找到转移欲望的方式的情形，使疯女人作为一种隐喻，代表女性欲望冲破禁闭闸门进行肆意流溢与蔓延的状态，而高塔则象征着另一重禁闭空间，与女性欲望相对。这里所暗示的内涵是，疯女人直接出现在文本中的方式需要得到修正，即女作家需要节制自己的情感，变换方式以表达愤怒。在影响的焦虑理论中，伟大属于前驱诗人神性的光辉，与之斗争，"我们也变得伟大了"。[2] 它是致使后来诗人欲望火焰熊熊燃烧的首要原因。在作者身份焦虑中，伟大的对象似表现得或被竖立得不那么明显，它以另一种极端形式存在并被呈现出来，即通过逆崇高，或者说魔鬼化、夸张的修辞来体现。通过这些方式，同样可发展出一种能够与伟大相抗衡的相反力量，借此，女作家的欲望展现能够获得某种形式的巅峰感。正因为这种"巅峰"效应，它与超我所代表的意象有异曲同工之妙，因而象征着女作家幻想中的极限自我。这种幻想以及切实的追寻行为都因而成为另一形式的伟大或崇高，使女作家的自我修正过程具有极高的价值与充分的理由。

---

① ［美］史蒂夫·Z. 莱文：《拉康眼中的艺术》，郭立秋译，重庆大学出版社2016年版，第41页。

② ［美］哈罗德·布鲁姆：《误读图示》，朱立元、陈克明译，天津人民出版社2005年版，第105页。

　　由此可认为，疯女人作为一种误读方式必然会出现，误读即为影子的重叠，或说是误读理论对前驱影子在后来诗人身上投射情况的综合分析。在作者身份焦虑说中，女作家对现实情形的有意误读也可以说是这种焦虑的核心内容。误读、修正、影响三者的关系可被简单概括为：误读即一种修正，而修正基于影响。影响是渊源，误读是表现，修正是手段。女作家关于疯女人形象的想象，即是对现实男权文化思想及其下的女性道德超我形象与规范的误读。对疯女人的想象在具体文本中通过女性人物塑造的不同方式，普遍认为投射出了女作家本人的焦虑，在人物身上形成了作者的替身。女作家自身作为自己影子的存在方式，亦是对这种类型的误读理论内涵的最佳诠释，即将影子投射在自己创造的文学人物身上，用复照效应使女作家在创作行为发生的过程中，感受来自父权现实道德超我形象的一部分力量化作阴影去影响写作行为本身，使之失去原本应有的纯粹性，沾染现实中诸多针对女性性别身份的压抑因素的影响，使写作带有女性特有的负面情绪阴影，表达了一定程度上的私人怨愤，也即将部分女性经验带入创作中去。现实因素针对女性性别身份而形成的经验可更贴切地被称为女性身体经验，而将身体经验带入写作的方式，构成了女性文学的独有特征。女作家作为生命个体，本身就应是情感上具有复杂性的人，以显示出正常欲望主体的特质。从人的角度说，便不能在分析女作家现实自我时，将其欲望本我与道德超我进行绝对孤立的分离看待，因为内化过程中的复杂性就已显示出对女作家现实自我的评判一直纠缠在女性超我与本我两种力量的对抗中。在写作行为发生的当下，即预示着，主体本我欲望战胜或压倒来自道德超我层面的标准与要求对女性所形成的压抑力的生发，压抑力是单向的，并非"压抑力的强度"中经过内外两重力量对抗后所形成的综合压抑力，前者在写作行为已发生时，是不具意义的。诚如哈罗德·布鲁姆所言"强劲有力度的诗人坚定不移地与他自己的延迟性搏斗，由于误读的必然"①，这就是说，误读如果必将发生，便是对误读通过写作这一物质载体而形成的论断的认可。而女作家书写行为一旦发生，则意味着误读必将发生，或更直接地说主体本我欲望必然会压倒其他影响因素发挥出应有的自身作用。所以，写作伊始的情况其实并不足以持续说明写作不同阶段的具体情形，在塑造基于疯女人文学想象的文学人物形象时，来自女作家的本我愤怒感其实是悄然转化了自身的形式，从内在无形情绪外化而为有形的人物类型，但即便如此，这依然是种虚构，在本质上却已属于虚构的写作空间，是实实在在的存在物。这种转化反映出女作家愤怒的表现力，即修正比的力度。

　　总而言之，疯女人作为文学中的虚拟人物形象而存在，但它被创造出的生命轨迹与女作家创作心理的波折图谱又密切相关。这反映出，如果女作家在现实境遇中遭遇来自男权文化的性别压迫，那么其握笔行为便使她所面对的压迫变得更具针对性，譬如说对其创作本身的阻拦与对其创作力形成的精神上的干扰等。这会使女作家尤其能够感到在文学写作领域中，与男作家间的不平等关系仿佛同现实中可能存在的两性不对等关系如出一辙。从象征层面上说，这会使女性企图开始收敛原初的表现欲和冲动，冷静观望并筹备策略。客观而言，在这一收敛过程中，作为欲望存在的表现并不能被彻底消除，还会表现出多样的反复性与共生性。于是疯女人文学形象作为一种书写策略便得以被创造出来，她的异端力量，仍旧不能被象征秩序所掌控，它始终运用被妖魔化的存在方式试图建造"安全控件"，用以表达某种自身无可遏制的愤怒。由此，女作家形象与疯女人形象必然地发生重叠，使她们对自我进行观照时的隐忧陡然升起，女作家担心"替身"的存在会掩盖、覆没和侵吞真实自我，从而开

---

① ［美］哈罗德·布鲁姆：《误读图示》，朱立元、陈克明译，天津人民出版社2005年版，第162页。

始自觉收敛作为表现而存在的东西，"幽秘的高塔"便出现在文本中。具体在文本中的表现形式，大约便是疯女人形象被女作家亲手毁掉，用另外一种或一些与现实更为接近的形象替换之，即以理性取代非理性。在一定程度上说，即女作家选择趋附某种现实文化，尽力从本质上意识到沉浸疯癫境遇亦是对真实自我的背离，与自身主体进入文学写作领域的初衷是不一致的。从而，女作家更有可能开始重新忠于对理想身份的寻觅，在经过收敛与自觉限制后，创造出反作用于现实的其他疯狂性的"理性策略"，实现观照现实之目的。这会使经过压抑甚至被毁灭过的疯女人的正面力量得到二次复原和释放，从而在升华状态中照亮、作用并影响现实。

第三节　策略意识生成路径

一　"Y"形格局概说

在影响焦虑理论中，后来诗人即便从未阅读过前驱诗人的作品，通过走完自我发现之路，耗尽了全部内在力量，竭力创作出能为其自身带来荣耀感的作品之时，却极有可能发现自己早已被复写过，于是难免对自身创造力的潜质产生怀疑，焦虑便由此而来。这是历史的循环，亦是种先到者与后来者之间利弊得失的共有"宿命"。同样，女作家的自我发现道路也即她们思想精神空间中的变化历程，也是一场象征性的精神逃亡运动，而越过表象，便会发现构成女作家自我发现之路本质的是从最初叛逆姿态到最终自觉重返之间的微妙心理转换机制的存在。如果女作家精神中的苦难或劫难是一种必经，那么她们的策略意识就应该由此应运而生。与儿子对父亲的最终认同类似，女作家需要对文学父性特征和权威秩序首先进行必要而恰当的某种体认，即以某种类似"遮盖"的方式来进行对真实行动的修饰，以实现最终的反叛与超越。而在认同和超越之间，她们则需要为自己赢得机会找到相对真实准确的自我定位。父子关系与

弑父始终是文学中一再被呈现出来的经典主题，儿子希望能够超越
父亲，但最终却似乎需要必然地走入父亲的老路，唯有通过对父亲
名义的认同与和解或许才能在象征秩序中建构出真实自我，找到相
应的位置和身份。在认同与超越间，同样充满了由于被困囿和监禁
而产生的焦虑。概括来说，无论哈罗德·布鲁姆所说的后来诗人还
是女作家，他们对前驱权威或男性传统的各自超越路径都或者应当
表现出类似"Y"形修正轮廓与格局，即须经由"I"形的认同路径
才能抵达与前驱力量或男性传统分道扬镳的时刻，那也正是作家的
策略意识萌生之时。

　　一般而言，在各种形式的父子关系中，儿子一旦摆脱父亲的压
制，则意味着进入了象征界秩序，而不能超越父亲的现实又总会令
他感到焦虑。反叛还是认同，这亦能够用来说明女作家思想精神中
经历的诸种变化的大体特征。首先，在父亲客厅中的女性象征性地
处在被奴役状态，受父权文化的直接压制。而逃离这一空间的女性，
则象征着以反叛性的姿态走入自我监禁的空间中，也即陷入愤怒和
复仇冲动里。如前所述，女作家最终需要选择认同与屈从，以重返
父亲的屋子进行艺术创作为目的。但重返并非倒退，因为女作家在
精神逃亡过程中极有可能已经能够完成思维逻辑的转变，在体验他
者经验的过程里使逃亡具有了其他正面意义，因此重回原点恰是种
进步，超越因认同的发生而成为可能。但叛逆过程仍旧会暴露异端
的行为方式，它从一开始就由矫正的概念与思维主导，与原初主流
趋势构成并驾齐驱且无法产生交集的双线条，自立根基，构成新的
空间格局。而修正则偏向与原先公认的学说构成类似"Y"形的发
展格局，也就是说，它与原本的主流价值内容保持着某一阶段或某
一时期的共同基础，而后再度节外生枝地走向另一方向，是创造性
思路的外在表现。从这一点上说，女作家重返父亲的屋子，屈从父
权文化的抉择，便需要完成对现实影响的修正，即经过部分呈现出
那种影响之后才能在这种呈现的基础上，完成修正式防御与超越，

也即她们需在创作过程中形成"Y"形修正性的发展格局。"Y"形发展格局必然会在前期阶段带给写作主体一定的焦虑感，因为它再现了某种压制机制运作后主体的经验与感受。对这种焦虑的分析，可从影响焦虑带来的诗人在自我意识被抑制中产生隐忧的情形谈起。"诗的影响乃是自我意识的疾病。"① 也就是说，写作主体对于自身受抑制状态的感知和察觉，导致了他们的精神压力的产生，即焦虑的出现。对于女作家而言，处于阁楼和自然乐园之间的困境状态造成了她们思想精神空间中最为痛苦的阶段，这种经历，在重返父亲的屋子后成为修正压抑源的策略，即重现的方式。

在哈罗德·布鲁姆的影响焦虑说中，遮护天使的连续体概念同时体现在时间和空间的双重维度中，也即体现着后辈诗人与前驱诗人间的关系，即他们具有一脉相承的延续性，存在着一种一脉相承的传统。而不连续性才能产生强者诗人的诗歌，"不连续"意味着打破、背叛和逆反的潜质、能力与可能。布鲁姆将连续性形容为"恶魔"的"恶毒"，可见连续性关系是难以被打破的。挣脱"连续性"即是打断有史以来自然而然存在的文学上的"父子关系"，这样做意味着要形成新的断裂。"因为把一个诗人同他的父辈分离开的（且由于分离而将他拯救的）乃是创造性修正之一例。"② 诗人的幻象产生了另一种规律，这必然向着某一方向继续发展，成为一个"连续体"而使幻象被束缚于其中，从而证明诗人难以逃脱的影响焦虑的确存在。女作家作者身份焦虑的存在可证明自身遭到精神禁闭的事实，因幻象可映射现实而得到佐证。由新诗人各自的幻象而构成的条条规律，就形成了一个又一个难以被打断的新的连续体，它们皆源自新诗人主体内部的虚假阐释，从而使对文学领域中现象的解释路径发生了偏移，或者说逆反。即本该由前驱诗人对新诗人进行的影响，

① ［美］哈罗德·布鲁姆：《影响的焦虑》，徐文博译，江苏教育出版社 2005 年版，第 30 页。

② 同上书，第 43 页。

反而转换为基于新诗人本身的自我解释，从而必然生发出不能预计的偏差和误会，其数量总和即"影响"的全部。影响焦虑的解释路径发生逆转，代表新诗人的反叛方式出现新意。同样，也可比对女性书写，即女作家利用策略进行了一定程度的自我阐释和呈现，刻意制造出阅读者阐释文本的难度和障碍，从而试图进行一种全新形式的反叛。可以说，阅读本就是从阅读主体发散出去的对以作品客体为代表的前驱权威性的重新阐释和再造。女作家通过强行带入女性经验更改了这一习惯，使阅读者的阅读反而成为被动性的。所以在影响焦虑理论中，作为阅读主体来说，他的个人"幻象"表现得越执着、顽固，他的"克里纳门"就越容易失去限制，用一种形式的"连续体"（幻象的构成）去打破另一种形式的"连续体"（父子之间），但这种"打破"却没有实质意义，它不仅不能消解影响焦虑的体现，反而可能从另一方面展现出自己不能抑制的对于影响焦虑的"介意"与"仇恨"。因而读诗（文学作品）时，不存在一个孤立阅读主体对孤立的诗之客体进行阅读的静止状态，而必然会造成动态的阅读体验，也即一种被西摩·查特曼概括为"文本内模式"的存在："那一言语的创造者，正如人物之言语的创造者一样，是隐含作者。该创造者不是人，不具形式，没有物性，毋宁说，它是读者所处置的文本内模式。"① 作为一时阅读主体的个人，他须与时空中另一写作主体形成潜在的对应关系，以达成误读。需要注意的是，这种误读是某个主体刻意而为的行为，是强行令其发生的。譬如，女作家试图误读文学父性特征，如此便能够通过制造戏拟效果的方式来进行另类颠覆。这种隐蔽的反叛，或者说曲折的误读方式的发生正是"Y"形发展格局的具体表现，也可理解为在这一阶段中，写作主体或阅读主体性本能力比多的升华遭遇了某种侵犯，而后形

---

① ［美］西摩·查特曼：《术语评论：小说与电影的叙事修辞学》，徐强译，中国人民大学出版社 2016 年版，第 99 页。

成的压抑，这种压抑影响着创作和阅读的方式，即主体的思想和精神的存在方式。显然，他们的思想精神状态深受焦虑感影响，压抑感也便伴随误读始末，最终，在孤独的创作（阅读）状态中，主体具有完成自我净化的可能。"Y"形发展格局在净化感到来时即被完整地呈现出，主体方能摆脱由压抑造就的焦虑感的侵袭。对此，弗洛伊德主张解放压抑的内在本源，尼采在此方面也与其类似。这是在窥及前驱诗人状况后得出的结论，前驱诗人的先在空间性地位决定了他们全然没有必要去持续受挫或接受苦行式的生活方式，尼采认为"人们知道苦修理想的那三个皇皇大词：贫穷、服从、贞节"①。其中"贫穷""服从""贞节"的内涵即后来诗人焦虑感的具体与基本所指。创作最重要的前提是作家身心双重健康的存有，这是创作得以完成的基本现实保障，缺乏身心健康保障的创作也或者可认为是失败的，或者说是种不能被效仿和推广的并不特别理想的书写经验。所有诗人的排他性都是为了达到一种不约而同的神性，而对前驱诗人影响的在意，使超越前驱的想法被挡在写作主体的内疚感之后。女作家在挑衅文学父性特征时能够产生类似的内疚感，这是由道德内化作用造成的现实结果，究其根本是文化规范的力度所决定的。经由女作家的想象力将其夸张演绎的事实是造就她们精神痛苦的关键内因。想象与痛苦的关系，形成了想象中的痛苦，而记忆与痛苦的关系，便构成了痛苦的记忆。总之，祖先的强大使他们成为后辈心中的神祇。

二　修辞角度下的"I"到"Y"

从修辞角度说，谈净化的过程趋向于清空的方式，强调倾倒和排出的阶段。就写作本质而言，属于灵魂分裂的过程，是纯粹体现

---

① ［德］尼采：《论道德的谱系：一本论战著作》，赵千帆译，商务印书馆 2016 年版，第 123 页。

个体内在性的行为，而非真实身心分裂的过程。所以研究焦虑心理便是件自然而然的事，写作需要主体身心健康的现实保证与支持，而灵魂的分裂只能够作为一种策略存在，始终应被写作主体自行操控和驾驭。由反叛带来的内疚感衍生出的罪恶感亦是不容忽视的，在影响焦虑理论中，"阿斯克西斯"是一种旨在驱除和摧毁前驱诗人的修正手段，以此印证强者（后来）诗人对前驱诗人超越心理的真实存在。因此，"克里纳门"或"苔瑟拉"所代表的纠正与续完，其实都隶属尚未超越的俯首状态，是给他人做嫁衣的工作，亦是"Y"形发展格局中的"I"形部分。强者诗人须与前驱诗人进行搏斗方能完成自我超越，无论后果如何，重点在于超越行为的发生本身，这能够激发出他们内心潜在的竞争意识和勇气。如弗吉尼亚·伍尔夫对控制精神意识的肯定，指向对滥用权利与徒劳损耗精力的反讽，她比喻不加控制和修饰的状态"就好像为了浇灌一小片玫瑰花丛，而喷射了一半花棚"①。策略意识的价值在于节省经历以完成宏观布局，诸如对释放与反叛情形的控制就是如此。弗洛伊德升华概念中的定量原则认为"总在暗示着一个上限，超过了这个上限，本能的冲动就要起而造反"②。用弗洛伊德升华理论去理解的话，从"克里纳门""苔瑟拉"到"阿斯克西斯"，不过体现出了诗人对自身心理上限不断进行突破的过程，暴露出诗人对自身心理上限的感知和超越意图，心理上限其实是诗人内心潜在的欲望（超越欲望），是不甘于仅从"克里纳门"或"苔瑟拉"中获得对前驱修正机会的行为意识，他们还企图完成创新的部分。女作家的呈现所暴露的问题即是对父权文化痼疾的敏锐洞察与修正，创新必须建立在主体对女性经验的秉持上，而后方能协同完成。"作为一种修正比的'阿斯克西斯'也是定量性的，因为诗人的炼狱很少会成为一个人口稠密

---

① ［英］伍尔芙：《普通读者》，江帆译，金城出版社 2010 年版，第 334 页。

② ［美］哈罗德·布鲁姆：《影响的焦虑》，徐文博译，江苏教育出版社 2005 年版，第 135 页。

的地方。"① 从宏观上看，"阿斯克西斯"的定量性是说诗人的痛苦并非大多数人可轻易体会到的一种痛苦，这个群体的特殊性即在于它的小众化，无论从其内在特质上看，还是从其现实外延中看，皆是如此。这意味着，在达到某个上限时，通往"诗人炼狱"的大门便关闭了，即强者诗人的数量总是有限的。于是，成为强者诗人应首先突破自我心理的上限，意识并发掘、暴露出主体潜在欲望，从而进行某种不计后果的实践，然后被囚禁在拥有骄傲"定量性"的"炼狱"中，在其中的诗人应带有英雄主义色彩，因为"只有英雄的净化才是'阿斯克西斯'，才是一条通往自由——有意义的行动——的大道"②。这说明，"阿斯克西斯"的目的首先是保持对光明的向往，因欲望的流露和展示，以及由此反映出的无畏精神的产生，正是出于对光明的向往，以及对其笃定的忠诚与追逐。如哈罗德·布鲁姆认为美国强者诗人在这一阶段中所强调的最终目的为"自持的孤独——而不是过程本身"③。这就是说，如果最终目的是一份"定量性"的孤独，那么其行为过程便值得被敬仰。由于自身才华受到阻碍，而成为精神上的苦行僧，这一阻断，便是"阿斯克西斯"的实质所指。而且这种阻断一般是种自我选择，即自我阻断。即诗人拒绝在"克里纳门"与"苔瑟拉"式的修正比模式下继续前行，拒绝在前驱所织就的宏伟作品上继续绣花添彩，由是，"I"形续完后便会出现本质上的分歧，即"Y"形修正模式开始显露。通过如上分析，我们猜想，女性美学经验与诗学的建立，显然需要走向更深处，以进行某种带着定量性的孤独所进行的编织，即便这种编织行为发生在所谓的"炼狱"中。净化是在克制中完成的冷静创造，即以悲悯之心所

---

① ［美］哈罗德·布鲁姆：《影响的焦虑》，徐文博译，江苏教育出版社 2005 年版，第 135 页。

② 同上。

③ 同上书，第 136 页。

进行的再造。从理论上说，重返父亲屋子的女作家应怀有此种状
态与心境。这种阻断后的重新选择，即净化，其特点便是孤独，
体现为个人能量的一个缩减过程，但此过程又是自我而为的，因此
缩削便同时牺牲了本能冲动，需要减少热情，抑制欲望，以求净化。
正如弗洛伊德自省后的结论："是焦虑产生了压抑，而不是压抑产生
了焦虑。"① 这一逻辑是影响焦虑研究存在的价值依据。焦虑的先在
存在，导致写作者处在后续的压抑氛围中，是心境上的压抑，亦是
种外在环境的直接压抑，即 "文学中影响的焦虑不一定体现在某一
传统中迟到的作者身上。这种焦虑总是蕴含于文学作品之中，并不
基于作者本人的主观感受"② 。那么，女作家作者身份焦虑的产生也
可以说是伴随女性初入文坛便形成的，这一首要和重要原因，导致
她在环境和氛围上的内外在的双重压抑感的出现，因此从焦虑经由
压抑而走至净化的过程，都将是自体性的。宏观而言，这又是由内
而外发生的一种关系。强者诗人通过修正他人来回归自我，而回归
方式是待定的。使后来诗人成为永恒赤贫者的先决条件即强者诗人
的回归是完整的，其中带有后来诗人对前驱诗人的注目与仰视态度，
以及不加取舍继承的想法的掺入，因此 "Y" 形修正格局中的 "I"
形部分必然存在。那么，前驱诗人的回归便无懈可击，是强行和霸
道的，并未给后来诗人留下他们应有的空间，这同样是为后来诗人
所自决的，是他们自造的现实窘境。当然，如果后来诗人足够强大
的话，是能够被前驱诗人所模仿的，并能够以自有方式进行逆向竞
争与反击，这正是修正手段所体现出的力量，它们让强者诗人超越
先驱，打破其在时间性上的专制地位。即布鲁姆所说，后来诗人由
于运用修正比而获得自有风格，不仅推翻了前驱的宰制，且为前驱

---

① ［美］哈罗德·布鲁姆：《影响的焦虑》，徐文博译，江苏教育出版社 2005 年版，
第 139—140 页。

② ［美］哈罗德·布鲁姆：《影响的剖析：文学作为生活方式》，金雯译，译林出版
社 2016 年版，第 8 页。

所逆向模仿。① 这里清晰地交代出"克里纳门"所造成的结局，即与前驱诗人分道扬镳的观感——"Y"形格局的出现，在这一阶段是重要的，艺术家的成功正"取决于他打破常规的能力"②。

另一方面，不可否认，人普遍地或多或少具有自恋欲或自恋本质，力比多天然充足的人尤其如此。但自恋本能特质在某种程度上也即一种形式的唯我，是病态化的表现。对自己诗歌的爱恋便等同于对其的维护，也等同于对前驱诗歌威力所产生的震慑表现，但这是不够成熟的，是本能欲望驱使下的心态表现，并不能称之为一种有效的方式。对修正手段的客观运用才是维系并促使诗歌发展的途径，而非单纯的爱恋，那代表一种宏观动态的发展途径，是作家完成逆袭和自我超越的唯一可能。但是，客体化力比多源自本能，所以，因自恋，也即"对自我的高扬"，向前驱的挑战方才具备可能。因而，克里纳门式的冲动又是必要的。这是因为对独创性的追求和对独创概念的界定，仍与"影响的焦虑"是否存在及如何存在等问题息息相关。后来诗人对自己与前驱诗人混同状态的恐惧，导致影响的焦虑阻止了诗歌最为珍贵的"隐喻性"的出现，至少干扰了它的存在。后来诗人惧怕"他看到的是一个诺斯替式的重影——是他和他的前驱者久已渴望，但又害怕变成的黑森森的'他性'或'对偶性'"③。从本质上看，"影响的焦虑"如果是诗歌创作的外在干扰因素，那么它与诗歌创作的内在规律便是相违背的，诗歌创作心理应是探究与诗歌内部要素紧密关联的问题，所以"影响的焦虑"首先被定义为干扰因素也并不为过。影响的焦虑作为一种与写作者内心感受紧密相关的心理情绪，又

---

① ［美］哈罗德·布鲁姆：《影响的焦虑》，徐文博译，江苏教育出版社 2005 年版，第 147 页。

② 沈语冰：《20 世纪艺术批评》，中国美术学院出版社 2003 年版，第 135 页。

③ ［美］哈罗德·布鲁姆：《影响的焦虑》，徐文博译，江苏教育出版社 2005 年版，第 155 页。

干扰了它本质上作为一种与诗歌创作内在规律相违背的干扰因素对自身的界定，从而使它看起来是种单从宏观上便能够推动诗歌创作发展的动力因素，也可以说是策略，或者就是修正比所带来的正面观感。也即，其干扰性被忽视了。后来诗人对已故前驱的"复活"具有戒心，怀有敌意。而前驱诗人留下的强有力的精神，却能够激发后来诗人与之搏斗，两股力量的较量显现出"影响的焦虑"的深刻内涵，而此模式的修正比一览无遗地暴露出焦虑的表现层面与方式。诗歌首先具有对神性的预见性，这是它独有的力量，诗人成为诗人，便应意识到这种预见性的存在。"当新人刚开始他的诗人的生命循环时，他首先遇到的就是一个十足的神性预见的过程。"① 它与诗人的恐惧和自恋联系在一起，诗人从创作中预见自身成就，同时预见了焦虑的诞生。然而，这种预见性其实更偏向于诗人的自我肯定，他们坚信"新诗人如果完全回避前驱者的淹没，那么他就永远无法获得自己的想象力的生命"②。对于女作家而言同样如此，对诗歌神性预见性的尊重，是将痛苦与自爱联结的保证，也正是承受焦虑并延展想象力和独创性之前提。

　　总而言之，艺术的形成，有一定的天赋加持成分，并非勤能补拙便可全然做到，这也是它之所以神秘和诱人的一个原因。因此，无论是后来诗人还是女作家皆应相信自己的力量，并通过策略的施用，在屈从与超越间进行度的把握，从认同与遮盖中找到展现自身天赋和独创性精神的契机，即把握将"I"形顺从状态转变为"Y"形修正格局的恰当时刻，从而顺理成章地完成与前驱权威和解并试图超越的过程。

---

　　① ［美］哈罗德·布鲁姆：《影响的焦虑》，徐文博译，江苏教育出版社 2005 年版，第 160 页。
　　② 同上书，第 162 页。

第 五 章

作者身份焦虑与文学空间

第一节　文学父性特征与女性写作的张力关系

从起源上，文学便被打上了父性烙印，中西方情况皆如此。刘思谦认为造成这一困境的原因是女性主体性的长期缺席，从而使文学史即男性文学史的论断成为不争的事实①。女性遭排挤的过程，逐渐形成了伊莱恩·肖瓦尔特所认为的"女性亚文化群体"。撤除由亚文化群体的实质性存在所导致的其他经验不论，单从现实角度出发，文学父性特征的存在也毋庸置疑。② 而正是这一现实情形迫使女性写作发展出了张力的特性。

一　文学父性传统
"男子在神学、艺术、科学创造方面占优先地位"③ 的现实已被

---

① 刘思谦认为"男性文学"是一个伪命题，即没有标识出文学男性色彩的必要，文学本身即是父性的。具体请参见刘思谦发表在《南开学报》（哲学社会科学版）2005 年第 2 期的《女性文学这个概念》。

② 具体请参见江苏文艺出版社出版的《西方女性主义文论研究》2002 年版第 118 页的内容。

③ ［美］苏珊·古芭：《〈空白书页〉和女性创造力问题》，韩敏中、盛宁译，载王逢振、盛宁、李自修编《最新西方文论选》，漓江出版社 1991 年版，第 285 页。

神话化为类似既有文化的一部分。因此男性对文学的垄断看起来正如文化现象一样合理，故而，女作家短时期改变这种局面是困难和不现实的。兰瑟认为在西方文学界，作者权威获得与否主要体现为在何等程度上靠近白种男性主导的意识形态，"在西方过去两个世纪的文学传统中，话语权威大都当然地附属于主导意识形态中受过教育的白种男性，只是紧密程度有所不同而已"①。而与这一社会权力的亲疏，正是造成女作家基于性别的作者身份焦虑有无以及怎样的重要因素。因此，从功利角度而言，对父权趋附和屈从姿态的选取是决定女作家是否能够在某一阶段享有父权文化定义下"作者权威"的重要指标，而对于女作家消除基于性别身份的作者身份焦虑的策略所作出的思考，也主要是从此方面展开的。从修正策略上说，女作家需明确建构自身权威的具体方向，即认同恢复或重建母性传统的重要性、必要性和迫切性。也就是说，女作家需适时通过与带有厌女倾向的文学父性特征相认同的方式，来建构女性神话。正如桑德拉·吉尔伯特与苏珊·古芭在谈及弥尔顿对西方女作家心理影响时所感悟到的内容一样，女作家不得不面对文学父性特征对女性写作所构成的挑战。吉尔伯特与古芭认为大多数女作家是在痛苦的同化危机中阅读弥尔顿的，这隐喻了普遍女作家了解"自己的起源和历史"的途径，即"仅仅能够通过父权诗歌"②来抵达。因此，父权对女作家的限定便显得格外自然，即女作家需要通过父权文化来了解自身性别文化印象的起源情况，故而，通往重建或复原母性的、女性的、女神的传统之路便需要一定程度地穿越父性文化大厦来铺就。父权文化带来绝对化的二元对立发展模式，而社会化性别的固有二元对立关系中凸显出的对立感在文化中可被再次加深。在性别

---

① ［美］兰瑟：《虚构的权威：女性作家与叙述声音》，黄必康译，北京大学出版社2002年版，第6页。

② ［美］桑德拉·吉尔伯特、［美］苏珊·古芭：《阁楼上的疯女人：女性作家与19世纪文学想象》，杨莉馨译，上海人民出版社2014年版，第240—241页。

二元对立机制中，女性作为被父权文化压制的对象，同处在父权文化的核心地位，而非惯常认为的边缘地带。这样形容是因为，女性性别身份社会化后的他者性是父权文化运行中的最重要产物，她以他者性成为对立关系中不可缺少的一方。即女性在被压制的核心区域中，其基于性别身份而承载的压力之大是可想而知的。

也正因为被遮盖的压力和焦虑的存在，使女性有必要站在策略层面重审父权文化的影响。在父权社会中，女性处在性别压制机制的底端，但同时又处于它所宰制的核心区域，由此，可认为父权文化总是极大地、迫切地需要着女性的存在。在文学中，父权文化刻意将女性人物形象塑造为无关紧要、微不足道的他者，从而贬抑或否定女性以创造力和想象力为表征的智力，但由此引发的客体愤怒却具有被描述和界定为道德罪过的可能，因此父权文化从道德层面便能够再次对女性进行压制，使其象征性地失去道德贞节。此情况显示出父权文化对女性道德和智力的过度介意，也因此暴露出女性在父权文化中的矛盾地位，即她们不仅是他者性的，亦是核心人物式的，但核心式人物形象的竖立恰需要通过他者化的附加而被表现出来，这正是父权文化的巧妙性。女性愤怒对于策略意识的形成来说十分重要，首先，女性需要将愤怒自我"杀死"后方能进入文学艺术领域，而愤怒却会一再浮现，故而在某种程度上，可认为只有愤怒才能改变女性被毁灭的命运。但对女性愤怒程度的左右和掌控又是至关重要的，它影响着女性策略使用的成功与否。因此，可以说女作家也需要保持一种双面性的、分层的、恰到好处的"愤怒感"。

具体来说，长久以来，文学父性特征过分神话了男性创造力，将创造力定性为性别自然属性下的男性性征。这种特征在男作家中，以父子关系的代际模式来作用，但之于女性与后来诗人（影响焦虑说中的术语）相似的文学境遇，那种焦虑源又具有了同一性，即为哈罗德·布鲁姆多次强调的，亦被桑德拉·吉尔伯特与苏珊·古芭

敏锐注意到的——只有否定前驱诗人的存在才能避免焦虑根源的形
成。① 但这种同一性并不能掩盖其中的差异性，即影响女作家的是文
学父性特征，她们无法跻身与父子关系等同的父女关系中，仅能作
为另一性属的文学创作主体而与男作家不平等地形成对立关系。雅
克·德里达在论述书与写作主体间的关系时，这样描述诗与诗人的
关系："这意味着一种劳作，一种分娩，一个通过诞生诗人的缓慢妊
娠，而诗人乃是诗之父。"② 需要关注的是语言本身流露出的隐喻内
涵，二元对立性别色彩是较鲜明的。伊莱恩·肖瓦尔特也曾这样描
述文学创作的性别色彩："18 世纪和 19 世纪确实充斥着文学之母性
的隐喻。如要比拟，文学创作的过程更是十分像妊娠、阵痛和分娩，
而不是像受精。"③ 肖瓦尔特认为美国女性主义将文学中的父性特征
标识得更为明显，以致形成了一定的引导作用，"美国英语中充斥着
男性中心的类目，潜移默化地影响了我们对现实的理解和领悟。正
因为此，现在人们已越来越注意到男子建构的语言体系中内在的压
迫女性的方面"④。因此诗人与诗之间原本存在的母性关系经由一定
程度的文化价值引导而被迫指向对父性特征的染指，肖瓦尔特认为
法国女权主义者的方式更强调一种与"男家长的语言专政进行口部
决裂"⑤。的确，诗产出诗人的过程是缓慢的，母性的，漫长的，带
有"阵痛"与焦虑特征的，是需要不断付出的，是动态发展的，变
化的，结局未知的，神秘的，因而是相对的，是可被定义的。但不
可否认的是，诗人产出诗的过程无须过多描述，因而又是绝对的，

---

① ［美］桑德拉·吉尔伯特、［美］苏珊·古芭：《阁楼上的疯女人：女性作家与 19
世纪文学想象》，杨莉馨译，上海人民出版社 2014 年版，第 244—245 页。

② ［法］雅克·德里达：《书写与差异》，张宁译，生活·读书·新知三联书店 2001
年版，第 106 页。

③ ［美］伊莱恩·肖沃尔特：《荒原中的女权主义批评》，韩敏中译，载王逢振、盛
宁、李自修编《最新西方文论选》，漓江出版社 1991 年版，第 264 页。

④ 同上书，第 265 页。

⑤ 同上。

既定的，是种文化规范。因此，女性是文学表现的对象，是客体存在，始终不是主体。诗象征了女性，是诗人的缪斯，从而成为诗人灵感的母亲，但她始终不是诗人，因为诗人是不需任何孕育过程而能够被直接诞出的。这并不是说由男性主导文学领域的局面导致了文学父性特征这一概念的提出和凸显，而是说女性创作力遭到直接质疑，使女性与文学不发生直接联系，她们与文学创作被文化隔绝了。从文化层面看，这种偏激观点来自男权文化给予女性的不公待遇，以及一定程度上女性身体经验作用的结果，这使女性不能首先成为现实中的写作主体，影响了她真实创造力的展示。而认为女性创造力低下的一些说法则将以上两种情况本末倒置，使本作为结果产生的女作家创造力普遍凝固为一种低迷的现象，反被认定为造成女作家在写作领域隐性存在的主要原因。

在许多特定的时刻，文学父性特征可用一句话概括为：诗人的笔是对阴茎的隐喻。苏珊·古芭阐释这句话时，认为在笔与菲勒斯形成对应关系的背后存有一个长久被默认的传统，即"作家是男性，是第一位的，女性则是被动的，是他的创造物，等而下之，缺乏自主，被赋予了往往是互相矛盾的意义，可就是不承认人家也有思想意图"①。文学父性特征的形成，从源头上说，得益于一种想象，它的既有存在状况与它最初作为一种男性幻想而出现的情形易在次序上被本末倒置。这跟女性长久被排斥在智力领域外的现实情形与她们作为写作者所具备的创作力遭贬抑的状况之间的先后次序问题，是类似的，也可说是同一问题的变形。造成男性对自我力量与权威的幻想和渴求的正是主体对女性性别身份所代表的力量的潜在畏惧，因畏惧而生焦虑，在焦虑感的促使下，便可能幻想自身性别身份所代表的绝对意义和权威力量是首当其冲的一种常态化的心理准备。

---

① ［美］苏珊·古芭：《〈空白书页〉和女性创造力问题》，韩敏中、盛宁译，载王逢振、盛宁、李自修编《最新西方文论选》，漓江出版社 1991 年版，第 288 页。

女性写作从整体上说，具有相当的延迟性，而这正是厌女心理寄寓于文学父性特征下的一个外在契机，厌女心理未被展露出，因而女性力量也只能总处在被想象中，是神秘化和神话化的。而对这种状态中女性写作者力量的幻想最终将导致男作家对自我权威的附加。这种附加意识与行为，恰反映出父权文化对女性力量的介意与敏感，文学父性特征作为一种想象而存在的论说便得到了佐证。文学父性特征的表现之一即认定女性普遍是缺乏故事的空洞的象征性存在，徒劳承载女性美德崇重下的溢美之言，女性真实性与活力被缩减为某些概念本身。正是女性在文学中的失真状态造成了女作家的写作障碍。但女性始终不应成为神话化的存在，李小江指出女人"只是在男人的话语世界中'被神秘化'了。当我们企图从男人的文本中认识女人，反而离自己的生活更加疏远"①。因此，女作家的言说需要首先完成对自身性属的界定和辨识，才能进行对既有印象的破除和对自我定义的描摹。毕竟女作家所面临困境的形成并非朝夕之间，道德与审美的一致性感受在女性人物身上体现得尤为突出，因为她们的存在本身在历史长河中已化为固有的道德符号。W. C. 布斯认为一个人身上的审美与认知特点和道德感之间具有一致关系，"一个人物身上许多看来像是纯粹审美的或认知的特点，可能都具有高度有效的道德重要性，虽然它们从未得到作者与读者的公认"②。

二　女性写作的张力性

更为现实的是，文学中，女性形象始终缺乏一种实在的文化背景与经验，这种经验既可以是文化中的，如由女性在公共空间中的具体表现所构成的，也可以是自然属性上的，如女性身体经验。在某些特殊阶段，文学女性的价值与意义几乎仅寄托在男性对其美德

---

① 李小江：《解读女人》，江苏人民出版社1999年版，第12页。
② ［美］W. C. 布斯：《小说修辞学》，华明、胡晓苏、周宪译，北京大学出版社1989年版，第146页。

的赞美与崇敬之情上，这使女性身心均有可能遭到文化的双重限制，因此女作家如何面对和处理摆在面前的文学父性特征是促其完成艺术创作不可逾越的一环，而经由父性特征延续女性传统的方式又显然是不当的。这就是说，她们始终需要自建传统，因而屈从也仅具有策略价值。弗吉尼亚·伍尔夫就曾反思过失落的母性传统的秘密，即我们对于母亲、祖母或曾祖母与社会公共空间的关系之印象相对还是匮乏的，"除了某种传统之外，一无所有"，而这种传统似与"她们的姓名、结婚日期和子女数目"是有关系的。① 她们的传统是隐晦、日常而碎屑的，并无连续性和太多的合理性可供追溯，而文学创作正因具备恢复业已失落的女性传统的可能与功用，而迫使女作家需要承载起一定的使命感。在父权社会中，握笔的女人曾被认为是大逆不道的，写作使女性蒙受了双重父权文化的压抑与异化，其一是针对普遍女性的普遍压抑，其二是针对女作家的特殊压抑。前述使命感使女作家借由写作完成对身体局限的突破及对自我的升华与超越，即"在生活中，人并不是总能得到自己想要的东西，但在艺术创作和构思中也许会得到满足"②。但这种满足感与现实欲望被满足的感觉还需要进一步得到甄别，二者并不长久对等。因此，女作家还可能产生心理上的自我"异化感"，这使她们通常会发出多余的自我质疑、反省与辩解，从而影响创作。如果说"艺术是未实现的欲望升华了的满足感"③，那么女作家的创作带给她们焦虑感则亦是正常的，因弱势境地中的升华与超越本就颇具难度，她们便很难不成为异类。故而，焦虑归根到底是由性别身份在父权文化中遭刻意贬低所致。而性在文学中的升华与

---

① ［英］弗吉尼亚·伍尔夫：《论小说与小说家》，瞿世镜译，上海译文出版社 2009 年版，第 50 页。

② ［美］史蒂夫·Z. 莱文：《拉康眼中的艺术》，郭立秋译，重庆大学出版社 2016 年版，第 20 页。

③ 同上书，第 22 页。

超越正标识着，女性矫正文学父性特征张力性需求的存在，这种矫正与其对自身局限的修正是一致的和同步的，因此女性写作的张力性就表现在它既针对自身性别进行内在修正，又对文学父性特征进行外位性修正。

　　然而，女性写作张力性的建立又是困难的。握笔本身本应构成对自我意识的一次强有力的标识与凸显，女作家带着对话语权的潜在渴望进入文学创作领域，期待成为作家连续性传统中的一枚棋子，但现实情况其实与这种期望之间有着强烈出入。弗吉尼亚·伍尔夫一语中的地解释出造成这种困境的原因，即"所谓困难，指的是她们身后缺乏一个传统，或者这个传统历时很短，又不完整，对她们帮助不大。因为我们作为女性，是通过母亲来回溯历史的"①。因此女作家如不能拥有明晰的自我确立目标，则很难获得真实意义上以及自我定义中的权威性作家身份。当然，受时代之限，男作家也曾面对过相似的问题与困境，譬如写作者自我意识在书写中能够被容纳的比率和概率都十分有限的时期就是如此。但在男作家笔下，总是充斥着将女性物品化的书写思维与模式印记，这一点似从未中断，在此类塑造与创造的思维与模式上，变相寻找女性他者，从而巧妙地完成了自我确立。由此，可认为男性写作一贯与前辈之间保持着一定程度的连续性关系，包括表达方式与表现风格等都可能拥有一脉相承的传统，但并不排除个体差异的存在。女作家则不然，其文本意象的复杂性、重叠性和隐喻性明显而特别。这说明，女性创作力受抑制的强度是男性作家不可比拟或想象的，现实父权文化对女性性别身份压抑的具体情形，不会随时代风向的更改而断然转变。桑德拉·吉尔伯特与苏珊·古芭认为文学父性特征总在试图发出一种暗示，即

---

① ［英］吴尔夫：《一间自己的房间》，贾辉丰译，商务印书馆2012年版，第163页。

"文学绝不可能是女性可以从事的事业，因为无论是从生理学的意义上说，还是从社会学的意义上说，都是不可能的"①。女作家因此承受了特殊意义层面的自我压抑。女性在父权文化现实与其下的文学空间中被"利用"的现象，中西也曾有过相仿之处，这种说法也更本质地道出了父权文化运作方式中的某种真相，即女性在特殊历史时期所承载的重任其实是经由男性焦虑进行转嫁之后的结果。上文提到，男性在特殊历史时期②中所面临的情况也许与女作家所面临的情况相似，同样会面对被剥夺的境遇，造成优越感不能很好地通过书写行为继续被享有的情形，从而惧怕陷入与前辈的对抗关系中，相对而言表现得较为弱势，这种恐惧和焦虑使其同样不得不进行对自我的防御，而这种防御却极有可能以逃出对文本进行误读式修正的方式变形为对女性性别身份、作者身份焦虑的制造。譬如，此类转嫁方式通过将女性推出历史地表，使之成为对时代状况提出质疑的象征，这种情况在中国女性主义发展过程中也曾有过。纵观每一次历史中的风口浪尖，女性似乎总难逃脱被推至历史前沿的命运，无论女性力量是被神化还是遭到贬抑，都是对女性真实状态的歪曲。这种现实情形与文学中女性的失真性塑造传统不尽相同。也就是说，文学父性特征以制造女性性别身份（作者身份）焦虑的方式拒绝女性挤入连续性传统当中。桑德拉·吉尔伯特与苏珊·古芭认为男性权威对"意识到自己的价值决不仅仅只是文学文本的财产的女性"③造就的问题，直指心理学层面，这就是说能够获得一定程度女性意识与自我意识的女作家，男性权威对其的伤害主要体现为心理创伤的制造。

① ［美］桑德拉·吉尔伯特、［美］苏珊·古芭：《阁楼上的疯女人：女性作家与19世纪文学想象》，杨莉馨译，上海人民出版社2014年版，第10页。

② 指李欧梵所说的"意识形态与大众化要求"使写作者普遍丧失"个人独创的观点"的年代。具体请参见人民文学出版社出版的《现代性的追求》2010年版，第324页。

③ ［美］桑德拉·吉尔伯特、［美］苏珊·古芭：《阁楼上的疯女人：女性作家与19世纪文学想象》，杨莉馨译，上海人民出版社2014年版，第17页。

但心理创伤又具有演变为创作心理负担的可能，从而影响写作主体创作力水平的发挥，因为在文学父性特征的覆盖下，女作家的确存在言说的困顿感，弗吉尼亚·伍尔夫认为也许这样的女作家在准备下笔时，"发现的第一件事就是，没有日常的句式供她拿来使用"①。这一现实窘境与具体问题，迫使女作家不得不在写作中进行必要的象征性屈从。在女性主体性于父权文化中一再被忽视、驱逐与隐匿的现实面前，这种经由女作家作者身份显示出的反叛性可以被看作对文学父性特征的挑衅与威胁。由于长期被驱逐的命运，女作家对权威性、权威感和权威地位的渴望程度理应被谅解，她们的作者身份焦虑在文学中甚至与死亡恐惧产生某种联系，同时被转换为对存在感、权威感的祈求。应该说，女作家特有的作者身份焦虑，正是哈罗德·布鲁姆所说的文学中最深层次的焦虑，而它是文学父性特征直接影响和作用的结果。布鲁姆认为文学性焦虑与文学浑然一体，文学作品包含"人性骚动的所有内容"，其中便包括"对死亡的恐惧"，这种恐惧在文学艺术中会转化成对经典性的企求，即渴望作品存在于群体或社会的记忆之中。② 普遍女性长期离群索居的状态，不恰当地猜想，这在一定程度上，会使女作家对作品流通于社会群体空间中的渴望变得格外强烈，当然，对流通中作品所刻意制造的禁忌也会更多。因此，她们使用修正策略的目的与建构自身性别阵营的书写权威息息相关。但是，在追求自身身份的不朽性方面，男女又是同样的，唯独方式有所差异。譬如，女性子宫是孕育生命的空间，这使女性生命经验中带有行使"生杀大权"的象征性与现实色彩，本质上便具有不朽性。这一点，男性无从更改和模仿。因而在建构自身

①　[英]吴尔夫：《一间自己的房间》，贾辉丰译，商务印书馆2012年版，第163页。

②　[美]哈罗德·布鲁姆：《西方正典：伟大作家和不朽作品》，江宁康译，译林出版社2015年版，第16页。

权威性的过程中，男性往往走向与女性生命经验所代表的内倾相左的外延式生命经验中，即通过对命名权的享有来占据对整个生命除去孕育过程的其余部分的控制。外延式生命经验与追求不朽性有关，是通过对死亡意象的捕获来完成的对复活的昭示，所以男性通过象征性的"杀戮"来建立权威。"因此，父权制诗学原则表明，它们正是艺术的主人。"① 诗歌追求不朽，诗人对作者身份的追寻亦是为实现自身的创作不朽性而进行的。赋予生命的行为固然是神圣的，但因它与自然属性无限靠近，而带有明显内转的倾向，在一定程度上拉远了它与艺术不朽之间的关系。这就决定了在书写中，女作家须面对和承受由于自身焦虑与愤怒情绪不能完全释放而带来的某些失败和失落的经历与体验，每一次限制与否定都会为她们带来一定的挫败感，这同时也决定了她的书写将显现出更多的颠覆性、层次性和丰富性。在替代原则的参与和运作下，女作家书写过程中对修正比的运用，始终处在一种整体张力性关系和弹性结构中。即女作家特殊的创作方式和文本表现，与其特殊的身体经验之间具有异质同构关系。故而，能够认为，女作家的创作方式天然带有张力性。这种迂回方式暴露出女作家对焦虑感的困惑，她们既渴望理性又渴望欲望被揭示和暴露。事实上，女性无论是明目张胆地挑战父权文化规约，还是以萎缩自我的方式来体现顺从，都是自我厌弃的表现。所以，女性策略体现了对张力性的召唤，她们必须以带有张力感的表现形式来应对父权文化对女性造成的分裂感。这种方式，与分裂感的功能之间却又具有内在一致性。因此可认为，女性利用父权文化压抑自己的方式来反抗父权文化本身的做法应当是有效的。譬如，女作家在文本中对女性形象附加张力感的技巧，便体现了她们在文本中

---

① ［美］桑德拉·吉尔伯特、［美］苏珊·古芭：《阁楼上的疯女人：女性作家与19世纪文学想象》，杨莉馨译，上海人民出版社2014年版，第18页。

对平衡性的驾驭能力，凸显并巩固了其文学功力，这主要体现为
女作家将真实想法与既有文学格局间的关系处理得恰到好处的平
衡能力。女作家在书写中缓解身为女性在文学中所承受的焦虑感，
其目的是为了找到一种在文学中舒适的生存状态。又如，女作家
书写中的张力性策略显示出，她们常令笔下的女性人物表面上放
弃自身主体性，最终却以别种方式完成对父权文化的暗讽式批判。
这也正是女作家"自己心甘情愿地居住在并非由她本人建造的小
说之屋中"① 的自然状态。

　　可以认为，女作家在没有借助男性权威进行写作前是普遍焦虑
的。但完全俯就男性权威进行创作的女作家，也并非找到了最完美
和最理想的解决问题的出路，在获得暂时性书写快感时，写作主体
仍会感受到巨大精神压力的存在，而这指向了彻底丧失自我的精神
痛苦，且这一绝对屈从姿态与写作行为所具有的权力特质和建构主
体性的功用又着实矛盾。于是，绝对屈从与反叛的写作方式对于女
作家而言，都是充满焦虑的。因此，女作家应试图建立第三种写作
方式，其内核即以男性权威的某些特征为遮挡物，以掩盖言说真实
自我的行径。对文学张力性的呼唤，体现出女作家企图在文学父性
特征与文学女性气质之间建立平衡感的心理，通过对人物和情节设
置上的张力关系的建构便能达成这一目的。对文学父性特征表面上
的尊崇能够为女性创作带来某些便利，使其得到一种形式的或精神
的庇护，消除或减缓某些心理压力，女作家能够以受保护人的身份
来摆脱父权文化对握笔女性的道德偏见和憎恶，从而以较为轻松和
正常的心态完成自我言说。不得不说，这种分裂的做法也带有张力
性，是女作家所选策略的部分特性，亦是她们在文学父性特征下分
裂身份的对应物。因此，对女作家创作心理的分析，便应当针对主

---

① ［美］桑德拉·吉尔伯特、［美］苏珊·古芭：《阁楼上的疯女人：女性作家与
19 世纪文学想象》，杨莉馨译，上海人民出版社 2014 年版，第 185 页。

体所处的现实境遇而展开。

初次握笔写作，并纠缠在作者身份与叙述者身份之间的各种混同关系中的某些女作家，往往会自觉、非自觉地或多或少靠近文学父性特征，这主要由于女作家对自身女性气质的敏感和畏惧所致，即使主体被动靠近与之相反的主流性别气质。桑德拉·吉尔伯特与苏珊·古芭认为这些女作家受消极影响而显得病态，甚至卑微感十足，这正是"她们所接受的有关'女性气质'的教育导致的"①。靠近父权文化或文学父性特征，都会使某些女作家拥有一定的安全感。弗吉尼亚·伍尔夫解释道，女性写作中出现的种种问题，正由于"传统的缺失，工具的贫乏和不充分"② 所致，而艺术的真谛正与这些要素有关，由此女作家与艺术间的隔膜因文化的介入而变得深重。这呈现出的就是女作家需要面对的自身"男性化"与否的问题。对女性性别身份的"厌恶"，使某些女作家渴望摆脱女性气质与风格的圈定范围，很自然地便走向了对立面，以逃脱女性性别身份带来的约束感和禁忌感。在摆脱性别属性的部分约束后，站在局外角度来看待文本中的境遇，则会更深入察觉出自身的他者化和客体地位，更易完成对女性这一性别身份的批判，而对父权文化约束下女性自我的批判态度的享有，在修正策略的形成当中是至关重要的，它不仅能呈现出女性自我堕落的现实父权文化原因，还能决定修正策略最终产生结果的大体方向。当女作家能够抽身看待文学中自己的影子时，她便从被制造的他者位置与境遇中完成了对作者权的把控和占有，感受到来自父权文化所体认的权威性。女作家的问题意识还在于她们企图通过书写来完成对造成女性生存困境感、身份缺失感以及主体性被剥夺状态的诸种现实文化上的产生于父权中心社会里

---

① ［美］桑德拉·吉尔伯特、［美］苏珊·古芭：《阁楼上的疯女人：女性作家与19世纪文学想象》，杨莉馨译，第77—78 页。

② ［英］吴尔夫：《一间自己的房间》，贾辉丰译，商务印书馆 2012 年版，第165 页。

的原因的探寻与分析。这种性别视角代表了权威性的视角，可将之与女性相关问题的探讨带入客观化语境中去完成。

在社会性别囚笼中，女性才情一贯为父权文化所打压。女作家的焦虑包含来自现实中女性普遍具有的焦虑、文学中的现实因素所引发的焦虑，以及在具体书写过程中凸显出的与语言风格、句法结构、写作主体、文本素材等有关的焦虑。因占据主流地位的风格、形式、结构等都相对先在地带有父性色彩，这些共铸女性写作中的切实隐患，提升了女性写作的难度。弗吉尼亚·伍尔夫认为在女性按照一己愿望书写前，将面临诸多困难，首当其冲的即技术上的困难。而如若使用男性发明的句式，则又"显得太松散、太笨拙、太夸张了"①。造成这种复杂性的正是女性传统在文学中缺失这一现象，它使女性文学处境被边缘化，促使女性价值观念被忽视，正是两性价值观的迥异造成了作家创作中象征性的自有语言风格、表述习惯等方面的性别差异。而改变传统男性价值观，几乎成为女作家写作的一部分目的，所以主体总惯于"赋予对男性说来似乎不屑一顾的事物以严肃性，把他认为重要的东西看得微不足道"②。这便一定程度地造成了文本的戏拟效果。寻求恰当表述方式的思考与对既有现状的复杂情绪共同造就了女作家的文学困境感。上述三重焦虑使女作家的沉默与反讽成为一种无奈的必然。女作家使用策略的过程，承载了她们对建立属于自己的具象化文学表现方式的心理需求。她们如将充沛的情感转移到对策略的思考中，便有可能造就迥异于父性文学文本的带有女性性属痕迹与鲜明色彩的特殊、另类文本。

总而言之，在父权社会中，女性言说行为长久地遭到一定程度的拒斥、禁止和嘲讽，而书写本就以自我言说为根本目的，因此女作家的言说压力总是会异常大。因惧怕痛苦而拒绝说话，与女性担

---

① ［英］弗吉尼亚·伍尔夫：《论小说与小说家》，瞿世镜译，上海译文出版社 2009 年版，第 54—55 页。

② 同上书，第 55 页。

心身体外形的肥胖而拒绝进食是同一道理。如果女性所代表的自然经验被父性权威的精神性别语境降服，便会导致女性在现实中的集体压抑与沉默现象的出现，这恰构成了很多文学作品中故事情节发生的现实现象界基础。应该说，女作家需要通过叙述，让读者感受到文本中普遍存在的女性焦虑，而这些沉重的思虑负担都将伴随女作家创作行为的始末。对启发式文体和语言风格的把握则需要一定的技巧，女性文学生存罅隙的空间形态决定她们需要以相应的技巧性来进行文本覆盖。很多女作家在文本实践中，起初都带有较为激进的意图和宏伟构想，但在具体书写中，那种激进态势却又总被父性权威打压和削弱了，因此不得不对既有文化规约和传统进行体认。尽管如此，女作家写作中体现出的颠覆性又是普遍而明显的，这暴露出女作家对文学父性特征进行矫正和修正的急切心理，这确切反映出女作家能够将书写上升到策略层面的现实。女性言说在现实中遭贬抑，正如在文学中，女作家的书写及内容也会遭到父性权威的贬斥一样。这种策略性的生存经验使女作家的书写与女性生命体验相融合，即写作享有对艺术痛苦的占据。苏珊·古芭指出"女艺术家凡有杀身而化入艺术的感受者，也会有流血而铸成文字的体验"①。文学传统是经由男性权威构建而来的传统，是文学主流价值体系的表现，而女作家的个人倾向与这种主流价值体系的规约之间具有实在的冲突性，二者的张力关系始终存在，尤其当女作家企图在文本中构建一个具有女性力量的女性形象时，那种张力关系便被表现得尤为明显。如果说女作家的书写本身遭到父权文化的压制是先在的，那么企图在文本中找寻和建立女性力量的行径则更会引发父权文化的后续压抑。而对女性力量的渴求又正是女性写作不可或缺与避免的基本动力和最终目的，在这种双重内在需求的驱使下，以及外在文学语境

---

① ［美］苏珊·古芭：《〈空白书页〉和女性创造力问题》，韩敏中、盛宁译，载王逢振、盛宁、李自修编《最新西方文论选》，漓江出版社1991年版，第290页。

和现实父权文化境遇的双重压制下，女作家在写作过程中的个人倾向与文学父性传统间的张力关系就表现得尤为强烈和突出，这种进退两难的境遇迫使女作家的写作自觉或不自觉地呈现出张力性特征。

第二节　失真女性形象的塑造传统与另类女性形象的出现

一　非天使即魔鬼式失真

现实父权文化的专断态度，使文学中的女性人物形象长期处于一定的失真状态，父权文化享有对其进行肆意塑造的权利和习惯。桑德拉·吉尔伯特与苏珊·古芭认为男性作者不仅认为女性人物形象是其私有之物，对其"拥有以父权为背景的所有权"，且他们塑造女性人物形象时所使用的词汇亦是任意与自由的，① 这暗示出文学父性特征在很大程度上是由文学风格、句式语汇等具体文学表现中的元素所构成。吉尔伯特与古芭称，男性作者此种心态是为"萨特的信念"所主导的结果。② 这种失真状态的稳固存在与延续使其成为文学传统中固有而僵化的部分。吉尔伯特与古芭认为这种失真性主要表现为，女性文学形象在漫长时期中一直是非天使即魔鬼的两极化刻板存在。而这与父权文化在现实中的相似表现有关，譬如，普遍女性或多或少都会在父权社会中受到一些告诫，"如果她们的行为不能像天使，那么就一定是怪物"③，而这有可能对女性造成负面的影响，女作家也会由此深受女性形象文化印象僵化的负面影响，从而在面对失真女性形象时会难抑地产生矛盾的焦虑心理，从在对其的偏倚与疏远中见出女性书写的悲哀处境与卑微境地。

---

① ［美］桑德拉·吉尔伯特、［美］苏珊·古芭：《阁楼上的疯女人：女性作家与19世纪文学想象》，杨莉馨译，上海人民出版社2014年版，第15页。

② 同上。

③ 同上书，第69页。

事实上，女性被囚禁在男性文本中，使女作家有机会去塑造基于女性经验而来的女性文学人物时，会感到类似内外阻力的钳制、牵制和限制，这是由于主体的艺术身份指向的就是被创造之客体而非创作主体。苏珊·古芭认为，文学父性传统"把女性物化为文化珍品，同时却把女性排斥在文化创造活动之外"①。因此，女性客体性被主体性取代。而当女作家开始研究与探索自身性别在文学表现上的个性化、差异性和多样化特征时，她们对上述阻力的感知便会变得更加明确。弗吉尼亚·伍尔夫认为随着时代的发展，女性写作面临的严苛境遇已多有改善，"妇女们就开始探索研究她们自己的性别，用一个过去从未用过的方式来描写女性；因为，理所当然，文学中的妇女形象，直到最近还是由男性所创造的"②。显然，描述方式上的差异主要体现在对文学女性人物形象的塑造上。即全新方式是男性创作经验涵盖不了的内容，它必然地会打断男性间父子关系传统，女性创造力由此被释放出。但这些问题都会引起父权文化的戒备与介意，包括女作家本人内疚感的存在问题。因此，即便女作家知道如何写作，其过程也并非会是特别顺利的，这说明男性塑造女性失真形象的文学传统之根深蒂固。应该说，女性缺少通过"修正别人"来"修正"自己的历史传统和经验，即她们由于缺乏"使她们能够同样创造出自己的故事，修正别人对自己的虚构的笔/阴茎"③，而成为父权社会的符号或物品，桑德拉·吉尔伯特与苏珊·古芭认为女作家被囚禁在"男性文本之中的性格与形象"④上，因而想象力遭到忽视。如上节所述，女作家修正的方向是借由修正自己来完成

---

① ［美］苏珊·古芭：《〈空白书页〉和女性创造力问题》，韩敏中、盛宁译，载王逢振、盛宁、李自修编《最新西方文论选》，漓江出版社1991年版，第288页。

② ［英］弗吉尼亚·伍尔夫：《论小说与小说家》，瞿世镜译，上海译文出版社2009年版，第56页。

③ ［美］桑德拉·吉尔伯特、［美］苏珊·古芭：《阁楼上的疯女人：女性作家与19世纪文学想象》，杨莉馨译，上海人民出版社2014年版，第15—16页。

④ 同上。

对他人的修正，这种逆向性显示出女性文学创作特有的张力，即女性文学创作带有天然的自省与自我矫正的特点。而从修正别人到修正自己的过程，涉及的具体经验普遍长久地为女性写作者所缺乏。吉尔伯特与古芭认为既有现实文化印象是难以被剥除的，女性是男性创造物这一观点与文学父性特征一样是极为固化的。这是因为女性拥有被塑造的漫长历史，从西方神话、宗教伊始，女性即被界定为"男性思想、肋骨和创造才能的衍生物"①。从现实角度来说，女性一直被排斥在文学领域之外，缺乏双重修正的机会，文学中的状况与之相似。

无论是女作家，还是文学中的女性人物形象，都在漫长的历史发展中，因其本质上的性别身份问题而遭到过边缘化对待，这二者一实一虚，本身便可被共称为文学女性。此两类文学女性被边缘化的事实贯穿在男性书写传统的形成始末，是男性书写史中一个拥有延续性和连续性的主题，男性拥有对其的自由创造权、所有权、继承权及修正权。吉尔伯特与古芭认为强有力的父权文化结构暴露出文化当中厌女心理的存在，而后者是前者得以确立的基础。② 具体来说，男作家对女性人物形象的塑造构成了一个虚拟的镜像世界，女性形象如同玩偶一样经过批量生产模式制造后成为一尊象征性的永恒雕塑，丧失个性特征与生命活力。女作家对"男性刻写的文学之镜"的注意，得益于她们对男性创造与再造女性人物形象任意性的察觉，尤其得益于对完美女性人物形象所具有的虽生犹死特点的敏感和介意。女作家对镜像界的凝视具体被吉尔伯特与古芭描述为"在那里，首先，她只会看到那些像面具一样被固定在自己身上的、恒定的外貌轮廓，这些轮廓将她与自然之间可怕的、血淋淋的联系全都隐藏了起来。但是，如果看的时间长了，看得更认真一些的话，

---

① ［美］桑德拉·吉尔伯特、［美］苏珊·古芭：《阁楼上的疯女人：女性作家与19世纪文学想象》，杨莉馨译，上海人民出版社2014年版，第16页。

② 同上书，第17页。

她就会看见一个愤怒的囚徒的形象：那正是她自己"①。这就是说，在特殊时期，女性形象在文学中是被异化的象征性怪物，而此怪物印记被女作家所共享，两个类型的文学女性人物均会由于女性形象的失真而显得多少有些愤怒，这种印象来自生活中与文学中女性形象的反差性存在，即日常女性形象的平庸化与文学女性形象的焦点化是彼此矛盾的，因此"女性"成为伍尔夫所说"古怪和复杂的造物"②，即她既尊贵又微不足道，既无处不在又默默无闻，既被奴役又叱咤历史风云变幻，"主宰了小说中帝王和征服者的生活"③，也即她既声色华美，又不识不读，是"畸形的怪物"④。女性形象在生活中与文学中的巨大反差，使女作家在审视文学中失真女性群像时，更易于首先注意到失真的女性影像和被隐匿起来的女性特殊欲望。特别当女作家面对被固化和僵化的文学女性人物形象时，两种极端化的文学女性形象会不自觉地产生交集，使女作家有可能被文学女性形象的被囚禁状态及愤怒情绪所感染并带动，与自身经验相关联后而加深愤怒感。

现实中的女性，如果受到父权文化的左右和框定，也同样表现为易于对女性道德超我形象产生自觉崇拜、维护、塑造和审视，并由此产生一定程度的心理障碍，这阻止她表现真实的个体特点，造成了极度克制与隐忍的双重畸态人格发展模式。文学沿袭现实风格，因而现实模式与印痕在其中被表现得淋漓尽致，甚至变相发展得更为苛刻和触目，由此女性形象处在不断被加深的失真化境地中并不难理解。在男性作家主导的文学时代里，女性形象与现实女性共同经历了"去自我"的过程。这就是说，女作家的印象始终被圈定在

---

① ［美］桑德拉·吉尔伯特、［美］苏珊·古芭：《阁楼上的疯女人：女性作家与19世纪文学想象》，杨莉馨译，上海人民出版社2014年版，第19页。
② ［英］吴尔夫：《一间自己的房间》，贾辉丰译，商务印书馆2012年版，第91页。
③ 同上。
④ 同上。

女性性属范围中，与女性形象一同受父权文化道德的直接监管。应当说，被赋予了写作权的女性，就拥有了描摹自身主体性的契机，应天然具有使命感，引领她们去完成对失真女性形象，也即自己影子、姐妹、替身的修正、矫正与再造，从而有机会创造出更完善和更真实的女性形象与其图谱。如前所述，在这种境遇中的女作家易于从失真女性人物身上觉察到被侵犯的感觉，在她们以构建自身主体性为出发点的思维中，因与文学女性人物形象具有一致的性别身份，而自认应享有对女性形象的绝对创造权、定义权和言说权。因此，女作家在此方面的使命感应当是极度自觉的。这就是说，明确而直接地帮助女作家成就其在这部分空间中权威性的最简单和有效的方式与途径，是将女性性别经验、身体经验带入其中并暴露出来。这即女作家在面对类型化的"自己姐妹的面孔"时，想要将愤怒情绪和本我欲望最大化地任意彰显与流露的原因所在。这与功利心理和潜在权威意识的存在有关，与被赋权后的不自觉使命感和清晰的主体意识亦尤为相关。桑德拉·吉尔伯特与苏珊·古芭认为文学女性人物形象由于受到文本禁闭而不得发声，但作为囚徒的主体性与内在真实性却驱使这一形象始终拥有一种分明的意识，即"用乔叟笔下巴斯妇的话来解释，即她对自己的经验拥有权威"[1]。

　　如上，女作家的自觉性，使她们能够开始寻求突破镜像界的有效方式与体验。相对被僵化的女性形象和气质来说，女性的反复无常（歇斯底里症的某些表现）则是种难以为男性所驾驭的神秘力量，它以自由扩散的无拘状态被视作侵犯男性所建构的镜面世界权威的异端之力。歇斯底里复现出女性青春期前（也即前性生活时代）中男子气概的存在，因此歇斯底里本就"具有男性的色彩"。[2]吉尔伯

---

① ［美］桑德拉·吉尔伯特、［美］苏珊·古芭：《阁楼上的疯女人：女性作家与19世纪文学想象》，杨莉馨译，上海人民出版社2014年版，第21页。

② ［奥］弗洛伊德：《少女杜拉的故事：对一个歇斯底里少女的精神分析》，文荣光译，太白文艺出版社2004年版，第136页。

特与古芭认为在这种突破发生前，女作家需要意识到男性艺术的策略，即一种用来减缓他们的畏女情绪、企图占据女性完整性的男性方式，"方法是将她与他们自己创造出来的'永恒的类属'混为一体"。① 畏女情绪与情结首先来自对女性"反复无常"气质的好奇和恐惧。因此，女作家"需要仔细研究、消化吸收并最终超越那些极端化的形象，比如'天使'（angel）和'怪物'（monster），它们都是男性作家为女性创造出来的"②。男作家创造的魔鬼（怪物）女性形象，亦是被极端僵化和类型化的两极文学女性形象中的一个，它与天使女性形象并无本质差异，同样用来对真实女性形象进行掩盖和消解，以此完成对现实中此类型女性力量的限定与抑制。女作家对男作家笔下两极文学女性形象的辨识，会为她的书写带来策略性的意识与倾向，从而更为有的放矢地进行差异化书写，在完成对女性文学形象类型的修正与重建的同时，一定程度地抹除文学父性特征的阴影。只是，这种抹除由于女性文化形象的固有，有时会显得困难重重。譬如兰瑟认为女人是男人追求的诗神和自我的翻板，是其"自我投射的自恋影像"③。对此，女作家仍需改变自身的思维逻辑，充分释放出想象力和创造力，坦然面对自身性别身份经验并对其进行积极利用，尽可能避免非天使即魔鬼的男性化思维逻辑和书写实践经验的内化，当然，这仍是困难的，因为在塑造两极化文学女性形象的背后，着实隐匿着文学创作中固有的美学理想模式。对此模式的抛弃将成为女作家缔造另类女性文学形象的突破点和切入点，即弗吉尼亚·伍尔夫的著名论断："在我们女性能够写作之前，必须'杀死''屋子里的天使'（angel in the house）。换句话说，女

---

① ［美］桑德拉·吉尔伯特、［美］苏珊·古芭：《阁楼上的疯女人：女性作家与19世纪文学想象》，杨莉馨译，上海人民出版社2014年版，第22页。

② 同上。

③ ［美］兰瑟：《虚构的权威：女性作家与叙述声音》，黄必康译，北京大学出版社2002年版，第179页。

性必须杀死那种美学上的理想模式，因为她们正是以这种形式被
'杀死'，然后进入艺术的。"① 吉尔伯特与古芭将这一论断发展为：
"所有的女性作家也都必须杀死天使的对立面（opposite）和重影
（double），即屋子里的'怪物'，因为它那美杜莎一般的面容同样也
会杀死女性的创造力。"②

　　为文学父性传统所开启的文学女性形象的正反塑造模式究竟是
何情形，这是在建构女性主义诗学前需要厘清的一个基本问题。也
即解放女作家创造力的前提是彻底摒除文学中存在已久的两种极端
女性形象塑造上的习惯与传统。吉尔伯特与古芭认为这项工作非常
困难，因为男作家作品中普遍存在天使与怪物的形象，而女作家也
很难完全自信地声明在其书写中可破除此两重形象阴影的束缚。吉
尔伯特与古芭甚至认为"它们势必也会在相当程度上渗透进女性作
家创作的作品之中"③。即"天使"与"怪物"（魔鬼）这两类极端
化的文学女性形象，已在文学中拥有了连续性传统，势必会内化于
女作家的创作心理中，成为不由自主被呈现出的内容，干扰着主体
的想象力。吉尔伯特与古芭认为女作家一直在找寻重新释放想象力
的方式，而"不久之前，女性作家还不得不（可能仅仅是无意识
地）把自己看成潜藏于或天使、或怪物、或天使/怪物这类形象背后
的一种神秘的生物"④，可见，失真女性形象与女作家的个人混同导
致了女性想象力在一定程度上受到抑制，对其的改写带有试探性和
不稳定性，这使女作家不能不假思索和不经选择地将维系在父性传
统中的女性形象塑造模式轻易祛除。但女作家对其他类型女性形象
的塑造和描摹欲却是打破镜像化女性生存形态的原动力与手段。吉

---

①　［美］桑德拉·吉尔伯特、［美］苏珊·古芭：《阁楼上的疯女人：女性作家与19
世纪文学想象》，杨莉馨译，上海人民出版社2014年版，第22页。

②　同上。

③　同上。

④　同上。

尔伯特与古芭认为所有文学家在描摹自我前总归要完成一个基本的自定义，也即"假如说这个'我'连自己究竟是什么也不知道的话，那么，具有创造性的'我是什么'是无法说得出来的"①。当写作中的某一传统形成后，对其的挑衅与消解都将变得困难，尤其是当这种传统本身就来自现实男权文化的操控，传统的形成经历了漫长的过程和诸多积淀效应的共同作用，在进化发展中，它自身已抽象成为有着严密逻辑关系和复杂变化模式的动态生产链。这些现实情况都会加重女作家提笔时的无力感和不适感。除此，从微观角度看，固有两极文学女性形象的呈现样式又是多种多样和纷繁复杂的，是通过许多变体形式表现出来的，因此破除这一镜像并非易事。

但质言之，非极端化和类型化的女性自我应具有反复无常的特质，也即一个基本欲望主体所应具有的七情六欲。无论在现实还是在文学中，每位女性都应当拒绝千篇一律的生存状态，皆应生动，不处于相似的单一静态模式，而应处在不断变化发展的多样化动态模式下。将文学女性形象进行极端化塑造，无疑需要从两方面进行，一是对其外在样貌的界定、框定与限定，二是对其内在道德的界定、框定与限定。而女性写作者要完成对此的突破，便需要拓宽女性形象的表现域，丰富其表现层和意象的深度，超越被极端狭义化、单一化和片面化的人物塑造模式，最大限度地发掘出女作家内在创作心理中的流动性表述潜质，认真地从对自身性别主体所专有的身体经验上进行审视，并从业已存在的两极化人物模式之怪物一端所开辟出的修正罅隙与缺口当中入手，完成对女性经验的灵活运用。虽然天使与怪物形象具有本质上的相似性，但相较而言，怪物女性形象无疑更为天然地具有反叛特质，这又造成了两种类别女性形象上的差异。由于道德内化机制的存在，女性潜意识思维中的天使特质

① ［美］桑德拉·吉尔伯特、［美］苏珊·古芭：《阁楼上的疯女人：女性作家与19世纪文学想象》，杨莉馨译，上海人民出版社2014年版，第23页。

印痕是普遍存有的，而对怪物、魔鬼所具有特质的习得和表现却相对更能够帮助女性找到新的平衡。桑德拉·吉尔伯特与苏珊·古芭提供的策略是，女性不仅需要夺回以笔为象征的主体性与权威性，还需要将已被父权文化制造出的他者性（otherness）一并保留下来，也即保留和发展那种被"文化或崇拜、或恐惧、或爱戴、或痛恨的"[①] 神秘特质。这将使其作为女性特殊力量而得到敬畏，形成一种有利的优势，即她们需要成为一种"鬼魂、恶魔、天使、仙女、巫婆和妖精"的混同体，始终"介于男性艺术家和那个未知的世界之间，既在教导他走向纯洁，又在唆使他不断堕落"。[②] 具有魔鬼气质的天使女性形象是另类女性形象的典范，相较之下更接近真实女性的定义，既包含美好的特质，也具有人性之弱点。也即女作家需要通过对自身的妖魔化和神秘化而祛除自身过度存在的天使特质与印痕。在父性文学传统中，真实女性很难享有为自我进行言说的有效话语权。因此可以说，过度真实的女性不仅是容易被忽视和隐匿的群体，更是被刻意屏蔽和任意改写的群体。在父权文化中，女性主体性被排斥在某种权力运作机制之外，但他者性却被无限度地加以利用和演绎。主体性越遭到放逐和驱逐，他者性就越会被肆意描摹、涂改和渲染。正因为主体性的不在场，造就了女性失语的痛苦、尴尬、荒诞和弱势局面的存在，而男性对其他者性的过度夸张和利用，以及对其他者性极度感兴趣的心理模式，又在某种程度上，变相地将女性主体性的不在场更改为一种特定的另类在场，且这种在场经验带有明显的他性，与前述另类怪物女性形象之间具有一致性，也即另类女性的出场方式带有鲜明的他者性。女性他者性的正面价值，已为吉尔伯特与古芭所察觉，她们认为女性正由于自身被定义为无足轻重的生物，方由此被男性艺术家所偏爱和尊敬。强烈的他

---

①　［美］桑德拉·吉尔伯特、［美］苏珊·古芭：《阁楼上的疯女人：女性作家与19世纪文学想象》，杨莉馨译，上海人民出版社2014年版，第26页。

②　同上。

者性意味使女性格外纯洁，"因而也就自然代表了无私（Self—less），而这一词汇还隐含着所有的有关道德与心理的微妙含义"①。由此，女性占据了一定的父权文化道德优势。从被驱逐到被召回，女性借由他者性和客体化角色定位得以重返文学领域，并在其中凭借他者性占据另类的中心地位，正说明女性主体性的分量和力量，说明绝对僵化的女性形象是不存在的，女性形象拥有自我颠覆的契机与可能。

二　另类女性形象的颠覆力

具体来说，女性在父权文化造就的镜像界里，发挥着两种力量，其一是负面性的，其二是超越性的。负面力量一般由怪物女性形象得以呈现，超越性力量一般由天使女性形象得以呈现，两种不同类型的女性力量，代表了男作家想象力惯有的倾向，虽然它们都不符合真实女性力量所应呈现的图景，但却在镜像界中作为某种假象而能够从侧面显示和暴露出女性力量的重要性与价值地位。镜像中的女性力量，发挥着引领与教育男性的作用，或将其引领至"神性天堂"，或将其引领到"黑暗地狱"。这说明女性主体性能够被自身他者性逆向地呈现出来，使其作为一种不在场的在场，居于被边缘的中心。正如陈顺馨所说，如完成对女性文本、女作家、女性语言方式的重新审视和思考，便会用一种无处不在的"缺席的在场者"的存在方式来"解构男性在性别和词语方面的中心位置"。② 这种错综复杂的扭曲感说明女性力量所具有的征服力与颠覆力之强。值得反思的是，女作家修正与超越的方向并非指向对极端化女性形象类别本身的重释，而是指向对其他类别女性形象的发掘和创造。也可认为，女作家试图重塑和开拓的，更应是想象力的发展模式及身体经

---

① ［美］桑德拉·吉尔伯特、［美］苏珊·古芭：《阁楼上的疯女人：女性作家与19世纪文学想象》，杨莉馨译，上海人民出版社2014年版，第28页。

② 陈顺馨：《当代西方文艺理论走向与文学史观念的变迁》，《北京大学学报》（哲学社会科学版）1994年第1期。

验的暴露方式。只有在被彻底释放了的想象力的作用下，才能完成对多样化女性人物形象的想象，生成女作家在主体性支配下所定义的女性真实力量。譬如，为女性道德超我所代表的女性职能大多与母性有关，男性亦能够从被极度神圣化的母性形象中汲取养分。譬如中世纪西方对圣母玛利亚的崇重就是如此。① 但从母性被抽象出的关于女性职能的界定与其概念本身来说，却直接暴露了强加在女性头上的神圣光环其实只是文化认定的结果这一事实。职能概念本就属于文化范畴，女性道德超我形象与职能概念又密切关联，即女性实际上正是文化的创造物。比如，从女神或其反面形象（妓女）转变为世俗现实世界中的天使形象，是西方文学女性主题人物塑造史中的一个典例，中国亦如此，现实社会中的天使女性形象，往往脱胎于民间故事中的女神，但在转换过程里，有一个明显特点，即女性超验力量遭到了一定程度的贬抑。这个过程也可看作对真实女性形象的早期无意识还原，那种超验的非真实性得以被"屋子里的天使"部分祛除，即以人性取代了神性。在父权文化下，在女性所有的象征性职能中，文化对"母亲"（即母性）与"处女"（即性纯洁度）所代表的两种女性身份一贯较为重视，对两者所代表的母性表达程度和性纯洁保有度的要求也相对最为严苛。朱莉娅·克里斯蒂娃认为母亲—女性的纯洁外表能够使"男性—上帝才能展现出蓬勃—微笑、充满爱的一面"②。两者可被看作对某种等同的女性象征性职能所做出的要求，同样体现了女性"献身"特质，即朱莉娅·克里斯蒂娃所说变体的女性特质。女性成为母亲之后，如同象征性地经历了某种文化祛魅的过程。女性性纯洁度在一定程度上被拔高，超越了世俗经验层面所囊括的范围，具有超道德倾向。这使其成为

---

① ［美］桑德拉·吉尔伯特、［美］苏珊·古芭：《阁楼上的疯女人：女性作家与19世纪文学想象》，杨莉馨译，上海人民出版社2014年版，第27页。

② ［法］朱莉娅·克里斯蒂娃：《克里斯蒂娃自选集》，赵英晖译，复旦大学出版社2015年版，第31页。

实际的"屋子里的天使",为父权文化对母性与母职的规范所限制。相对单一化的母性职能而言,现实公共空间中所需的技能与专长对女性来说却显得无关紧要,无论从外在要求,还是从女性内在自我要约而言,都具有一定的放纵、放松倾向。这种放松态度其实构成了一种剥夺,即过度神化母职"其实也是帮凶",① 女性自我由此而虚空,这种孤境体验是使鲜活欲望主体感受到一定的失却自我痛苦的源头,"性纯洁"的道德光环,得到男性尊重,却吊诡地成为在父权文化道德上以自身他性接受崇拜的中心主体。这间接造成了女作家对既有文化经验的自觉反思,并有可能成就重估自身主体性存在程度与情况的契机,从而影响到创造力和想象力在发挥过程中的具体表现,人为制造了在其书写过程中更高的难度和更多的障碍。女作家的文化祛魅,不断填充女性文学形象的内质,不断丰富其内涵。"屋子里的天使"的显著特征即:倾听、微笑、怜悯与孤独,她无事可做,不言不语,和社会没有交集,处在相对的真空状态,但却具有安抚世人灵魂的"伟大作用"。如果说对女神的祛魅过程显得较为直接,那么对"屋子里的天使"的祛魅过程则相对更为复杂,因为后者被界定和描述为人,与现实道德超我形象较接近和亲近,它的失真性需要深入父权文化深处方能得到察觉。"屋子里的天使"所具备的世俗性就在于她身份的现实性,在父权文化中,男性把女性当作文学主题物进行想象、刻画和塑造,她的精神特征是被极端神圣化了的,遭遇了父权文化所表征的男性想象力的定义和左右。屋中天使的唯一功用是为男性审美和想象力服务,为男性主导的文学领域在书写题材与类别方面贡献价值。这证实了女性是以"杀死自己"的方式进入文学艺术中的说法。女作家对文本禁欲感的自觉逃避,其中一个形式就是对女性人物所富含的死亡意象的制造与烘托,这种在写作上看似与男作家极其相似的表达路径,其背后的深层原因

---

① 艾晓明主编:《20 世纪文学与中国妇女》,天津人民出版社 2007 年版,第 167 页。

却十分迥异。女作家经由艺术之死而形成的内在体验与经验是有别于男作家的。对此苏珊·古芭已有明晰的论断，即通过杀死自己进入艺术界的女作家"会有流血而铸成文字的体验"[①]。而男作家对女性人物死亡意象的烘托和制造，是用以完成某种焦虑感的性别转换，用以释放焦虑并将这种想法寄托在创造文学不朽性的理想之中。女作家在对制造女性人物意象时所做的考虑，与自身寻求超越以破除被男性把控、监管、垄断、占据的女性人物塑造方式和途径的目的有关，与其意图在文学中建立自身性属的人物塑造模式的野心有关。从象征角度说，女作家可借死去的女性形象来表达一种超越以及深层的对权力的争夺态度，即通过处置生死来彰显所拥有的权力。如果说女性人物终究需要通过象征性的死亡进入艺术界，那么男性胁迫与女性自觉之间便会传达出完全不同的思维觉知过程，后者体现出掌控自身命运的隐蔽愿望，即女艺术家"于是具有的是唯一唾手可得的材料——她们的身体，她们自己"[②]。这就是说，女作家在文本中自觉放弃了压抑的生活方式，将死亡行为在一定程度上，孤注一掷地与释放本我欲望的机遇相等同，从中释放出女性力量。这正是桑德拉·吉尔伯特与苏珊·古芭反思过的问题："假如作为护士、安慰者、精神导师和神秘的信使的女性能够操纵死亡的话，她的崇拜者们有时又会恐惧地想到：除了她们自己步入能够消除痛苦的死亡之外，她会不会也带来死亡呢？"[③]

　　从广义的文学女性定义来看，这种有关死生的决斗，正是通过一位文学女性杀死另一位文学女性的方式来完成的。在文学父性特征的笼罩下，这是绝对异端的行为，女作家与"被处死"的文学女

---

　　① ［美］苏珊·古芭：《〈空白书页〉和女性创造力问题》，韩敏中、盛宁译，载王逢振、盛宁、李自修编《最新西方文论选》，漓江出版社1991年版，第290页。
　　② 同上。
　　③ ［美］桑德拉·吉尔伯特、［美］苏珊·古芭：《阁楼上的疯女人：女性作家与19世纪文学想象》，杨莉馨译，上海人民出版社2014年版，第34页。

性一虚一实构成了父权文化的文学"牺牲品"。女作家在集体握笔前，处在集体沉默中，不能言说的相似状态使她们的存在本身便不足以与文学中的女性人物形象加以区分，二者同处在相似的静穆中，互为影子。当这种混同感尚未被完全肃清前，也可以说在尚未权衡出对这种互为影子的两种文学女性的相互隔离有无必要时，其中一方便有可能已经象征性地动手"杀死"了另外一方，从而与"杀死"自己的意象混同起来，却易于由此意外地生发出难以想象和评估的另类女性力量，使自身他者性反客为主，在文本中缔造出怪诞与诡异的特殊女性形象。这种怪诞感的生成来自当某一人物形象长久地处在极度失真的状态里，自然会产生的难以言喻的无从避免的恐怖感。如若女性人物长久地陷在似人非人的状态中，尤其发展出脸谱化的同一性后，会让人自觉体会到一种哥特式的恐怖，特别她们的失真化过程与时代的进步和发展是同步的。女性从无权言说到集中握笔，这一质变不失为历史中的一种重大转折，两类互为影子的文学女性形象渐渐由此彼此区分，尽管区别的过程是抽象和缓慢的，但区别的方向却是明确的。因此文学中极度失真的女性形象渐变为彻底丧失活力与文学吸引力的人物形象时，必将遭到抛弃。如上所述，女性通过文本中的"死亡意象"来象征性地证明自己能够"杀死"女性自己，也即使这一行为方式与邪恶气质相连，完成了自我的逆崇高化。这说明女性能够通过自身生物属性带来生，亦能在文化中处决自己的死，被神化为具有超验魔力的存在，成为象征性的另类怪物。桑德拉·吉尔伯特与苏珊·古芭对文学失真女性的另类力量曾给予过肯定，从而注意到其逃跑意识的存在，正是"监禁一逃跑"意识使女性力量得以自现。"女性身上的这种母性的权力同样也暗示出，每一位母亲可以对自己孩子的生命时限进行操纵。"①

---

① [美]桑德拉·吉尔伯特、[美]苏珊·古芭：《阁楼上的疯女人：女性作家与19世纪文学想象》，杨莉馨译，上海人民出版社2014年版，第34页。

她们调侃道，天使女性在操控与主导家庭秘密空间时"同样泄露了这样的机密，即她是有能力实行操纵的；她有能力进行盘算；她有能力运筹帷幄——既有策略，又有效果。"① 这就是女作家捕捉女性人物所具有的死亡意象时生发的意义和制造的想象空间。从失真到彻底的非人状态，再到超验力量的出现，是女性力量畸化后的另类表达。对女性静穆纯洁形象所呈现出的空洞内涵和单一精神性的质疑符合历史发展的必然趋势。随着对人的发现，无论男女，本我欲望的存在必然会得到暴露。但这种反差巨大的双重性的体现却是始料不及的，恰反映出"正反"女性力量并存时的巨大潜能与可能。正如在父权中心社会里，以家庭为单位的生存空间，女性事无巨细地打理内务，其个体巨大的潜力与优势，已通过被供上神龛进行膜拜的近乎仪式化的过程而得到曝光。在这一针对女性纯洁、禁欲性方面所进行的无止境崇拜中，其实也已完成了对女性实际操纵力的揭示。从反面来思考，文学女性形象若总被塑造得毫无生机，却能够因此得到崇拜和供奉，则说明世俗中对女性超验能力进行肯定的观点已渗透在对塑造女性固有和僵化形象的思维进行渐进式批判与反思的过程里。

　　女作家在塑造天使或怪物女性形象时，往往会不自主地暴露出文学人物性格特质中的一些反差性与两面性，这可以被概括为一种"反复无常"的气质，具体表现即：她有多单纯就有多狡猾，有多善良就有多邪恶，有多纯洁就有多淫荡等诸如此类的二元对立关系，即"怪物可能不仅仅会藏身于天使之后，事实上她还很有可能潜藏在天使的内部"②。反复无常状态是对同一人物形象两种分明而迥异的性格特质间所显示出的张力性的总体概括，而这正得益于女性不可回避的自我意识的存在，女性真实感

――――――――――

　　① ［美］桑德拉·吉尔伯特、［美］苏珊·古芭：《阁楼上的疯女人：女性作家与19世纪文学想象》，杨莉馨译，上海人民出版社2014年版，第34页。

　　② 同上书，第38页。

和内容性终会在其中得到暴露和曝光。如果说静穆纯净的女性人物形象是空洞而虽生犹死的，那么当死亡意象正式覆盖、弥漫于文本后，人物的复生倾向所传达的强力精神性便又得到了显现，这被吉尔伯特与古芭称作虽死犹生状态。所以，可以说女性一直是在利用自身性格特质上的张力关系游走于生死之间，甚至企图与超验灵魂达成某种共识。从这个角度看，女性天然地与艺术具有紧密关系，她既是文学艺术最偏爱的对象，亦是文学艺术的创造者，性别身份为她制造了无尽的麻烦与磨难，但同时又成为她通往文学艺术的桥梁。概言之，关于另类怪物女性形象的定义，很难用一般否定性词汇描述与阐释得清。其复杂性在于它将女性形象从有关道德的重重定义中带出，跳脱非善即恶的父权文化道德怪圈。怪物女性形象不仅作为天使女性形象的对立面而存在，它更容纳了神秘的女性特质，譬如上述灵魂的超验性。灵魂超验性辅助女性使其所具有的欲望本质与现实世界发生交集，令其形象既超验又世俗，处在一种扑朔迷离、难以被界定的两难状态中。怪物女性形象包含了天使形象的部分特质，并象征性地完成了对两种迥异个性特征的驾驭，在矛盾情境下完成自定义，这一形象为女性提供了一种新型人格生发模式。但不能否认的是，怪物女性形象的他者性仍旧存在，这与掌握塑造此类女性形象的作者性别有关。桑德拉·吉尔伯特与苏珊·古芭认为怪物女性依然能够缓解男作家的焦虑，具体来说即用"难听的称呼（女巫、淫妇、恶魔和怪物）"① 来使男作家完成对自身权威性的体认，这与她们取代天使女性而呈现主体性的企图不仅无关，还能够"显现出自身那神秘的力量来，她们拒绝待在文本划定的'范围'之内，而创造出'逃离'她们的作者的故事来"②。这种两极化女性形象的同时

---

① ［美］桑德拉·吉尔伯特、［美］苏珊·古芭：《阁楼上的疯女人：女性作家与19世纪文学想象》，杨莉馨译，上海人民出版社2014年版，第36—37页。

② 同上。

存在呈现出张力关系，即"和屋子里的甜蜜天使（就像雷诺利亚）相对应，在外部世界总会出现一个邪恶的坏女人的形象"①。从中体现出的文学女性力量，对于男性而言却别有其他意义。看似对立的两类女性形象，其实均可看作男作家作为防御而使用的不同修正比。即他们企图用一种极端形象去遏制另一种，在潜意识里要避免任何一种形式的女性力量发展得超出他们控制的能力范围，企图从中找到一种平衡。天使形象所代表的道德超我女性力量如持续被渲染，直到被神圣化为一种诡异的存在，便具有了与超验之力相衔接的可能，这就超出了男作家写作传统与自身性别身份经验所涵盖的范围。于是这种形象需被与之对立的另一女性形象替换，即以父权道德对立面的形象气质去遏制天使女性，这表明，反面人物形象仍具有超越男作家可控范围的强烈冲动与鲜明趋势。

有时将天使与怪物女性形象进行区分的必要性，还不及将文学女性的两重所指进行区分的必要性大。事实上，她们能够全部互为影子和姐妹，这是造成文学中"畏女现象"的一个原因。女性力量的表现方式不仅充满隐喻和多重体现意象，而且在文学中的客观可释空间也非常大，同时因它在历史长河中遭到持续忽视和隐匿，因而常常显得格外神秘，从而在对其猜测的整个过程中似乎使它的倾覆力遭到了无限夸大，日臻难解。桑德拉·吉尔伯特与苏珊·古芭认为文学人物塑造传统中的男性色彩使女作家在考虑两种相反相成力量的平衡关系时，易于陷入对天使自我的妥协中去。两位理论家还强调了怪物女性形象的黑暗力量虽带有污秽与自私的一面，却实为一种"不健康的能量"和"强有力而危险的艺术"，②并由此引发了"男性对女性的恐惧，尤其是表达了男性对女性创造

---

① ［美］桑德拉·吉尔伯特、［美］苏珊·古芭：《阁楼上的疯女人：女性作家与19世纪文学想象》，杨莉馨译，第38页。

② 同上书，第39页。

力的讥讽"①。的确,男作家焦虑感的性别转换机制总在若有若无地
发挥作用。本书主要以哈罗德·布鲁姆误读理论中影响的焦虑作为
男作家写作中的焦虑源类型进行论说和界说,男作家在特殊时期有
可能将基于前辈诗人影响力的焦虑感转嫁于文学女性人物身上,这
既会抑制女作家的想象力和创造力,又会压抑文学女性人物形象的
表现力和张力,迫使二者陷入共同的虽生犹死状态,与死亡意象紧
密相连。然而与死亡意象发生关系的女性形象却着实能够以自身顽
强的本我欲望力图逃出父权文化的宰制范围,更有可能亦真亦幻地
流露出虽死犹生的端倪。这种反抗与颠覆火焰象征着女性力量天然
地具有"不死"特质。但即便此类女性人物形象的潜在力量如此巨
大,仍旧没能摒弃自身的他者性外衣。为上述火焰和端倪所披覆的
他者性外衣,却在一定程度上释放了男性作者的焦虑。他者性外衣
由具有女巫、怪物、荡妇等象征父权文化所严厉批驳的语义词汇堆
砌、罗列而成,它一定程度地更改了女性主体性的惯有表现路径,
节外生枝地开辟出其他能够缓解和转嫁男作家焦虑感的路径。男性
经由那种语义误导,又有可能站在父权文化道德层面去辖制文学女
性,以获得自我确认,解除部分恐慌感。这种恐慌感与主体对打断
文学父子间连续性传统的恐惧具有内在同一性。从这个层面上说,
男作家的影响焦虑感不仅与女性死亡意象的缔造有关,而且与女性
虽死犹生的特征更有关,前者表现了男性焦虑感的性别转换,后者
通过语义错综现象释放了男性焦虑,可谓殊途同归。总而言之,男
作家通过塑造虽生犹死的女性形象,收获了虽死犹生的具有超验魔
力的另类怪物女性形象(语义上的表达往往指向明显的他者性,与
女性的反父权文化道德意象紧密关联,而超验与魔力是深层次阐释
后的结果,来自语义错综现象与疏漏的可能),以此转移并消解掉了

---

① [美]桑德拉·吉尔伯特、[美]苏珊·古芭:《阁楼上的疯女人:女性作家与19
世纪文学想象》,杨莉馨译,第39页。

部分影响的焦虑。对于女作家来说，裹挟在他性外衣之下的火焰、端倪与苗头的存续亦是难能可贵的，它们同为女性意识出逃于父权文化提供了可能性与现实基础。女作家的想象力因此得到了部分解放，她们能够借由此类文学人物形象，在主体性的驱使下将其表现路径再次带回到与自身性别身份相关的视域中去，以完成区别于男作家语义、定义和认可层面的那种人物塑造方面的自主架构模式与经验，从而达到获得自我权威的目的。

上述男性针对文学女性人物虽生犹死和虽死犹生状态所呈现出的焦虑感，被桑德拉·吉尔伯特与苏珊·古芭概括为"男性针对女性主体性的焦虑"。这种概括方式较为具体，女性与死亡意象有关的形象其实都具有暴露内在主体性的可能。这即解释了为何苍白、空洞、失真到近乎诡异的女性形象，与已然丧失父权道德感的不知廉耻、浪荡淫贱的女性形象会令人感到恐惧。前者在无限接近死亡的过程中，产生了并非由父权文化直接创造而来的超验性，它作为衍生物而存在。但其形态却彰显出了女性特殊的主体性意识——反控制。在父权文化所构建的理性王国中，超验性会作为异端力量而被蔑视或驱逐，正因父性世界中缺乏对此种经验的感知与认可传统，使它具备成功诱发男性主体恐惧感和焦虑感的可能。后者在无限贴近道德堕落面，也即无止境跌入道德深渊的过程中，其反抗权威的意识更直白和强烈地被表达出来。但二者所代表的女性人物形象，在显露女性主体性方面，又呈递进关系，是同一问题的不同表现阶段，共同使文学女性的主体性呼之欲出。吉尔伯特与古芭认为早在婴儿时期，男性已表达出了对女性主体性的焦虑①，而在文本表现上，男作家对女性天使品质的褒扬和宣扬正隐匿着他们对女性"邪恶"品质的质疑态度与窥伺欲。女性形象的反复无常与其神秘性和

---

① ［美］桑德拉·吉尔伯特、［美］苏珊·古芭：《阁楼上的疯女人：女性作家与19世纪文学想象》，杨莉馨译，上海人民出版社2014年版，第37页。

纯洁性的经验相关，而从身体经验上说，女性最为神秘的身体部分
即生殖区，因此在反复无常的特质未能得到完全释放前，其神秘的
超验性也将很难被呈现出来以构成其主体性，女性的反复无常性不
能得到正视，就是文化一再掩盖与刻意使其与其他概念发生错位造
就的后果，"现代临床似乎急于冲进去，为了'边缘人格'而忘了
歇斯底里症"①。同样，这亦是特殊时期的文学厌女传统的作用对象
正是性别属性问题使然。"通过某种厌女症作风的提喻法，性别这个
属性僭越了人——自决的、我思故我在的主体——的位置。"② 女性
创造力与想象力的复活趋势，中断了女性欲望受异化的过程，"人，
会言说的动物，当然是一种社会动物，但尤其是一种情欲存在"③。
如果女性情欲能够得到正视，那么，女作家便易于把握塑造文学女
性形象类别的主动权，相反，性欲受抑制的女作家，在文学表现力
上的呆板状态便很难更改。然而，不能超越女性身体经验或自然属
性范围的书写模式也将给作家们（无论男女）带来诸多的创作困顿
感。因为书写中带有任何极端性质的、单一种类印象的书写经验都
将被认为是不成功的，都将造成主体创造力的僵死局面。从此层面
上看，将文学女性改头换面地塑造为性欲流溢的"低等动物"的恶
毒心理，便具有发生的必然而自然的契机，成就了带有试验性质的
文学书写经验。这种尝试能为女性带来久遭禁闭的活力，至少从象
征层面上说，令其具备了自我言说的可能，尽管言说形式还需要不
断变通。而性压抑状态与性欲流溢状态，其实如果同样被限制在某
一固有模式中进行对比性展示的话，便可看出二者同为单一化的存
在现象，充满了失真性和无力感。如果说文学女性性欲暴露能够为

---

① ［法］朱莉娅·克里斯蒂娃：《克里斯蒂娃自选集》，赵英晖译，复旦大学出版社
2015 年版，第 118 页。

② ［美］朱迪斯·巴特勒：《性别麻烦：女性主义与身份的颠覆》，宋素凤译，上海
三联书店 2009 年版，第 27 页。

③ ［法］朱莉娅·克里斯蒂娃：《克里斯蒂娃自选集》，赵英晖译，复旦大学出版社
2015 年版，第 131 页。

女性获得言说机遇提供可行路径的话，那么这种暴露也为女性形象的塑造再次带来劫难，成就了父性特征对文学女性形象新一轮的反讽、虚构、想象、扭曲的条件。例如，男作家将女性性欲进行肆意夸张的想象，甚至令其成为欲望符号的过程，便致使女性重返了受压抑的角色定位，女性性欲遭到过度捆绑与渲染后，实际突出的便是她的自然属性。朱迪斯·巴特勒认为自然与文化构成的二元关系衍生出一种等级关系，使自然成为他者，被附加和加强了文化意义，从而"在一个统治的模式上维护了能指的理想形式与意指的结构"①。这就是说，父权文化观念制造了与之对应的印象，尊崇等级观念使女性成为徒有平庸精神性的毫无故事情节的人。朱迪斯·巴特勒亦认为女性概念不含有主体标记的内容，她们的"意义是缺乏（lack），由象征秩序（the Symbolic），亦即成功创造了性差异的一套分化语言规则所意指的"②。女性缺乏意义的本质被附加在父权文化对其自然性的过度渲染过程中，更加否定了女性主体性的存在，从而使女性被排斥在语言主动性之外，导致话语权的丧失。这即朱莉娅·克里斯蒂娃所说的状态："这种经济架构要求女人远离唯一真实的立法原则，远离话语，也要求符合那个生殖的面貌（总是父亲的）以获得一种社会价值：也就是远离知识和权力。"③

　　这里还需要提及女性身体周期性与文学传统间的关系，相对男作家所拥有的呈闭锁特征的文学传统来说，女性自身就拥有象征层面的闭锁性传统。也即，女性身体即构成了自身的传统。在其中，她进行自我修正和自我确立。也即她能够在自己内部进行自我消解，具有否定和推翻自我的能力。女性身体具有极强的颠覆力，前辈就

---

　　①　[美] 朱迪斯·巴特勒：《性别麻烦：女性主义与身份的颠覆》，宋素凤译，上海三联书店 2009 年版，第 51 页。

　　②　同上书，第 38 页。

　　③　[法] 朱莉娅·克里斯蒂娃：《中国妇女》，赵靓译，同济大学出版社 2010 年版，第 1 页。

是她自己，她在文学中进行的所有修正关系似乎都能够发生在自己身上。而修正比运用过程中所使用的替代原则，也可显示出由表现与限制所交替出现、相互遏制而形成的文学格局是极富弹性与张力的。这种张力性结构正与女性文学形象塑造过程中为打破两种极端僵化的女性人物形象的塑造模式，而追求的那种女性特有的"反复无常"性类似。也可说女作家文本中会因此而呈现出"反复无常"的张力性布局形态。从这个层面上说，女性身体经验缔造了她特殊的写作经验，而这便可被认为是建构女性文学传统的根基所在。西蒙娜·德·波伏娃认为："女性的形象被用来呈现所有那些矛盾的感情，那本是男性由于无法控制自己的身体存在、自己的出生和死亡，自觉无能为力，并因而产生的感情。"① 这就是说，男性由于对与生死和身体有关的本源性问题的无能为力，可能会导致其产生某种形式的焦虑。男性亦需要以时间性来进行某种缓冲，"人的自然生命体仍有其独立的时间"②，而由于男性身体脱胎于女性子宫，可说男性对生命之源的寻找便象征性地指向对子宫的崇拜，朱迪斯·巴特勒认为男性依赖这种寻找而获得满足。"因为作为一个保证性的符号的女人，她是移置了的母性身体——给予一种徒然但恒久的期许：可以找回个体化之前的圆满欢愉。"③ 男性主体性依赖女性身体经验得以建构，能够将其带至压抑生成前的某种关系中。如前所述，子宫具有多重隐喻，是男性视为神秘存在的女性身体器官，代表女性性欲望的寄寓之所，是女性力量的酿造之处。"子宫羡嫉"心理的存在，与其在文学中的表现都是值得关注的。男性"子宫羡嫉"心理就是由男性对身体经验范围中存在盲点的意识，所导致的一系列焦

---

① ［美］桑德拉·吉尔伯特、［美］苏珊·古芭：《阁楼上的疯女人：女性作家与19世纪文学想象》，杨莉馨译，上海人民出版社2014年版，第45页。

② 尤西林：《心体与时间——二十世纪中国美学与现代性》，人民出版社2009年版，第21页。

③ ［美］朱迪斯·巴特勒：《性别麻烦：女性主义与身份的颠覆》，宋素凤译，上海三联书店2009年版，第61页。

虑心理的反映。这直接引发了男性对女性形象的操控欲，具体诸如写作者主体通过制造对女性生育、贞洁崇拜等文化现象来抒发内心的焦虑感，表现了男性将弥补自身所缺乏的经验的愿望和对主体完整性的期待寄托在对女性的控制中，这种弥补关系也为朱迪斯·巴特勒的论述所证实，即为了成为男性阳具中心地位的保证者，女性需要成为男性所没有成为的一切，即"在她们的缺乏中建立男人本质的功能"①。

因此，女性不仅承载着男性确立自我的功用，还作为弥补男性自我缺失部分的对象而存在。由是，文学女性形象在经历了从虽生犹死到虽死犹生状态的转变与变迁后，被彻底妖魔化，女性便成为怪物般具有反复无常性的存在物。也即被男作家间接创造出的另类女性形象，可被命名为"女巫—女神"混合体。男作家试图将女性人物形象限制在此类混合体中以便完成对其的框定。正因如此，女性"不伦不类"的形象却有可能意外地显示出某种超验力量，如恶俗的女性形象，往往更具有不可遏制的超验倾向。对母性力量与超验魔力的双重畏惧与厌恶，反而会使男性的创造力受到阻抑。而颇为反讽的是，正是无意识中出于本能的自卫心理，恰具有创造出非人非妖怪物女性形象的契机，从反面看，这或许也正是女性力量反压制、反约束的自有逆向表现。它将具有无限性的男性创造力回收至两点之内，即游走于母性力量与超验力之间，使之不发生任何僭越。女作家塑造兼具两面性的女性形象，其实是显示女性力量的一种有效方式，也是反客为主在文学中占据主动权的良好策略。男作家运用基于性层面的丑化与扭曲手段来完成对女性形象的塑造，反而有时恰能够帮助我们更好地发现真实女性形象的表现力所在，从而更好地理解处于现实父权文化困境中的女性疾苦，并为女性问题找到更理想的解决对策。现实父权文化中，

---

① [美]朱迪斯·巴特勒：《性别麻烦：女性主义与身份的颠覆》，宋素凤译，上海三联书店2009年版，第61—62页。

女性很大一部分焦虑感源自她们的身体，这表现为有时渴望由身体表现出自内而外的禁欲感，有时又渴望由身体表现出无所不在的性欲活跃感，但由于父权文化道德对女性的过度要求，使女性有时需要一面平静地享受因贞洁而为自身带来的优越感，一面又企图展示与暴露特有的生命活力。在这种矛盾状况下，女性活在纠结之中，在身体周期性特征与外在现实父权文化因素的共同作用下，便天然地具有另类怪物女性形象的一般特征。具体来说，即内因本身具有自我否定和自我超越的双向可能，外因的局限性使内因中否定自我的能力被显示出来，但超越自我的能力却由此面临着被抑制的窘境。总体来说，现实中的女性更多地呈现出一种对道德感的普遍认同，对性欲存在的事实及其表达方式的碰触总归是含蓄和谨慎的，因而怪物另类气质的生成就是建立在这种道德认同感下力比多隐在暴露的蛛丝马迹中。反复无常的女怪物，同样是对女作家的现实隐喻。女性握笔之初，即在一定程度上是被异化的女性之典范，亲历着被妖魔化的历史过程与进程。女性通过自体性的方式拥有以创造新生命为象征的普遍创造力，而男性对自身创造力的确定与界定方式却显得相对有些复杂，即他们已然能够走出自然属性的框定范畴，从而在文化中发明出多种证明方式，以对命名权的争夺与占有和对他者的找寻与控制作为最重要和明显的手段。在文学中，这种占有命名权的现象表现为对女性形象的父性想象与创造发挥，即反映出他们渴望以这种方式"生"出女性，以此对抗女性生育能力所具有的天然权威感。如"'姓'字的字面意义就是'生于女人'。中国的姓最初是母系氏族时代氏族部落的姓，是女性的姓"①。又如王安忆在谈及两性关于性的浩劫怪圈的宿命性结局时说："男的好像找不到解脱的方法，男人对孩子的认同也要从理性出发，如果没有理性的话，他很难，因为他不是直接发生关系。而女性是很直

---

① ［法］朱莉娅·克里斯蒂娃：《克里斯蒂娃自选集》，赵英晖译，复旦大学出版社2015年版，第184页。

接的，这是一个很大的区别。"① 因此对孩子命名权的占有，隐喻着男性在文化中显示出的"生育能力"，吊诡之处在于，男作家对命名权的占据行为，本是他们对某种女性能力的效仿与模拟，却反而构成了文学中的一抹男性色彩。当女性以握笔的方式企图挑衅这种文化时，反易于遭到去性别特征的反讽。两性间的差别待遇，使作者权人为地富有性别特色。从这样一种颠倒的事实中，可看出，自然与文化的关系，一如女性与男性的关系，前者始终遭到后者的左右。

应该说，女作家成为天使与魔鬼的综合体——另类的怪物，即代表着她们感受到了由女性性别带来的第一重焦虑，即对自身异化状态的感知造成的恐惧。而女作家的书写行为又可被看作对这种评定的自然反叛与背离，即她们始终企图摆脱自身怪物印象，渴望撕去被强加的文化标签。女作家在为其笔下女性人物进行修正式塑造时，也可以说，能够一并完成对自身怪物印记的抹除，具有打破为男作家所制造的女性形象图谱的可能。如中国晚清小说中，充满男性对"理想女性的想象"②。用天使女性对性欲的态度来记录静穆美好的女性形象的伪善性与虚假性，便可显示出父权社会中女德的吃人本质。而如若能够证明天使女性也有性欲释放的内在需求，则可拆穿天使女性基于多种途径与目的的被杜撰实质，她的形象只能作为女性的单一自我而得到表现和呈现，并不能构筑起完整的女性主体性。因此，从本质上说，女性即自身欲望的综合体。这更加能够说明，在女作家的内心世界中，或者说在她们的普遍创作心理中，可能始终存在着多个分裂的自我，影响主体创作时内在的天使自我，但完成对自身主体性的建构，实际上则需要将分裂的自我重新修正为同一的自我。简言之，作为欲望综合体，这种同一化指的是还原女性具有张力

---

① 李小江等：《文学、艺术与性别》，江苏人民出版社 2002 年版，第 36 页。
② 王青：《性别与叙事：中国五四女作家创作论》，中国矿业大学出版社 2006 年版，第 6 页。

性的人格特质，即其反复无常性。具体来说，如果女作家塑造了单一性的女性形象，其自身便会因选择塑造这样的女性形象而或多或少减少了内外在针对女性性别所萌生和存在的异化力量。对于天使女性而言，必须面临两次象征性的死亡，其一是被拥有虚假权力的女性所杀，其二是被父权文化所杀。两种死亡主要体现在现实生存空间以及人格发展空间上的双重限制与禁闭当中。但两种死亡又具有本质不同，前者是一种女性自觉的自我舍弃，后者则来自异性的拒斥。两者的关系，可简单理解为：女作家"杀死"天使女性，是为了使被男作家"杀死"的天使女性得以挣脱出镜像界，以获新生。反过来说，击碎镜像的意义在于使天使女性得到走向真实自我的机会和堕落的可能。但两种死亡又可被看作同一的，因为当镜像界中的天使女性击碎镜面步入真实时，她即被赋予了与天使个性截然相反的其他女性特征，诸如变得疯狂和难以驾驭，这是其出逃行为得以实现的前提。所以可认为，当天使女性走出镜像界后，就已宣告了自身的死亡，这是其第二次死亡。即她以死亡（杀死自己，或被杀）的方式进入艺术界，被禁锢在父性想象力中，最终成为父权文化的巡礼之物，或者说成为父权文化的一个符号，这正是女性主体性消亡的象征性总体过程。如果说，女性是以象征性的"死亡"作为代价进入文学艺术中去的，那么，她又必将以"死亡"为代价走出男性想象力铸造的镜像界，而从与主体性相关的角度看，第二次死亡更为自觉，即女作家亲手毁灭了自我的天使影像。天使女性的第二次死亡，显然需要以策略性的思维与文学驾驭能力的具备为条件，才能被付诸实践。如果说第一次死亡是被迫在无知无觉状态中沦入的，那么第二次死亡便需要拥有更明确的目的性和更强大的策划能力来支撑。这就是自我的异化与修正，以消除自身天使阴影为基本与最终目的。对天使属性的背叛，必然指向对自身魔鬼属性的附加，即女作家用创造女性人物形象邪恶感的方式来帮助自己摆脱内在的天使阴影。

　　总而言之，防御心理与女作家创作中基于性别身份的作者身份焦虑相伴相生，防御手段的出现证明了女作家焦虑感的存在。而结合上述分析可推知，女作家对女性"邪恶属性"与"魔鬼气质"的探寻和假借即她创作焦虑感的具体表现。女作家的焦虑来自对摆脱双重"挣脱"任务的复杂情感，具体指她对自身天使阴影的摆脱，及对文本中天使女性人物形象和气质的摆脱。两种"摆脱"具有同一性，即只有去除自身的天使阴影，天使女性方能失去文本立足地。但是，这种文本上的彻底性又是难以做到的，因此可反映出女作家本身的确很难摆脱被天使自我附着的现实。这种相互制约的关系显示出女作家焦虑感的存在，即她在写作中需要不断处理这种关系，并对抗焦虑。从天使女性到象征性具有"魔鬼气质""邪恶属性"的女性形象的转换，是女巫式的形象质变过程，女性主体需承受祛除道德内化过程中的反异化感受的感受。具体来说，怪物女性一般具备主动思考的能力，有足够的智慧去进行操作和实施，具备将性欲充分暴露并展示出来的计策、胆识。也即主体与自然属性和空间相隔甚远，与文化和外在空间无限靠近。她的方式和手段不再过分地具有分明的女性气质，而是显示出了一定的男子气。应该说，女作家借助"魔鬼气质"和属性，"杀死"天使女性，并以怪物女性形象替代天使女性，这一过程本身便具有象征性"自杀"与"他杀"的双重倾向，即女作家在此过程里成为疯女人本身，其摆脱天使自我阴影的过程具有"自杀"倾向，主体使文本摆脱天使女性影子的过程则又是完成"他杀"的象征性过程。显然，天使女性并不以死亡作为艺术生命的终结，而是以替换为鬼魅的另类怪物形象去迎接真实自我的复活可能与契机，反其道地使自身艺术生命焕发出新的活力。女作家也将因创造了具有艺术活力的女性人物形象而更加靠近写作原初的理想目标。此一形象的生成，则能够体现出女作

家具有控制自身生命发展图景的文本驾驭能力，展示出其完善自身
主体性的文学诉求和表现程式。

第三节　文本空间分层

语言本身具有语义双关的特点，并因而带有含混的功效与特质。
这一特性决定了文本字面空间与意义空间常常可以同时存在的复杂
情形。福柯认为语言是"一个空间的东西"①，也即文本的空间分层
主要体现为对表象空间和意义空间的涵括，是雅克·布逊所说由
"代码与信息一般关系"② 构成的双重结构，这为女性写作中出现的
某些女性化特点提供了良好的发生寓所，从而在一定程度上既能将
女作家基于性别身份的作者身份焦虑感受呈现在文本中，又能利用
文本空间分层的特点转移和消化掉那种焦虑感受本身。

一　字面空间与意义空间

哈罗德·布鲁姆认为在文学作品中，意境的出现是意义汇聚和
最大化的产物，而"比喻或修辞创造意义，意义不能脱离它们而存
在"③。字面空间与意义空间并存的局面显然并非是平面化的，二者
体现为明显的空间性关系与结构，这就是说意义空间隐含在字面空
间之下或其内部，处在相对的隐形状态中。当然，这并不影响本书
使用字面空间与意义空间两个概念来指称和描述文本分层现象，因
为它们空间上的重叠及时间上的同一状态，并不能使其混为同一概
念，它们始终是两个彼此区分而独立的概念，与兰瑟表述为"表面

① ［法］米歇尔·福柯：《声名狼藉者的生活》，汪民安译，北京大学出版社2015年
版，第136页。

② ［法］巴尔特：《符号学原理》，李幼蒸译，中国人民大学出版社2008年版，第
11页。

③ ［美］哈罗德·布鲁姆：《读诗的艺术》，王敖译，南京大学出版社2010年版，第2页。

文本"（surface text）与"隐含文本"（subtext）的概念内涵相一致。兰瑟认为隐含在文本中的真实内容与情感，导致了文本表象产生胡编乱造的印象，"在这种情况下，'女性语言'① 成了某种用来混淆男性'公众'视听的密码"②。这就是说，女性化的语言天然地具有遮盖作用和效果。具体来说，文本字面空间由具象化的语言组成，而诸种技巧则蕴含其中，这正由语言的包容性所决定，这一特性直接导致文本分层的可能。这也即费迪南·德·索绪尔所认为的符号由能指和所指两部分构成，"能指即我们所感知到的部分，一个声音或者纸上的字；所指是我们根据被感知的能指所联系的意义"③。语言或文字的表象之下具有其他可被任何人阐释的不同意义，而正如哈罗德·布鲁姆所认为的，形象化与隐喻化是可以且应该同时存在的，他认为自己的批评实践正建立在这种文本复合形态之上，且想象文学本身便既形象又富含隐喻。"越是强大的文学技巧越是依赖形象化语言。"④ 因此，文本字面空间是意义空间得以存在的必备前提和保证。

在文明社会中，权力的运作处于弥散状态，而维系这种状态的内在机制则拥有掩盖异端情况发生的功能。这种内在机制有时即道德力量对人所进行的种种规约，例如父权文化对女性的限定，恰好起到了抑制与导向的双重作用。而现实表明，对女性的约束和规范越苛刻，她们便越发可能表现得过分安静和沉默，直至直接地变为

---

① 这里所说"女性语言"是指被兰瑟定义为"太太语言"的阴性或雌性语言，并非广义上的"无权者的语言"。这种语言是最为父权文化所接受，或说最能被父权文化所忽视的语言形态。关于此方面的详细说明，可参看本书第三章中对于女管家类女性所代表的生存经验进行的相关论述。

② ［美］兰瑟：《虚构的权威：女性作家与叙述声音》，黄必康译，北京大学出版社2002年版，第13页。

③ ［美］K. 马尔科姆·理查兹：《德里达眼中的艺术》，陈思译，重庆大学出版社2016年版，第22页。

④ ［美］哈罗德·布鲁姆：《影响的剖析：文学作为生活方式》，金雯译，译林出版社2016年版，第15—16页。

匪夷所思和面目全非的个体，成为"谜"一样的存在。如桑德拉·吉尔伯特与苏珊·古芭所描述的那种社会形态，即"使社会运转的矫揉造作的欺骗使得每个人物形象对别人来说都成为一个谜语、一个彬彬有礼的难题"①。当然，女性神秘性并非其天然属性，而是来自文化的附加，在某种意义上说，即虚假的代名词。"女人代表了一个不能够被思考的性别，是语言的不在场（absence）和晦涩难解的部分。"② 而这种迷惑性和虚假性对应在具体文本层面中，就能够表现为女作家书写策略所制造出的复调性与歧义性。这种复杂的技巧性正说明文本字面空间的语言形象化程度具有极高的被发展可能。"高度形象化语言是荣耀的，也是危险的，因为我们永远不可能确定如何对它所有可能的意义和它对我们的作用加以限制。"③ 这就是说，语言的形象化程度越高，则文本意义空间的可释性越强，可控性则相对越弱。应该说，文本分层的特性，指向女性现实的分裂式生存状态与自我分裂感。譬如，女作家展示出女性人物的想象力，同时又企图通过一些方式将其扼杀掉的现象就存在文字与意义发生断裂的可能中。通过这些方式，女作家完成自身愤怒情绪从发散式投射到收敛式回溯的过程，显示出主体潜意识中存在的克制性思维的基本特征。女作家正是在此两种主导精神的交替作用下，试图寻求构建文本空间性的新型经验。相对来说，女性文学表现与对现实生活中女性普遍生存经验的不自觉模拟不无关联，弗吉尼亚·伍尔夫曾将生活本身划分为两个层次，它们是其生命哲学及理想型写作概念形成的诱导因素，"在伍尔夫看来，生活似乎可以被分为大量普通的、不能给人留下印象的、常规的活动，以及'突如其来的震惊'（sudden violent

---

① ［美］桑德拉·吉尔伯特、［美］苏珊·古芭：《阁楼上的疯女人：女性作家与19世纪文学想象》，杨莉馨译，上海人民出版社2014年版，第202页。

② ［美］朱迪斯·巴特勒：《性别麻烦：女性主义与身份的颠覆》，宋素凤译，上海三联书店2009年版，第13页。

③ ［美］哈罗德·布鲁姆：《影响的剖析：文学作为生活方式》，金雯译，译林出版社2016年版，第16页。

shocks）或'罕见的时刻'（exceptional moments）两种层次"①。其中前者即文本字面的形式空间，后者即意义空间。正是前者的普遍存在，导致后者极有可能相对地无限缩小。尤其当克制的精神占主导时，文本意义空间便缩小至无限接近字面空间所传达出的意象上，这显现了女作家对父权文化的体认。这种对本我冲动与欲望的张扬到克制，再到摧毁的全过程，体现出女作家纠结、挣扎的心理波动图示的基本指向，不经意地传达出戏拟效果。戏拟效果的出现反映出女作家亲手摧毁自我以体认和亲近父权文化的态度，这在女作家于文本中表现出的任意、无拘自我的映衬下显得多少有些荒诞和矛盾，暴露并呈现出父权文化对女性的摧残深度与强度，女作家这种策略意识能够在不经意间传达出对重塑新型的、对等的、良性的、生态化的两性关系的期待。又如，女作家在情节安排与人物性情描摹上所显示出的荒诞感和困境感也正表明，她们将自己身为女性的现实感受和经验完整而忠实地带入了写作中，即文本中女性人物都或多或少暗含着作者的影子。与文本戏拟效果不同的是，将现实感受和经验带入创作过程的基本情况，反映出的正是女作家忠于自我和现实的写作心态与立场，这与女性性别身份在父权社会现实中的境遇息息相关。

文本是发现作者身份焦虑感的一块试验场，在一定程度上可以说，女作家所有感受都不同程度地深藏其中。不同女作家会在各自的焦虑形式上拥有不同的个体表现方式，但却具有一致性的内涵，即每一个文本都可以被看作一个句子，呈现出一定的话语力量。应该说，文本空间具有巨大的包容性和功用，它覆盖和囊括了女作家的内心世界。正因为这种包容性，书写制造了一种不在场，以此来进行对意义的容纳。"语音即意味着在场（presence）、透明性（transparency）、真实性（authenticity）、独特性（uniqueness）；而相

----

① 杨莉馨：《伍尔夫小说美学与视觉艺术》，中国社会科学出版社2015年版，第43页。

比之下，书写则得到了不公正的裁判：它代表了不在场，它存在着伪造、复制的可能性，以及它需要被阐释和阅读。"① 女作家以及焦虑情绪暗含其中，所以文本空间是处在动态变化中的，它要求被发现、发掘和阐释。如果女作家即文本本身，而文本又是一个句子的话，那么女作家便易于被句子所囚禁。即女作家的个性隐匿在句子中，她们的力量与自我主体性的呈现和彰显，都将通过"句子的力量"得到表达和释放。所以，对女作家文本的分析，将可被抽象为对文本中每一个句子的分析。每个句子都将是有价值的，句子的意象是丰富的，可成为作者心理情感与情绪的有形寄存地，能够成为产生力量的具体形式载体。句子既是时间性的存在，也是空间性的存在。文本的字面空间因句子力量的充实而意义繁多。在父权文化中，所有对女德的强调和劝说都指向对节欲与克制型人格的偏好和崇重。女作家在父权文化辖制的单一化精神性别语境中，同样易受此焦虑的困扰。在文学创作中，女作家可能将包含有对病女人想象的部分作为女性普遍意义上的身体经验，带入文本中，通过对病女人意象的制造投射并折射出自身的焦虑感受和类似身心亚健康的状态，在对影子的操纵中发泄失落和失望的情绪，并由此不自觉地削弱原本的句子力量。总而言之，女作家的愤怒或许能够干扰她们自身的创作力，影响文学作品的某些功用目的和艺术性的忠实呈现，进而使作者权威感受到一定折损。直接将负面情绪诉诸文本字面空间的方式，是削弱句子力量的。这种削弱，通过前述以大量普遍毫无印象的生活经验的堆砌，来试图掩盖某种"罕见时刻"的方式形成。因此，被削弱和掩盖的东西恰填充和增强了句子的意义空间。那么，新的文本两重空间即在这一层面上同一而为平面化的结构形态和局面，即女作家对非理性、非克制态度与精神的秉持能够造成

---

① ［美］K. 马尔科姆·理查兹：《德里达眼中的艺术》，陈思译，重庆大学出版社2016 年版，第 20 页。

以绝对自我言说来取消意义内涵的局面的出现，而文本始终没有因作者言说而丰满起来，则或可都是由于意义的匮乏所致。"伍尔夫反复提到生命的高峰点并不是出生、婚姻和死亡这些传统的标志物，而是被普通生活中的普通事件遮掩着。"[①] 打破这种遮掩状态，则需要新的一重克制精神的再现，但并非绝对体认父权文化规范的那种克制精神，而是艺术家所应具备的智性态度和理性精神，用以向主体缔造的意义空间填塞内容并无限延伸自我。具体来说，女作家需要克制自身的愤怒，通过碎片化的处理方式与手段，在文本意义层面将真实声音流露出来，凸显自我的内在真实。这种处理方式，可使句子的力量得以修复并得到增强。应该说，女作家文本意义空间中富含隐喻性，它是本质所寄寓的那个"寓意"空间，[②] 因此，相对可以说，女性文学作品具有试图引起读者主动阐释想法的可能，以此建立叙述者与读者之间的良好沟通与互动，利用修辞使其文本语言呈现出隐晦并丰满的印象。对文本审美效果的评估应建立在对读者与作者关系的考察上，而字面空间的延伸，又能够使意义空间得以自觉浮现，意义空间的再次延伸，即以回归生活本来层面为向度，也即以营造读者个人诗意空间为目的，这正是艺术与生活之间的联系所促就的自然结果。这一点与弗莱的观点相似，即"虽然艺术不同于生活，但审美情感与生活情感不能截然分开，审美情感本身即源于生活"[③]。同样，这种循环的动态效果又使文本分层形态得到了象征性的弥合与张力化。但这并不意味着文本两重空间的边界会模糊化，恰体现出文本分层格局对于循环关系建立的某种必要性。

应该说，文本字面空间既是语言发生的载体，又必须充当隐喻发生的载体，这种复杂性、复合性与包容性使字面必然成为空间性

---

① 杨莉馨：《伍尔夫小说美学与视觉艺术》，中国社会科学出版社 2015 年版，第 44 页。

② ［法］米歇尔·福柯：《这不是一只烟斗》，邢克超译，漓江出版社 2012 年版，第 16—17 页。

③ 杨莉馨：《伍尔夫小说美学与视觉艺术》，中国社会科学出版社 2015 年版，第 129 页。

的存在。隐喻的重要性又使意义承载了书写的最终目的。如德里达认为"隐喻从来就不是无辜的。它引导探求方向并且固定结局"①。文本意义空间成为文本生成过程中最重要和最本质的形式载体，即它是文本中一切形式与结构存在的理由。而意义与表象空间中的字面本身就具有时间性上的同一关系。"说力量乃现象之源无疑等于什么也没说。当力量被道出时，它已是现象。"② 如果对意义与文字关系的辨识可借由对力量与现象关系的描述方式来展现的话，那么发现意义的同时，它便已然利用了字面作为庇护物，也即它始终通过文字来彰显自身存在及其形态，因此很难界定究竟二者谁更为本质。这种同一性还可用德里达的另一重表述揭示出，即"不可能有无意义的符号，也不可能有无所指的能指"③。即意义指话语的意义，是"一种推论的内容"④。这种混同构成一种"表述体系"⑤，写作者对这种黏着与交融状态总存有复杂的感情。德里达认为字面结构是热情而处于等待中的，它情人般地"准备着嫁给它未来的意义并使之生衍繁殖"⑥。诗人如同结构本身一样，对此既感到热血沸腾，又时刻可能愁苦不堪，使创作本身带有冲动与焦虑共存共在的特性。文字缺乏规范这一现象，仅能通过书写行为而得知，于是德里达认为意义是急切的，它想通过写而完成对居所⑦的捕获，因此，它"为

①　[法] 雅克·德里达：《书写与差异》，张宁译，生活·读书·新知三联书店 2001 年版，第 27 页。

②　同上书，第 45 页。

③　[法] 雅克·德里达：《声音与现象》，杜小真译，商务印书馆 2015 年版，第 20 页。

④　同上书，第 22 页。

⑤　同上书，第 24 页。

⑥　[法] 雅克·德里达：《书写与差异》，张宁译，生活·读书·新知三联书店 2001 年版，第 29—30 页。

⑦　居所指德里达所说的表达的意蕴，德里达认为它是能够承担意义（Bedeutung）的符号，是表述被排除之后留下的东西。尽管表达已然是种内在之物，但德里达认为意义是先于它而存在于内在中。具体而言，表达能够引领意识通往对意义的发现，即表达是意向的内在化。具体请参见商务印书馆出版的《声音与现象》2015 年版第 39 页的内容。

了成为有别于自身的那个叫做意义的东西，就得等着被说出被写出"①。书写是为了创造一个意义能够寄存的空间，因为写作所要表达的全部东西并不都能被文本字面空间囊括，那些不能出现在文字中的内容迫使写作行为向其提供一个必要的寄存所、容身处，也或者可理解为，文本意义空间从写作形式化、显性化、具象化伊始就应被生成，且很难界定写作在提供意义以空间方面，及意义在追寻、等待写作行为的发生方面，到底谁更为急切与不安。德里达认为再现结构即意义本身，而未能再现的意义便不属于真正的话语。② 因此，这种不安与急切正对应着写作者的某种类型的焦虑。

简言之，文本的空间性，对于女作家而言，既是她们可资利用的有利条件，能够为其书写中所体现出的策略倾向埋下伏笔，同样也因女作家对隐含意义之居所的渴望，以及对那种居所的出现时间与书写行为发生时间具有同一性的考虑和期待，而使上述提及的创作冲动与焦虑变得格外明显。雅克·拉康认为写作对于意义空间的寻求是更为急切的，"因为写作是启动性的，我使用该词所含的新鲜之意，因而它既危险又令人不安。它不知往哪儿去，没有任何智慧能使它避免疾速冲向它建构的意义，冲向它的未来"③。这意味着，意义空间与字面空间的共在状态是可以改变上述文本困境以及写作者两难处境的。顺延此思维，会发现写作对意义的急切捕获，正凸显出了意义的永恒性。"它④创造意义并把它存录下来，将它托付给一个雕刻，一条槽纹，一块浮雕，一块能无限世代相传的平面。"⑤

---

① ［法］雅克·德里达：《书写与差异》，张宁译，生活·读书·新知三联书店 2001 年版，第 17 页。

② ［法］雅克·德里达：《声音与现象》，杜小真译，商务印书馆 2015 年版，第 63 页。

③ ［法］雅克·德里达：《书写与差异》，张宁译，生活·读书·新知三联书店 2001 年版，第 17 页。

④ 它指书写行为。

⑤ ［法］雅克·德里达：《书写与差异》，张宁译，生活·读书·新知三联书店 2001 年版，第 20 页。

由此，书写行为不仅是历史之源和历史之终极目的（telos），且充满未知哲学的意味，还具有提供方案的价值。书写，在这一层面上，德里达认为应该"承认并尊重它"。① 在不恰当的对比中，文本单纯的文字则可以成为一种切实的载体，它并非指字面空间，因为字面空间已具有意义存在的寓所，但单纯作为载体的文字则成为被贬抑的一方，即便这种纯粹性是切实存在的。"发生在文学之内的事情，就是发生在语言之内的事情。发生在绘画之内的事情，就是发生在材料之内的事情。"② 将字面空间的性质界定为更纯粹的存在，便可促其回归到载体层面。而载体具有策略性，使字面在被书写的同时也体现出了策略意义，并构成了自然而然的情形。对于女作家的写作来说，需要重视的不仅有写作与意义空间在发生时间性上的同一关系，更应注重对遭到贬抑的纯粹文字的选取，因为它们虽是纯粹的载体，却可承载起建构意义空间时策略运用的场域，也正因纯文字的呆板印象，使它成为一种足以掩人耳目又能达成目的的双面性工具。"文学行为首先出自这种写的意志，因此它就是对纯粹语言的承认，是面对'纯'言语使命的责任，这种纯言语一旦被悟到，就构成了作家之所然的现实。"③ 所想即言语在思维中的状态，而"书写的可能性应该寓于言语的内部"④，因此，书写连通了字面和意识，以生成意义。同时，纯文字的显性特征又使其具备这种"使命"，而愚钝文字的使命感和潜隐激情与女作家在成为真正女艺术家的道路中应具备的坚定意志和崇高使命感又是浑然相契的，具有精

① ［法］雅克·德里达：《书写与差异》，张宁译，生活·读书·新知三联书店 2001 年版，第 20 页。

② ［美］K. 马尔科姆·理查兹：《德里达眼中的艺术》，陈思译，重庆大学出版社 2016 年版，第 48 页。

③ ［法］雅克·德里达：《书写与差异》，张宁译，生活·读书·新知三联书店 2001 年版，第 20 页。

④ ［法］雅克·德里达：《声音与现象》，杜小真译，商务印书馆 2015 年版，第 104 页。

神共通性。对文字的选取，是女作家在权威构建过程中必然需要面对的问题，甚至是首要环节。

二　双重言说与女作家自我的延展

毫无疑问，文本空间能够寄寓女性力量，只是力量以意义的形式被囚禁在文本字面空间中。字面与意义间构成了囚禁与被囚禁的关系，与文学空间同女性力量间的关系协调一致，而意义的体现最终并不与自身被囚状态有任何直接联系，也即形式上的囚禁感并没有造成意义释放过程中的任何阻碍和牵绊，女性力量的释放和彰显同样不会为形式上的囚禁感所真正拘禁起来，即便是受抑制的状态，它仍应该并可以呈现自我。"文字是隔离物与分界线，意义在被囚入格言的孤独的牢房之时就获得了解放。"① 在囚禁中感受释放，正是女性力量得以张扬需要借用的一种经验，也是女性生命经验的一部分。女作家寻求空间的庇护，仿佛寻求母性原始力量的保护。在文本意义空间里，女作家可获得一种天然的安全感。这正因意义空间具备成就女作家权威的可能，即承载着写作者某种功利目的达成的可能。因此字面象征着一种能够腐蚀作品纯洁性的"附饰"，"'附饰'暴露了人们主观功利性的存在，这一功利性是投注在我们通常当作艺术或文学的那种有时限的结构中的"②。对这种不纯洁之处的曝光，使字面本身的直观表达，不自觉地经由修正、比喻或防御完成了从字面深入意义中去的过程，这期间体现出女作家作者身份焦虑的实在感，以及策略运用的具体形态。"附饰"具有制造偏离的功用，而错误在生命与生活中又是必要的，误释和解释一样，也极为正常。比喻本身就是种偏离，既偏离文本字面空间，又偏离文本意

---

① ［法］雅克·德里达：《书写与差异》，张宁译，生活·读书·新知三联书店2001年版，第116页。

② ［美］K. 马尔科姆·理查兹：《德里达眼中的艺术》，陈思译，重庆大学出版社2016年版，第49页。

义空间。阐释本也是种偏离，偏离的词性其实是中性而客观的，不带有任何褒贬色彩。但使用修辞时的具体情况则造成了比喻可带有主观性的情况，它因人而异。每一次修正都是特殊而具体的。比喻是种偏离，影响是对这种偏离的再偏离。从宏观上看，"影响"是对这些比喻所进行的比喻。影响的焦虑理论中，存在六种修正比，在修正循环的过程里，六重修正比正是对每一个单独运用的具有唯一目标和使用主体的比喻的比喻，这是一个总和的概念，它更具深邃性、神秘性和隐喻性。当这种概念意识到自身已成为一种理论时，就会对之前的某些偏颇做出自觉矫正，因为理论是种更学理化的东西，它能包容一些背离、错误和扭曲的存在。如果说，占卜或预言是诗歌最初诞生的意义的话，或者说如果诗歌最初的特征是预言或者占卜的话，那么，诗歌本身即是失真的，无论语言上还是语义上皆如此。因此，"不存在没有'附饰'的'作品'。在'作品'的起源处有着作品，但是'附饰'已经牢牢地框定作品了"①。正借由对作品不纯洁性的曝光，揭示了作品起源上的欺骗性。艺术因种种偏离的存在而具有欺骗性，所以诗歌本身就具有某种与"错误"进行关联、并驾齐驱的属性。即诗歌本身富含隐喻性，充满了对比喻性修辞的运用机会，正是这种松动式的偏离，以及理性整合，使文字具有空间感和分层的可能。

然而，初民式想象，也即一种在创造性焦虑下爆发出的异端想象力，并不能很好地促进诗歌史的新旧更迭。如同德里达所说，声音②扩散了无障碍，正在于其作为一种"纯粹自我影响"③而存在，这就是说，声音是真实和不加修饰的，能指绝对地接近所指，整个

---

① ［美］K. 马尔科姆·理查兹：《德里达眼中的艺术》，陈思译，重庆大学出版社2016年版，第49页。

② 德里达认为声音是一种绝对的可任意支配的能指的实体。具体请参见商务印书馆出版的《声音与现象》2015年版第101页的内容。

③ 纯粹自我影响指一种构成主体性或自为性东西的可能性。具体请参见商务印书馆出版的《声音与现象》2015年版第101页的内容。

交流是相对透明的。但书写并非如此，德里达认为书写是"只有在它的空间被时间化时才进行表达的形体"①。即它经过多次转换与再现，需要时间性作为支撑，同时陷入互文的境遇和关系中，因此始终需要将那种过于无所限与无所忌的力量或想象进行约束，从高度抽象中达到一种理性化状态，框定在形式的层面中，形成稳定的具有学理意义的范型与结构。这就是哈罗德·布鲁姆抽象出六个修正比的动机与意义所在，影响的焦虑诞生在代际关系中，而非诞生在纯粹性的自我影响中。这一理论因修辞意义的存在而具有普适性，书写因修辞的参与而成为对原初想象力的一种有效收敛。而这也正是研究作者身份焦虑时需要做到的内容，即有必要抽象出修正比的具体类型。譬如，有关"疯女人"的意象作为一种修正比，即可被看作从原初想象中经过抽象之后的产物。又如，镜子常常出现在女作家文本中，象征象征界父权文化为女性所搭建的镜像界，女性通过镜子的提醒来约束自我。在父权社会中，女性真实普遍不能得到应有的认可和接受，伪装反成女性生存的必需手段。如果镜子象征性地囚禁了女性真实自我，那么也即将一种观念内化在其身上，因此她们对自我的监禁代替了镜子对她们的直接监禁。为了生存，女性需在镜像界之中，发掘出意义空间，并在扩充生存空间的同时，还原女性的真实性与完整性。无论从文类选择还是从达意功用层面上说，文本都是种空间性的存在。女作家可操纵的文本空间和现实情形一样，是相对私密和狭小的，自我发展的自由度始终有限。但文本写作空间扩大化的同时，其代价则是自我空间的无限萎缩。尤其在趋附于男性化风格时，自我萎缩达到了某种上限。只有将文本严格地进行分层处理，即明确伪装部分与真实部分分属不同空间，或者才能更有目的地完成以重塑自我为目的的书写。毋庸置疑，意

---

① ［法］雅克·德里达：《声音与现象》，杜小真译，商务印书馆2015年版，第104页。

义空间是更为女性化的，与女性气质、风格更加相近的空间类型，它有着和女性思维一样的内向发展的传统习惯，且表达上也是隐晦、复杂和委婉的，而存在上则是无形和隐性的。对文本中意义空间的把握，可成为女作家摆脱作者身份焦虑的一个契机。而狭义的句子力量又是对女性自由的象征性限制，或说文本空间代表着对女性的父权式囚禁。对句子的剖析可从对两层空间意象的分析入手。首先，句子字面空间是现象的、直白的。句子字面空间可被认作广义上的文本文类空间，实现对女性的直接囚禁。而字面空间的男性色彩相较是强烈的，意义空间则相对是男性不易涉足和操控的神秘领地。从某种层面上说，女作家在文类空间中的尝试易于失败，正因为文类象征了"意识形态秩序"，① 在被给予有限自由度的文类、字面空间中，女性弱势地位十分触目。文类空间也即狭义的句子字面空间，而文类的使用本就是应文学中占大多数的男性作家的创作需求而出现的。从本源上说，带有父性特征的文类与女性化风格和气质是对立的。譬如，一些女作家以创作儿童读物和私密日记的方式来进行公开的写作，这些体裁强调私人化、稚嫩感和女性风格，往往被认为缺乏主流价值认可，其女性反叛性也相对变得十分明显。这部分女作家自觉放弃了对宏大叙事结构的驾驭可能，自觉或不自觉地坚守女性化的创作之路，但以这种方式直接构筑文学权威亦是困难的。因此，男性化仍旧是部分女性写作的选择。比如笔名的男性化色彩附加，还有在文字中、情节上体现出的对父权文化的谄媚态度，或者对女性经验的否定，以及对女性超我道德观的维护与标榜等，都是男性化之路中的一些具体选择。这些选择也并非全然不妥，在特殊时期与阶段，是具有意义的。但对其的过度运用的确会迫使女性自我趋于一种丧失，以抛弃和否定自身性别身份为代价完成创作，又是扭曲感十足的。故而，女作家需对以上两种选择进行折中处理，

---

① 南帆、刘小新、练暑生：《文学理论》，北京大学出版社 2008 年版，第 59 页。

使它们相互借鉴，共同建立起新型的、更为理想化的女性文学表现方式。因此，女作家有必要在文本意义空间中表达真实自我，相对忽视文类空间的具体情形。也就是说，走进理想化女性文学呈现形式的具体现实方式，可能是通过一方面表面体认带有父性特征的文类、风格，甚至在某些特殊时刻走向男性化，而另一方面坚守女性气质和女性化风格的复调性方式来完成的，这正是前述两种模式巧妙融合与互补后，在文本空间分层状态下铺就的结构。这种将自我深埋于文本意义空间的方式，令女性文本乍看起来是较为怪异的。然而这种方式恰能体现出女作家修正比运用过程中的最佳效果。即她们要修正的对象，从表面上看，是由男作家占据的文本文类空间，也即狭义的句子字面空间。就其本质而言，女作家修正的则是自己在文学中无所适从的游离性焦虑状态，并通过修正句子的方式来抵制父权文化的伤害与影响，从而找到真实自我能够存在的空间。例如，修正句子存在的字面空间以扩展意义空间，借助对此空间的开掘重返字面空间，完成对其的再观照和再修正。女作家以这种修正方式，搭建文学中的生存空间，扩展言说自由度，从而避免了缩减自我的方式和绝对地走向男性化的方式的出现。因此，与其说女作家找到了一种建立主体性的方式，毋宁说找到了一个能够建立主体性的空间。

除此，女作家文本分层的修正方式，还体现出延迟性特点。女性写作的新奇与古怪代表了一种全新的美学经验，而对文本意义空间的占据又是女作家获得文学自我确认的方式，也是她们获得作者权的独特策略。这一过程不仅能体现出女作家书写策略和美学理想的基本内涵，传达出全新的美学经验，还能够展示出女作家基于自我确认和自我和解后所形成的作者权威感的具体表现。然而，针对句子字面空间的修正还需要以良好的技巧来辅助完成，句子字面空间在被女作家制造出种种古怪印象后，或者才可富含其他意义，而这种"附饰"是具有难度的。桑德拉·吉尔伯特与苏珊·古芭将这种"附饰"定义为一种"作品表面上的设计",因此它需要运用策略意识进行建构,而"附饰"存在的目的则是为了使"更为深层、也更难以把握的(同时,还有更不易为社会所接受的)意义层面"模糊化。① 女作家在字面空间制造多义性,如对句子符号关系的运用,显然是为了隐去书写的真实意义而别有他指。文本字面空间需要体现出女作家对文学父性特征的一定接受,即需要女作家内在心理与思维逻辑方面一定程度的自然转变,但女作家不能止步于屈从,还应巧妙地渗透并体现出原初的特质,反叛性的呈现才是主体进行表达的目的。文本句子空间在表现方式上可能会具有复杂的歧义性和隐晦的多义性,进而无知无觉体现着父权文化规范下的女性气质特征,迎合父权审美眼光,不动声色地流露出真实感。句子字面空间的种种表现,会使女作家的表达看起来纠结而矛盾,甚至浅薄和痛苦,具有反复无常的和表里不一的诸多特点,正因此,女作家的句子其实更富于弹性和张力,拥有灵活的不可控性。这种新奇和怪异的全新美学经验,与文学父性特征极不相容,它开启了建立作者权威的另一路径。这种叙述方式,也即对具有复杂歧义性和隐晦多义性句子的创造,被桑德拉·吉尔伯特和苏珊·古芭称为"双重言说"(double talk)②,与巴赫金所说的复调式叙述有类似之处。女作家在句子字面空间的虚浮状态与她们内在潜藏的反叛冲动构成了一组张力关系,体现着女性书写的特殊技巧。于是,女作家的这种试探恰恰因为凝结了必要而珍贵的技巧性,而迫使其以此构建出的作者权威性更具稳定性和说服力。由此可以说,女作家在句子中,以看似自我囚禁的方式完成了自我释放。如果说文本句子字面空间象

---

① [美]桑德拉·吉尔伯特、[美]苏珊·古芭:《阁楼上的疯女人:女性作家与19世纪文学想象》,杨莉馨译,上海人民出版社2014年版,第94页。

② 这种双重言说暴露了女作家双重意识的存在,而具体来说,女作家对女性沉默、回避和谎言无可逃避的意识正是其标记。具体请参见上海人民出版社出版的《阁楼上的疯女人:女性作家与19世纪文学想象》2014年版第205页的内容。

征着父权文化下的现实公共领域，那么文本意义空间则象征了女性可存放与父权道德超我意象相背离的其他意象的私密空间。表面的迎合态度与内在的反叛性共同生成了充满张力性的话语模式，对其的驾驭则能够象征性地体现出女作家在创作方面的实力与功底。张力性话语模式能够体现出一种文本上的撕裂感，但这与女作家刻意缩减自我而走向男性化风格时所产生的分裂感是不同的。前者大约只是种虚假的表象存在，它因女作家在文本意义空间中对真实自我的发现和再现，以及相对自由的表达的出现而消散。这种分裂感更可能是阅读者所体会到的感觉，而并非女作家的自身分裂。女作家恰能够因这种张力性而变得更为游刃有余。这种分裂由于上升到策略层面而使女作家不致陷入一种纯粹的自我分裂向度中去，女作家由此便能够更为理智地看待具体的现实情况。这就是两种分裂感的本质差异，除此，第三种选择对于女作家而言，即形成张力性的写作风格。这三种选择，其一是女作家彻底而绝对地走向男性化；其二是女作家刻意萎缩自我，选择男性色彩不明显的文类进行创作；其三则是通过表面走向男性化的方式，在其他向度里完成对女性经验的展现与弘扬，再反观到表象层面，体现为新的女性审美经验和诗学特色。但是，需要说明的是，女性将真实自我放置在文本意义空间中，实是一种逃避性的无奈选择。她们在其中并无想象中的兴高采烈，从心理动机上看，女作家在文本意义空间中生发出新型美学经验的行为是躲避性质的，是她们逃离监禁感的结果。在文学中，女作家以一种退缩的、含蓄的、卑弱的姿态进入文本意义空间，而并非以决胜与斗争的强势姿态进入其中，因而她们便将幽怨的、愤怒的、消极的、低沉的情绪也一并带入，意义空间因而象征性地成为女性气质十分集中的地方。显然，这股黑色力量的性质并非传统意义上的绝对崇高，而更接近逆崇高性，在这里，女作家可能会因表达出不满、否定和质疑的态度而显得有些乖张和叛逆，与现实父权道德超我所认定的天使女性形象相冲突，但也并不至于纠结在本我、自我和超我之间而陷入过度焦灼和张扬的状态里。在这一重空间中，女作家表现出的张扬其实应更接近一种暗夜中的舞蹈。从象征角度说，女巫的舞蹈是处在公共视域中白热状态下的激进的舞蹈，它展现出主体的滑稽和窘迫之象。而女作家在文本意义空间中的象征式舞蹈的本质是舒缓和冷静的。正因为女作家的自我否定，使之呈现出与世无争的祥和感，表达出一种特殊美感。女作家将自我的真实感受带入文本意义空间，放弃了掩盖、伪装和争辩，象征性地体现出了自我接纳的从容态度，这反而使其表达不仅产生了新形式的美学经验，而且能够激发出动人的女性力量，产生观照、折射、影响现实的作用，同时，亦能够修正字面空间的表达，以曲折方式来颠覆父权文化的权威。但被隐藏起来的女作家真实自我，其实是需要被再度挖掘和阐释的，这无形中抬高了阐释女性文本的门槛，造成由于缺乏或缺失女性经验而对女性文本不可读的局面。女作家正是通过这种形式来构筑自己的诗学传统的。

进一步说，在文本字面空间中，女作家很难充分赋予女性人物以丰富的故事性。这说明公开的反叛在某些特殊时期似乎只能为自身招致无止境的麻烦。这种情况易于形成千篇一律的文本女性形象，而文学表现力一旦在意义空间中得到释放，女性就又会尽力去试图弥补字面空间中人物的诸多残缺问题。于是，可以说女作家普遍带着试验性的态度在探索解决女性问题的出路，寻找可呈现女性真实面孔的方式及土壤。在文本意义空间中进行的自我延展则具有治愈的实际功用，其中有可释放的空间能够供女性完成对残缺自我的弥补和矫正。就现实而言，女作家在抛弃僵化女性形象塑造模式的同时表达出应有的愤怒，这种特殊方式正来自女作家女性意识的自觉或不自觉引领。通过对以文本空间分层为表现的互文关系进行搭建，女作家能够一定程度地摆脱独白式的自我认识方式，"发现自己的多重身份，从而拒绝占统治地位的某种意识形态对女性僵化的界定"①。创作心理中潜藏的女性意识促成女性文本意义空间的诞生，使天使面具下的女性拥有成为欲望综合体的可能。从本质上说，文本意义空间是被处在菲勒斯中心主义之下的字面空间排挤后形成的，它是女性遭到边缘化命运处置后的产物。但由于意义空间被充实的饱满度之高，又使它可作为字面空间的对立面而存在，与之构成二元对立关系。文本分层既能帮助女性躲避父权文化的直接监视，又能宣泄创作主体的愤怒，促其拥有自我定义的契机。这种煞费心机才能生存得较舒适和自在的方式与经验也正是现实父权社会中普遍女性真实生存状态与生命轨迹的写照。从本质上说，这种在文本意义空间中流露、表达、释放自我的方式，仍没能摆脱女性内倾性的逻辑思维习惯，这是对父权文化影响和压制女性之文化机制的绝妙讽刺与调侃。这是女作家处心积虑地寻找到的容身地，不过是种隐蔽的无形空间，她们的真实自我始终需要被隐匿，但却又不能停留在封闭的无形空间中止步不前，还应始终保有重返文本字面空间以体现作者权威的想法，而不是将全部的注意力集中在自身情绪的处理中。父权文化中，与女性有关的最大问题，即关乎实际生存状态的问题，这与心理感受状态有着普遍的相似性和一致性。这种一致性具有空间性特征，指向性别身份问题的存在。女作家在文本中通过对空间意象的搭建，使自身的描述带有监禁感，从而能够完成从空间意象到监禁意象的自然转换，进而显露出女性对空间禁闭气氛的不自觉恐惧。这种空间感有着限定性的特点，能够带给人直观感受上的困窘感和压抑感。对空间意象的感知力来自女性被压抑和禁闭的现实情形，诸如陌生环境恐惧症以及幽闭恐惧症等，都属于空间恐惧的表现。前者迫使主体禁足，后者迫使主体逃离，都是针对空间的不适感。女性私经验就这样被带入文本中，被女作家表现出来，承接了女性私感受，并具象化为文本空间的分层状态

---

① 宋春香：《巴赫金思想与中国当代文论》，知识产权出版社 2009 年版，第 80 页。

或结构。

有调查显示，对空间的恐惧是神经调控力变弱的表现，对环境的不适应也能够反映出女性对张力性技巧的运用和对在不同环境中心理反应的调试能力是缺乏、不当和有障碍的。文本空间结构中传达出的禁闭感和不自如感，是女性现实状态的写照。因此，文本字面空间与意义空间之间的紧张感和局促感，是女作家处理能力不足的一种显示，虽然通常在字面空间上看不出任何异常，但通过对文本意义空间的阐释与再阐释，便会发现经由逼仄空间感受传达出的女作家幽愤而深沉的恐惧感的存在。但书写行为的确为女性提供了一个将思想中受压抑的内容外化为文字以进行曝光的机会，虽然这种外化空间只能存在于文本意义中。但不得不承认，即便再晦涩的表达都不失为一种宣泄。女作家正以双面姿态，通过营造文本空间感的方式宣泄了内心积郁。这种转换的发生恰源于父权文化对女性的持续压抑。女性的句子因此生发力量，具有动态发展特征，这种力量产生了各种影响作用和效果，完成了以它换取女作家作者权的光荣使命。用图示来标明文本意义空间对现实的作用，则是：

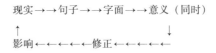

无论是女作家思想精神空间的变化图示，还是其文本创作图示都是从现实到现实的过程。而经由文本的参与，一实一虚两个空间的变化过程又具有一致性，这反映出女作家在创作过程中始终以带入自身现实经验为基础和宗旨。尽管这种对应过程的体现是隐蔽和抽象的，需要深入剖析才能发觉二者严密的对应关系，但却象征性地说明了女作家呈现女性经验的方式是极为隐晦的，需通过抽象和拼凑才能被发掘出来。如上分析，父权文化中女作家象征性的思想精神空间变化图示如下：

父亲的客厅→父亲的阁楼（女性自我精神奴役与惩罚之所）
↑　　　　　　　　　　　　　　　　　　　　　↓
自觉重返←←←←←←←←←←自然乐园（世俗天堂）

对比两个图示，我们能够发现女作家思想精神空间中的逃亡之路，以重回现实为终点，即主体需经过如上思想变化过程，最终在现实中进行创作，否则一切都不具任何现实意义，回到现实是艺术行为发生的前提。而从女作家文本创作的空间图示中，可见其在文本中产生的观照、影响、修正现实的力量或许表现得更明显。女作家需通过书写碰触现实领域，这是因为主体极有可能带着现实的创伤在进行焦虑感之下的创作，因此需通过书写完成对现实的反向修正，从病态化状态走出，以重获健康。无论女作家是自觉还是不自觉步入或逃避到文本意义空间进行言说，她们都将在其中完成对意义的捕获和对自我的升华，而不是局限于体现一种逃避的姿态。意义的出现表明女作家的书写状态并非仅处在发泄愤怒情绪的非理性状态中，而恰是处在一种冷静的理性创作轨迹里，也正是经过理性而冷静的思辨过程，女性作品才能够呈现出一种与父性美学相异的新型美学经验，这样的创作并非随意和偶然的，恰是有着内在规律性的一种成熟的文学创作实践模式。

总而言之，"复调"式言说方式是种双重叙述的模式，是对女性分裂心理的隐喻，象征着父权文化下女性分裂的形象定位，与此对应的女作家也或多或少会具有这样的分裂心理征候，在病态化状态下创作。"复调"或者说双重叙述方式，本身便带有一定的繁复性、迷惑性和歧义性，这种曲线策略正是女作家不得已而为之的一种无奈选择。由身体、现实文化和文学空间成就的三重分裂感与困境感，共同促成女作家在自我言说时必须采取双重的叙述模式，这构成了复调言说发生的根本原因。父权文化阴影类似"遮护天使"的存在，它遮挡的是女性生活与创造的视线。也即，这种遮护效应的存在是种现实情况，想要正面打破或推翻它则需采用一定的策略来完成。这意味着女性需在隐蔽而封闭的环境中学习生存，生成新的经验，同时对遮蔽技巧本身也产生一定的客观认识，由此，女作家在文本空间寻找遮挡物、覆盖物进行双重复调式叙述亦成为一种可能。也可以说女作家是利用实际困境感通过书写传达并呈现出文本困境感。从象征意义上说，女作家间接地完成了一种焦虑感的转换。尤其在颠覆文学男性传统的作用上，这种象征意义更为明显，即女作家为文学父性特征的继续保持和发展制造了一个符号性的麻烦。谱系学方面的联系正说明对文本进行递进式空间性深入阐释是有意义的。从作者到文本，也即从作者到文字的生成，这一阶段正是书写行为的发生期，文字作为一种载体，使书写行为成为有形存在。从表面文字空间到意义空间，是阐释发生的主要阶段。从写作主体的角度而言，女作家将愤怒与真实情感放在意义空间中进行表现，如是有意识的，则是种反抗现实压抑的策略；如是无意识的，则是现实文化因素过度压抑的自然后果，是作为防御心理的外延式体现，即对修正比的运用。所以女作家在开启文本意义空间的瞬时，无论是自觉的还是非自觉的，从结果来看，都遭到了现实的压抑。自觉书写体现出了较强烈的自我意识，使修正方式与防御手段的关系不再明显。而不自觉书写，本我欲望的冲动在其中幻化为女作家的影子或替身，将负面情绪不加遮盖地肆意铺展，甚至不自觉地使观照现实的"投射"作用消解殆尽，从而未能使用替代原则，任由作为防御手段的修正不断深化，在作家创作心理内化后形成阴影，逃脱"第一重影子"。但文本意义空间产生女性力量的颠覆性之强，又使对现实的讽喻变得明显和直白，两种在场赫然显现，从此层面上说，任由本我欲望不自觉流溢的书写类型，也并未丧失投射现实的功能。但有一点是肯定的，即后者的形态较之前者更为缺乏空间性，即文本分层的立体感不足，使意义空间无限地与字面空间产生平面化的交融感。但两种基于女作家写作心理出入所带来的迥异创作类型和文本空间表现形态，又是殊途同归的。桑德拉·吉尔伯特与苏珊·古芭认为由文本意义空间反映出的作家"想象"，其实带有强烈的父性色彩与等级特征。也可以这样理解，在女作家的文本意义空间中，在对"疯女人"的想象中混杂着、沾染着摆脱不掉的父性特征，这当然是对基于性别身份层面的现实压抑因素的控诉。如现实父权文化对女性的压抑是对塔的隐喻，文本意义空间也可看作对"地穴"的隐喻，被限制在其中的正是女作家主体的本我欲望和冲动。长期被固定在同样的状态中，即形成一种限制，无论是自我选择还是被迫沦入皆如此，象征女作家的本我欲望被逐级打压进意义空间，这也是女作家文本意义空间包含多重意象的原因所在。女性欲望及力量不能充分释放在字面空间，便只能继续处在被隐匿状态，等待被阐释，始终不是暴露状态。这与文化中女性"不敢出面主张自己的性爱"① 有关，亦与防御心理有关，而防御心理的缩减与自我力量的扩大一致，自我力量的扩大又会减少文字本身的晦涩感，也即在文本中会凝结更多作家本我欲望的影子，可使批评者对文本意义空间的阐释力度被降低。相反，防御心理的延展是因为自我力量不够强大，出于自卫，女作家唯有将情感容纳在意义空间中，继续处在与现实受抑状态相似的被辖制状态中。

于是，也可以认为，在文本字面空间中，女性人物的故事性普遍是长久失真与缺乏的，这构成了无关女性真实自我的一种虚假叙述。因文本字面空间直接受到父权文化的控制和规范，女性在其中深受现实父权道德超我标准的制约，内外在表现都十分拘谨，即便那种标准如同模具将女性捏塑成具有相似人格及相似体貌的人，她

___
① ［美］雪儿·海蒂：《海蒂性学报告：女人篇》，林淑贞译，海南出版社2016年版，第229页。

们也不能在此空间中表现出过多异议。过分统一和雷同，即指向她们故事性上的空洞与苍白，由此更易于失去独立的、应有的、基本的个性与欲望。文本意义空间的样貌，与女性长久以来习惯性的向内思考和探索的逻辑思维模式的表现类似，是幽深、暗夜和无形的，却因富含内容而意义充实、饱满，补全了字面空间中缺失的女性之另一半或另一面。

第 六 章

结语——猜想或理想

　　总体来说，女性美学经验的构筑需以女性主义式的平衡能力来促成，也即理想型的女作家（狭义化的女艺术家）需要拥有复调式创作的意识和能力。这种张力性生命经验是对女性美学经验内涵的呼应和写照，女作家作为在所有象征性女性生存空间中都生活过的人，在象征性的精神逃亡里应当会对不同类别的女性他者经验均有所洞察和体悟，从而使其自身或作品均自觉地具有英雄主义式的情怀，并能够把握桑德拉·吉尔伯特与苏珊·古芭所说的痛苦美学的真谛，自觉成为探索女性最佳解放方式的理想人物。痛苦美学主要指放弃唯我中心主义思想的美学经验，其特点与父性美学经验里有可能存有的压制、敌意、对抗等特征叛然相对，更应强调爱、付出、谅解、同情等特点，因此可以认为女作家的女性诗学建构之路既象征着修复姐妹情谊的过程，也是践行痛苦美学理想化实践的过程。应该说，女作家创作中的男性化取向并不能帮助主体建构女性文学传统、美学经验和自我的权威。因此女作家须对女性经验的价值进行重估，并尽量将其带入文本，形成新的文学表现方式，占据由女性经验开拓出的文学空间。正如女性经验是"她们阅读反应中权威的来源"① 一样，唯有正视自身的性别身份经验，才能避免由性别身份所导致的危机的发生。对女性气质主导的新型经验的珍视，亦会改变人际而非两性间的既有格局，将人与人的关系发展为更加生态化的类型模式。即雪儿·海蒂所说"女人正对全球的男性意识形态做一种批判"②。女作家借由新的美学经验，来构筑文本中以自我呈现为特点的平行格局，体现出反父权文化的鲜明特质。除此，在现实父权文化中女性的存在相对是碎片化的，因而女性艺术也具有相应特质。桑德拉·吉尔伯特与苏珊·古芭曾引用拼凑树叶以言说的女性艺术创作故事来表述建构女性传统的特点。碎片化生存形态使"我们"的概念难以得到轻易的确立，但即便如此，女性力量与传统仍旧具有极大的凝聚、浮现与复苏的必要。例如，女作家在文本中通过建构虚拟空间的方式来完成对父权文化本末倒置之特点的反讽，正表达了对恢复文本中女性虚拟王国的隐在希冀。这就是说，女性力量的汇聚需要辅助策略的运用才得以完成，女作家对女性力量的找寻亦可通过对母性传统的回溯而达成，由于母性传统本身包含着超世俗的爱的圆融之境，因而正是通过在功利性与超世俗性之间进行平衡与转换的方式，女作家才可能最终拼凑出自身性别身份所代表力量之完整特质。故而，对女作家纷繁而个体化的书写策略内涵与共性的探索对于反观现实父权文化中的女性境遇是十分重要而必要的，因为女作家基于性别身份的作者身份焦虑与父权文化中普遍女性的焦虑一脉相承，可以说女作家在文本中发展出对抗此种焦虑的修正策略便具有了现实参考价值与意义。女性文本中凸显出的相似共性构成了对女作家策略进行研讨的支

① ［美］乔纳森·卡勒：《论解构》，陆扬译，中国社会科学出版社2011年版，第29页。

② ［美］雪儿·海蒂：《海蒂性学报告：女人篇》，林淑贞译，海南出版社2016年版，第624页。

点与保证，而这种相似性又使女性文学天然地具有隐蔽的传统，对其的抽象与构建正是进行女作家写作策略研究的价值体现，而女作家如何通过繁复和具体的方式来穿越普遍策略所具有的功利目的，再次接近或抵达超世俗经验层面，便考验着女作家策略意识中蕴含的智慧是否足够。总之，在女作家策略使用过程能够体现出女性智慧的力量，这正是对女性力量存在的证实，经过对其的分析和探求，应能够完成对女性生命经验的价值重估，及对两性生态格局的现实期待，这正是女作家策略书写之意义的体现。

本书论述的重点即阐明为桑德拉·吉尔伯特与苏珊·古芭所提出的女作家基于性别身份的作者焦虑说之空间性内涵，把握其与父权文化中普遍的女性焦虑及影响焦虑理论的关系，特别需要对作者身份焦虑理论的概念与性别身份焦虑概念加以刻意辨识和无意识"混同"，揭示出为桑德拉·吉尔伯特与苏珊·古芭所默认的二者间某种潜在转换关系的存在。本书的核心部分，通过分析这种特殊的女性焦虑——女作家基于性别身份的作者身份焦虑的空间表现来进一步将其内涵凸显出来。除此，还将其中包含的策略概念的实质内涵与具体形态看作女作家对抗这种特殊女性焦虑的实际行为一并加以提及和适当论述。宏观来看，可说本书完成了对女作家"疯狂之前"所需信念与策略运用后对爱的哲学的默认与偏重之基本情况的递进式说明和暗示。在现实父权文化中，普遍女性的超越障碍与被禁闭的文化经验有关，这种经验包括现实际遇与身体经验对女性的特殊剥夺与限制。因此，女性的看似天然的怯懦与卑弱感便造就了她们在面对权威时可能存有的看似必然的焦虑、无措甚至抑郁。尤其当女作家体会到相似的双重权威压制模式后，或疯狂或克制的表现都显示出其策略意识的隐在。但更有效的策略却必然是，先行进入象征秩序，以安置忧愁的情绪、无可回避的性别身份、特殊的身体与文化经验等问题，继而再（或同时）以某种技巧性策略来显露主体永在的真诚与激情。在这种复杂的形式过程中，女作家本人便通过策略的运用而成为理智的疯女人，代表一种理想化的书写经验，也即让疯狂的力量被曲折、动人地表达出来。

总而言之，没有策略便不能构成权威，而策略运用过度则会失去最为可贵的真诚，同样不能构筑起任何的自我权威。因此，消除基于性别身份的作者身份焦虑的方式应来自策略技巧与真实情感的双重叠加，从象征层面说，即既忠于艺术的交流形式，又忠于私人感受，既处于主流价值体系内，又彰显出蕴于其中的个体特色。因此，女性书写需要完成对张力性的倚重式架构，唯有遵循这个原则或许才能成就一种相较理想化的书写经验，并具有生成新型美学经验的契机和可能，如果这不能被证明构成一个"假说"，那么大概它便是本书所作基于已有学说进行猜想式阐释的一个重要收获罢。

参考文献

一 中文著作类

〔美〕桑德拉·吉尔伯特、〔美〕苏珊·古芭:《阁楼上的疯女人:女性作家与19世纪文学想象》,杨莉馨译,上海人民出版社2014年版。

杨莉馨:《西方女性主义文论研究》,江苏文艺出版社2002年版。

杨莉馨:《异域性与本土化:女性主义诗学在中国的流变与影响》,北京大学出版社2005年版。

〔加〕约翰·奥尼尔:《灵魂的家庭经济学:弗洛伊德五案例研究》,孙飞宇译,浙江大学出版社2016年版。

乔以钢:《中国女性与文学:乔以钢自选集》,南开大学出版社2004年版。

屈雅君:《执着与背叛——女性主义文学批评理论与实践》,中国文联出版社1999年版。

〔法〕西蒙·波伏娃:《第二性——女人》,桑竹影、南珊译,湖南文艺出版社1986年版。

高奋:《走向生命诗学:弗吉尼亚·伍尔夫小说理论研究》,人民出版社2016年版。

李小江:《解读女人》,江苏人民出版社1999年版。

〔英〕吴尔夫:《一间自己的房间》,贾辉丰译,商务印书馆2012

年版。

［日］水田宗子：《女性的自我与表现：近代女性文学的历程》，叶渭
　　渠主编，中国文联出版社 1999 年版。

李西建、畅广元：《追求与选择：全球化时代文学理论的价值思考》，
　　商务印书馆 2010 年版。

李小江、朱虹、董秀玉主编：《性别与中国》，生活·读书·新知三
　　联书店 1994 年版。

［英］露丝·里斯特：《公民身份：女性主义的视角》，夏宏译，吉林
　　出版集团有限责任公司 2010 年版。

［美］兰瑟：《虚构的权威：女性作家与叙述声音》，黄必康译，北京
　　大学出版社 2002 年版。

［美］哈罗德·布鲁姆：《西方正典：伟大作家和不朽作品》，江宁康
　　译，译林出版社 2015 年版。

［美］米利特：《性政治》，宋文伟译，江苏人民出版社 2000 年版。

鲍晓兰主编：《西方女性主义研究评介》，生活·读书·新知三联书
　　店 1995 年版。

［英］弗吉尼亚·伍尔夫：《论小说与小说家》，瞿世镜译，上海译文
　　出版社 2009 年版。

叶舒宪主编：《性别诗学》，社会科学文献出版社 1999 年版。

蒋孔阳主编：《二十世纪西方美学名著选（上）》，复旦大学出版社
　　1987 年版。

瞿世镜编选：《伍尔夫研究》，上海文艺出版社 1988 年版。

［英］玛丽·伊格尔顿：《女权主义文学理论》，胡敏、陈彩霞、林树
　　明译，湖南文艺出版社 1989 年版。

张宝明主编：《新青年·文学创作卷》，河南文艺出版社 2016 年版。

张莉：《浮出历史地表之前：中国现代女性写作的发生》，南开大学
　　出版社 2010 年版。

［美］伊莱恩·肖瓦尔特：《她们自己的文学：英国女小说家：从勃

朗特到莱辛》，韩敏中译，浙江大学出版社 2011 年版。

［美］肖瓦尔特：《她们自己的文学》，外语教学与研究出版社 2013 年版。

［美］艾莱恩·肖瓦尔特：《妇女·疯狂·英国文化（1830—1980）》，陈晓兰、杨剑锋译，兰州大学出版社 1998 年版。

王逢振、盛宁、李自修编：《最新西方文论选》，漓江出版社 1991 年版。

盛英：《中国女性文学新探》，中国文联出版社 1999 年版。

陈晓明：《表意的焦虑：历史的建构与解构》，中央编译出版社 2001 年版。

乔以钢等：《性别视角下的中国文学与文化》，经济科学出版社 2017 年版。

温儒敏、赵祖谟主编：《中国现当代文学专题研究》，北京大学出版社 2013 年版。

李小江：《夏娃的探索——妇女研究论稿》，河南人民出版社 1988 年版。

乔以钢：《多彩的旋律：中国女性文学主题研究》，南开大学出版社 2003 年版。

盛英主编：《二十世纪中国女性文学史》，天津人民出版社 1995 年版。

孟悦、戴锦华：《浮出历史地表：现代妇女文学研究》，中国人民大学出版社 2004 年版。

辜也平编著：《二十世纪中国文学研究专题》，高等教育出版社 2014 年版。

［美］哈罗德·布鲁姆：《影响的剖析：文学作为生活方式》，金雯译，译林出版社 2016 年版。

沈潇：《文本空间中的女性力量：性别视角下的经典重释》，陕西人民出版社 2017 年版。

艾晓明主编:《20 世纪文学与中国妇女》,天津人民出版社 2007 年版。

[法] 雅克·德里达:《书写与差异》,张宁译,生活·读书·新知三联书店 2001 年版。

[法] 朱莉娅·克里斯蒂娃:《中国妇女》,赵靓译,同济大学出版社 2010 年版。

[美] W. C. 布斯:《小说修辞学》,华明、胡晓苏、周宪译,北京大学出版社 1989 年版。

[美] 哈罗德·布鲁姆:《如何读,为什么读》,黄灿然译,译林出版社 2015 年版。

[美] 哈罗德·布鲁姆:《影响的焦虑》,徐文博译,江苏教育出版社 2005 年版。

[美] 朱迪斯·巴特勒:《性别麻烦:女性主义与身份的颠覆》,宋素凤译,上海三联书店 2009 年版。

张京媛主编:《当代女性主义文学批评》,北京大学出版社 1995 年版。

[美] 哈罗德·布鲁姆:《误读图示》,朱立元、陈克明译,天津人民出版社 2005 年版。

宋春香:《巴赫金思想与中国当代文论》,知识产权出版社 2009 年版。

乔以钢:《中国女性的文学世界》,湖北教育出版社 1993 年版。

[美] 林·亨特:《法国大革命时期的家庭罗曼史》,郑明萱、陈瑛译,商务印书馆 2008 年版。

[法] 朱莉娅·克里斯蒂娃:《独自一个女人》,赵靓译,福建教育出版社 2015 年版。

[美] 达瑞安·里德尔:《拉康》,李新雨译,当代中国出版社 2013 年版。

徐丛剑、李旭主编:《女性生殖系统疾病学习指导及习题集》,人民卫生出版社 2016 年版。

李银河:《女性权力的崛起》,中国社会科学出版社 1997 年版。

李银河:《性的问题》,中国青年出版社 1999 年版。

陈顺馨、戴锦华选编:《妇女、民族与女性主义》,中央编译出版社 2002 年版。

[美] 伊莱恩·肖瓦尔特:《学院大厦:学界小说及其不满》,吴燕莛译,上海三联书店 2012 年版。

[法] 拉康:《拉康选集》,褚孝泉译,上海三联书店 2001 年版。

[法] 米歇尔·福柯:《不正常的人》,钱翰译,上海人民出版社 2003 年版。

[美] 史蒂夫·Z. 莱文:《拉康眼中的艺术》,郭立秋译,重庆大学出版社 2016 年版。

[美] 莎丽·海特:《海特性学报告》,张月、单杰、杜智华译,中原农民出版社 1994 年版。

李小江等:《文学、艺术与性别》,江苏人民出版社 2002 年版。

[英] 伯恩斯:《浅论精神病学》,田成华、李会谱译,外语教学与研究出版社 2013 年版。

[美] 罗斯玛丽·帕特南·童:《女性主义思潮导论》,艾晓明等译,华中师范大学出版社 2002 年版。

赵毅衡:《符号学》,南京大学出版社 2012 年版。

尤西林:《阐释并守护世界意义的人》,陕西人民出版社 2006 年版。

[法] 朱莉娅·克里斯蒂娃:《克里斯蒂娃自选集》,赵英晖译,复旦大学出版社 2015 年版。

[美] 贝蒂·弗里丹:《第二阶段》,小意译,江苏人民出版社 2007 年版。

[英] 弗吉尼亚·伍尔夫:《伍尔夫读书随笔》,刘文荣译,文汇出版社 2006 年版。

[德] 奥古斯特·倍倍尔:《妇女与社会主义》,葛斯、朱霞译,中央

编译出版社 1995 年版。

[法] 西蒙娜·德·波伏娃:《第二性》,陶铁柱译,中国书籍出版社 2004 年版。

刘思谦等:《性别研究:理论背景与文学文化阐释》,南开大学出版 社 2010 年版。

田汝康:《男权阴影与贞妇烈女:明清时期伦理观的比较研究》,复 旦大学出版社 2015 年版。

中华全国妇女联合会、妇女运动历史研究室:《五四时期妇女问题文 选》,生活·读书·新知三联书店 1981 年版。

[英] 玛丽·沃斯通克拉夫特:《女权辩护》,商务印书馆 2007 年版。

[美] K. 马尔科姆·理查兹:《德里达眼中的艺术》,陈思译,重庆 大学出版社 2016 年版。

刘澄:《〈家庭、私有制和国家的起源〉导读》,天津人民出版社 2009 年版。

[英] 艾伦·麦克法兰:《现代世界的诞生》,清华大学国学研究院主 编,上海人民出版社 2013 年版。

荒林、王光明:《两性对话:20 世纪中国女性与文学》,中国文联出 版社 2001 年版。

[法] 米歇尔·福柯:《性经验史》第三卷《关注自我》,佘碧平译, 上海人民出版社 2016 年版。

[法] 米歇尔·福柯:《性经验史》,佘碧平译,上海人民出版社 2009 年版。

陈培永:《性的星空:恩格斯〈家庭、私有制和国家的起源〉如是 读》,广东人民出版社 2016 年版。

[日] 福原泰平:《拉康:镜像阶段》,王小峰、李濯凡译,河北教育 出版社 2001 年版。

[法] 克洛德·列维-斯特劳斯:《忧郁的热带》,王志明译,中国人 民大学出版社 2009 年版。

［英］柯林武德：《形而上学论》，宫睿译，北京大学出版社 2007
　　年版。

李小江：《女人读书》，江苏人民出版社 2005 年版。

［英］罗伯特·伯顿：《忧郁的解剖》，冯环译，金城出版社 2012
　　年版。

［美］哈罗德·布鲁姆：《读诗的艺术》，王敖译，南京大学出版社
　　2010 年版。

［法］伊·巴丹特尔：《男女论》，陈伏保、王论跃、阳尚洪译，湖南
　　文艺出版社 1988 年版。

［英］伯特兰·罗素：《婚姻与道德》，谢显宁译，贵州人民出版社
　　1988 年版。

李银河：《虐恋亚文化》，中国友谊出版社 2002 年版。

［德］卡尔·曼海姆：《意识形态与乌托邦》，李步楼等译，商务印书
　　馆 2017 年版。

［法］米歇尔·福柯：《知识考古学》，谢强、马月译，生活·读书·
　　新知三联书店 2003 年版。

［美］西摩·查特曼：《术语评论：小说与电影的叙事修辞学》，徐强
　　译，中国人民大学出版社 2016 年版。

沈语冰：《20 世纪艺术批评》，中国美术学院出版社 2003 年版。

［德］尼采：《论道德的谱系：一本论战著作》，赵千帆译，商务印书
　　馆 2016 年版。

［英］伍尔芙：《普通读者》，江帆译，金城出版社 2010 年版。

李欧梵：《现代性的追求》，人民文学出版社 2010 年版。

［奥］弗洛伊德：《少女杜拉的故事：对一个歇斯底里少女的精神分
　　析》，太白文艺出版社 2004 年版。

尤西林：《心体与时间——二十世纪中国美学与现代性》，人民出版
　　社 2009 年版。

王青：《性别与叙事：中国五四女作家创作论》，中国矿业大学出版

社 2006 年版。

［法］米歇尔·福柯:《声名狼藉者的生活》,汪民安译,北京大学出版社 2015 年版。

［法］巴尔特:《符号学原理》,李幼蒸译,中国人民大学出版社 2008 年版。

杨莉馨:《伍尔夫小说美学与视觉艺术》,中国社会科学出版社 2015 年版。

［法］米歇尔·福柯:《这不是一只烟斗》,邢克超译,漓江出版社 2012 年版。

［法］雅克·德里达:《声音与现象》,杜小真译,商务印书馆 2015 年版。

南帆、刘小新、练暑生:《文学理论》,北京大学出版社 2008 年版。

［美］雪儿·海蒂:《海蒂性学报告:女人篇》,林淑贞译,海南出版社 2016 年版。

任秋君、朱襄宜、王红梅:《美学角度下女性健身行为审视与思考》,中国纺织出版社 2017 年版。

［美］韦恩·布斯:《小说修辞学》,华明、胡晓苏、周宪译,北京联合出版公司 2017 年版。

［美］乔纳森·卡勒:《论解构》,陆扬译,中国社会科学出版社 2011 年版。

二 中文论文类

程文超:《痛苦的文学幽灵——中西女作家小说创作比较谈之一》,《南方文坛》1988 年第 4 期。

刘思谦:《女性文学这个概念》,《南开学报》(哲学社会科学版) 2005 年第 2 期。

傅美蓉:《从反再现到承认的政治——女性身份认同研究》,博士学位论文,陕西师范大学,2010 年。

刘传霞：《被建构的女性——中国现代文学社会性别研究》，博士学位论文，山东师范大学，2006 年。

徐萍：《女作家创作的特殊情绪》，《浙江学刊》1988 年第 2 期。

邓利：《论新时期女性主义文学批评发展衍变的历史轨迹》，博士学位论文，四川大学，2006 年。

郭海鹰：《从"蕾丝边"叙事看中国女作家的性别焦虑》，《华南师范大学学报》2013 年第 3 期。

张晓红：《焦虑与书写：女性诗歌中的性别意识》，《江汉大学学报》（人文科学版）2005 年第 2 期。

周静：《"疯女人"：女性创作与文本的阴性隐喻》，硕士学位论文，湖北大学，2013 年。

张细珍：《中国当代小说中的艺术家形象研究（1978—2012）》，博士学位论文，首都师范大学，2013 年。

颜海平：《生物种族政治和女性的赋权：中国女作家的想象性写作（1905—1948）》，季剑青译，《河南社会科学》2013 年第 11 期。

罗田：《女作家的精神痛苦与小说的"病态美"》，《文艺评论》1989 年第 4 期。

赵玫：《父亲、图腾及幻灭》，《文艺评论》1986 年第 3 期。

周乐诗：《换装：在边缘和中心之间——女性写作传统和女性主义文学批评策略》，《文艺争鸣》1993 年第 5 期。

吕洪灵：《走出"愤怒"的困扰——从情感的角度看伍尔夫的妇女写作观》，《外国文学研究》2004 年第 3 期。

谢琼：《"疯女人"之病——论徐訏〈精神病患者的悲歌〉中的"疯癫"形象》，《温州大学学报》（社会科学版）2013 年第 3 期。

杨凤：《当代中国女性发展研究》，博士学位论文，中山大学，2006 年。

李秋祺：《女性身份焦虑与真理的现代性——一个尼采的阐释》，硕士学位论文，华东师范大学，2014 年。

肖海燕:《论二十世纪八九十代女作家小说创作的双重叙事策略》,
　博士学位论文,新疆师范大学,2011 年。

姜子华:《女性主义与现代文学的性别主体叙事》,博士学位论文,
　东北师范大学,2010 年。

陈顺馨:《当代西方文艺理论走向与文学史观念的变迁》,《北京大学
　学报》(哲学社会科学版) 1994 年第 1 期。

李美皆:《女性主义文学:疯狂的水仙花》,《粤海风》2005 年第
　2 期。

三　英文参考文献

Woolf Virginia, *A Room of One's Own*, San Diego: Harcourt Brace Jo-
　vanovich, Inc. press, 1957.

Phyllis Chesler, *Women and Madness*, New York: Four Walls Eight
　Windows Press, 2005.

Betty Friedan, *the Feminine Mystique*, New York: W. W. Norton and
　company Press, 2001.

Elaine Showalter, *the Female Malady*, London: Virago press, 1987.

Transue Palema, *Virginia Woolf and the politics of style*, New York:
　State University of New York Press, 1986.

Sandra M. Gilbert& Susan GU bar, *The Madwoman in the Attic* (*The
　Woman Writer and the Nineteenth-Century Literary Imaginaiton*) Second
　Edition, New Haven: Yale University Press, 2000.

后　记

　　很有趣与巧合的是，连续两年间，总在岁末年终、新年伊始这样令人多少有些患得患失、优柔寡断又如释重负、心潮澎湃的特殊时刻来写书稿或者论文的后记、致谢。"懒惰而执着""敏感而后知""决绝而脆弱"的矛盾个性以及对生命自然时间性先天的信任与沉迷，连同对高度文明发展过程里人空间性生存形态的客观接受、有意靠近和刻意追逐，常常使现在的我能够尝试着去享受某一刻感性情绪的浇灌，也开始能够以种种的理性姿态去修剪被过度浇灌的部分。由此林林总总与枝枝蔓蔓造成了疏于或说不屑对私人生活进行带有仪式感的记录和总结的习惯，而此刻又能拥有这样一个不得不回望来时路，不得不梳理过往心绪并有可能使许多人得以分享到这段心路历程的难得机会，这首先要感谢我的导师屈雅君先生的约稿。

　　去年夏天一个凉爽的早晨，我与师姐打算找屈老师合影做毕业留念，先行电话联系，对方一直处于无法接通状态，师姐说肯定在博物馆（陕西师范大学妇女文化博物馆新址）里，那儿信号差一点。她的话令我忽然想起，第一次在师大见屈老师，便是在长安校区图书馆里的妇女文化博物馆（陕西师范大学妇女文化博物馆旧址），那是我第一天报道，直奔文学院办公室，一位老师说：屈老师肯定在博物馆里。博物馆和屈老师似乎总是一体的存在。合影那天，屈老师在博物馆办公室里向我与师姐说起打算出版"性别批评丛书"一事，并认真地征求我们的意见：你们愿意将自己的博士论文纳入进来吗？我俩当即说好。

在师大求学期间，我酷爱在图书馆一层东库倚窗而读、而望、而想、而写。屈老师和妇女文化博物馆都在楼上，有时想想，莫不是这种特殊的相伴方式，使后来屈老师向其他老师与学生提到我博士论文时突然有些忧愁地、若有所思地说道：她写论文瘦了40斤……当时在场的人看向我，我本该面红耳赤，因向来不习惯被众目凝视。大家的惊叹，当然是针对那40斤，这更该让我无所适从，因为当时的我已分明是胖回来些，且那40斤的典故，实是这样的：我入学时蛮高高大大，带着出生以来最重的体重拜访屈老师，那40斤便是那个重量减去读博几年最瘦时的重量而来，只怪入师门时太胖。可我哪顾得想这些，当即双眼通红，老师的话体恤着自己，所有的莫名委屈仿佛一下没了。其实我从未想到，写作过程中我的情绪其实是影响到了老师的。每次因论文而与屈老师所作的沟通、讨教和商榷，我都是倾泻式的，沉浸其中，老师在我心中太强大、理性、坚强，正由此滋生出我在老师面前不加节制以进行表达的习惯，于是我仿佛成为一个任性的女儿。事实也如此，无论我的情绪如何流溢和铺漫，她都会以非常简短的评价或建议作结，使我收敛、安稳。正是那天，我才知道，我的情绪已然波及老师，而如果不是因为理解，或者疼惜，又怎么可能会令她感同身受，从本质上体恤我、懂我。

我的博士论文初稿50多万字，后经多次删减，瘦身后以31万字的篇幅定稿。这次的书稿收录了其中最为核心的章节、论点，将一些未能统一的术语进行了尽可能的统一，特别是将一些不够准确的表达方式作了新的变换，将一些没有表述清楚的问题重新作了修正，以使论述更为准确。我也从校对过程中再次感受到自己写作博士论文期间的心绪杂念，并在订正中重新缓和与变通了表述方式，我感激这个机会的出现，让我对曾经书写的非理想效果进行了及时补救。在此，我要感谢曾经恩师们对我的指点与帮助、教诲与引领，使我逐渐拨开迷雾，校正航向以继续前行，特别感谢曾向我传授知识的屈雅君教授、尤西林教授、李西建教授、梁道礼教授、畅广元教授和裴亚莉教授，同时，还当感谢党圣元教授、李西建教授、金惠敏教授、裴亚莉教授、段建军教授及韩伟教授在我博士论文预答辩与正式答辩过程中，向我提出诸多宝贵意见与建议，使我的论文得到进一步完善。

从结构上说，博士论文所搭建的框架着实要更完整些，但论述上的问题使我还需要进行长久的沉淀，才可能去将更深入的，关乎女作家修正策略的共性、内涵、表现等问题，也即解决女性问题、女性焦虑、作者身份焦虑的方式方法进行谱系式的调研和实践性的填补，现在无力做到，这也由此成为一个遗憾。说来很惭愧，暑期本该有充裕的时间进行书稿校改，而我当时却直直改不了一个字。我甚至顾不得收拾一片狼藉的宿舍：婴儿床，地垫，用两个板凳加一个废弃油漆桶和一块长木板而拼凑出的双人床，锅碗瓢盆，油盐酱醋，制作婴儿辅食的一套工具，书……无一不向我展示着曾经这小天地里有过的狼狈、烦乱、幸福与温柔，儿子及他的外婆曾与我在这里停靠，我也曾独居于此，而毕业之际，它却成为一个兵荒马乱的现场，令我无从收拾。于是我只将几本打印报废的、不同版本的博士论文背回了家，申请延迟几日再来收拾被我命名为"自由故"的那间屋子。在这里，还要感谢师大博士1号楼的宿管阿姨们，她们永远的笑脸使出出进进总是多少有些"苦大仇深"的我常常得到母性般的慰藉。我坦然地将不能修改论文的感觉告知了屈老师，老师又像以往那样，只有一句：现在要紧的是休息。

我受到鼓励，去旅行，去陪伴儿子，去修饰自己，去吃去喝，去写诗……九月忽然来到，我规规矩矩从校门入校门，换了角色身份，适应新环境占去很大一部分精力，校对一事只得停滞，从旧年拖到了新年。眼看师兄师姐一个个如约交了稿，我好不心急。在学期末终有心力和时间去校对，向老师慨叹，她回：初登讲台不容易，你终于能静下心来改论文了，我很欣慰。又一次无奈"自主"延长了交稿时间后，她回：等你。老师的话使我安稳。除此，在这里我还要感谢西安工业大学文学院的领导与同事们的关心和帮助，让我感受到大家庭的温暖，给了我职业生涯里一个良好开端。

需要再次说明的是，对于校书稿来说，时间仍然不足，拙著仍旧不尽人意。在此，我要为我书稿可能存在的诸多未能校对出的错误以及没有经过更透彻的思辨和更好的润色以达到更好的表达效果之文本文字内容而深深致歉。但是，它却必须要出生了，已经到了需要它独自面对一切的时刻。这样一想，我才多少有些释然。

在漫长的写作过程里，我早已将这部书当作了我的小女儿，她与我对话，赤裸相待，分享我的沉重，我给她血肉筋骨，眼见她由脆弱而黯然，由畏缩一团而渐渐舒展，她应该张开眼睛独自去看看这世界了，去体验，去获得，去失去，去接受赞美或者批判，去成长，去与这世界产生交集。也许有一天她也会突然说：世界多美好！那么，一切便值得。

最后，还要感谢我的家人对我长久的全方位支持，没有家人对我在生活上的鼎力相助和倾力付出，我便没有办法完成这部书稿的写作。在校改期间，我常把自己关起来，一坐就是几小时，不言不语，我要感谢儿子时常敲门唤我，甚至破门而入，任性刁蛮地拉我出去和他玩上一会儿，有一次还未满三岁的他竟犯愁地说：妈妈，你这个人怎么这么孤独！说罢，便不由分说一把将我拉走。那些中断与带离，其实也是缓释和休憩，使我可以更好地再次投入工作中去。没有儿子的闯入和打断，也许我的写作不会充斥着那么多与女性经验相关的褶皱和层次，那些停顿最终帮助我结束了一段流离失所的"精神逃亡"。

最后的最后，我要感谢我的母校陕西师范大学文学院的领导和老师们，感谢你们对出版本书的支持与付出。

2019 年 1 月 6 日于西安家中